山东省自然科学基金资助项目"可持续顾客契合与绿色服务创新的良性互动机理研究"（ZR2024QG210）

U0717413

顾客契合与体验质量创新的循环机理研究

Research on the Circular Mechanism of Customer Engagement and Experience Quality Innovation

颜东伟　著

经济管理出版社

ECONOMY & MANAGEMENT PUBLISHING HOUSE

图书在版编目（CIP）数据

顾客契合与体验质量创新的循环机理研究 ／ 颜东伟
著 . -- 北京：经济管理出版社，2025. 8. -- ISBN 978-
7-5243-0274-2

Ⅰ . F713. 55

中国国家版本馆 CIP 数据核字第 2025FH0986 号

组稿编辑：梁植睿
责任编辑：梁植睿
责任印制：张莉琼

出版发行：经济管理出版社
　　　　　（北京市海淀区北蜂窝 8 号中雅大厦 A 座 11 层　100038）
网　　　址：www. E-mp. com. cn
电　　　话：（010）51915602
印　　　刷：唐山玺诚印务有限公司
经　　　销：新华书店
开　　　本：720mm×1000mm/16
印　　　张：14
字　　　数：259 千字
版　　　次：2025 年 8 月第 1 版　　2025 年 8 月第 1 次印刷
书　　　号：ISBN 978-7-5243-0274-2
定　　　价：88. 00 元

前　言

　　多年来，以顾客为中心一直是质量学术领域和实践领域关注的核心主题之一。质量管理领域的顾客关系管理由最初关注顾客满意发展演变到关注顾客忠诚、顾客体验、顾客契合等方面。在服务主导逻辑的背景下，顾客不仅与企业存在交易关系，还可能对企业产生心理认同及行为互动，即顾客契合。在商业实践中，正向顾客契合和负向顾客契合往往同时存在。负向顾客契合比正向顾客契合更容易引起企业关注，影响更大。然而，学术界对正向和负向顾客契合的综合探讨较少，有关正向和负向顾客契合的概念、前因和作用亟待深入研究。

　　随着顾客在商业活动中角色的变化，企业早已不只关注顾客的交易价值，还关注非交易价值。在顾客旅程中，顾客不再只是体验的被动接受者，还作为体验的共创者参与顾客体验的创造，在创新活动中发挥日益重要的作用。已有研究较多探讨了体验质量、顾客契合、质量创新的密切关系。体验质量在驱动和强化顾客契合的同时，顾客契合也驱动了企业的质量创新。但在已有研究中关于体验质量对顾客契合的影响机理、顾客契合对质量创新的影响机理的实证研究较少，且对顾客契合行为与企业质量创新行为的行为互动鲜有探讨，难以充分支撑体验质量创新与顾客契合间作用关系的理论体系。

　　本书旨在研究体验质量、顾客契合、质量创新的循环机理，以正向顾客契合和负向顾客契合为主线，围绕"感知体验质量→正向和负向顾客契合→体验质量创新"这一顾客契合与质量创新的良性循环，探讨三个问题："体验质量如何影响正向和负向顾客契合？""正向和负向顾客契合如何影响质量创新？""顾客的契合行为策略与企业的质量创新行为策略如何相互影响？"针对前两个问题，本书基于顾客契合周期理论和 SOR 框架构建理论模型，分别从顾客和企业创新人员感知的视角运用问卷调查法收集数据，利用结构方程模型分析验证理论模型。

针对第三个问题，本书分析顾客和企业两个群体的行为策略及影响因素，基于演化博弈论对质量创新三阶段的顾客契合和质量创新进行建模和分析，并利用MATLAB软件进行演化仿真。

（1）本书研究了顾客体验质量对顾客契合的影响机理。本书回顾并扩展了顾客契合周期理论，将顾客契合效价和顾客契合内在需求动机作为关注重点，构建顾客契合双路径循环模型，提出体验质量影响顾客契合形成和增强的两条路径：一是强调顾客心理反应的"体验质量→顾客满意和顾客不满→正向和负向顾客契合"路径，二是强调顾客内在需求动机的"体验质量→新期望→正向和负向顾客契合"路径，提出了体验质量对顾客契合的直接影响、顾客满意、顾客不满、新期望的中介作用、顾客专业度的调节作用等研究假设，构建顾客契合形成的结构方程模型。此部分以顾客为调查对象，收集数据验证了结构方程模型中的研究假设。结果表明：体验质量对正向和负向顾客契合有直接和间接的影响，顾客满意、顾客不满、新期望在体验质量与正向和负向顾客契合的关系中发挥中介作用，顾客专业度调节了正向顾客契合与顾客满意、新期望的关系。

（2）本书研究了顾客契合对质量创新的影响机理。本书考虑正向顾客契合和负向顾客契合两类外在刺激，从创新效能和创新压力角度考虑创新人员的主动和被动质量创新行为的内在动机，构建质量创新双路径循环模型，提出了顾客契合影响质量创新的两条路径：一是"正向和负向顾客契合→创新效能→主动和被动质量创新"路径，二是"正向和负向顾客契合→感知顾客期望提升→顾客压力→主动和被动质量创新"路径，提出了顾客契合对质量创新的直接影响、创新效能、感知顾客期望提升、顾客压力的中介作用、创新战略的调节作用等研究假设，构建顾客契合对质量创新影响的结构方程模型。此部分以企业创新人员为调查对象，收集数据验证了结构方程模型中的研究假设。结果表明：正向和负向顾客契合对主动和被动质量创新存在直接和间接的影响，创新效能、顾客压力、感知顾客期望提升三个变量中介了顾客契合和质量创新的关系，开发性创新战略比探索性创新战略更能放大顾客契合对员工创新的效能感和压力感的作用，促进员工的质量创新。

（3）本书研究了顾客契合与质量创新的三阶段演化博弈。本书根据顾客契合在质量创新中的作用特点，将质量创新阶段划分为立项阶段、实施阶段、市场推出阶段，进而对质量创新三阶段进行情境分析，明确了顾客和企业在三阶段的不同行为策略，分析了顾客与企业在质量创新三阶段行为选择的影响因素，建立了质量创新三阶段顾客契合和质量创新的演化博弈模型,分析演化博弈模型的演化稳定点及其条件,并进行演化仿真计算,分析关键影响因素变化对演化稳定结果变动的影响。结果表明:在质量创新立项阶段,企业奖励变化在某些情形下可使顾客或企业的演化稳定策略发生改善,企业收益分配系数的降低可促进顾客或企业的演化稳定策略向良性方向转化,顾客社交及影响能力的提升仅可使企业转而进行主动质量创新;在质量创新的实施阶段,顾客契合度和顾客社交及影响能力这两个顾客因素的变化在某些情形下可使顾客或企业的演化稳定策略发生改善,企业降低创新成本可使顾客或企业的演化稳定策略得以优化;在质量创新的市场推出阶段,顾客推荐效应提升可促进企业选择全面推广新产品,企业加大对顾客有效推荐的奖励可促进顾客向其他顾客推荐新产品。

本书具有以下方面的理论贡献:首先,综合探讨了顾客契合的正向维度和负向维度,揭示了正向顾客契合和负向顾客契合的概念、前因和作用,搭建了更符合实践、更完善的顾客契合综合理论框架。其次,综合两个研究成果,提出了顾客契合与质量创新的双路径循环模型,建立了"体验质量→顾客契合→质量创新→新体验质量"的大循环,系统地反映了体验质量、顾客契合、质量创新、新体验质量的循环机理。最后,构建了顾客与企业的三阶段演化博弈模型,从动态的角度系统反映了顾客契合与质量创新层层递进、逐级深入的顾客与企业的互动演化。

同时,本书的结论为顾客关系管理、质量管理、创新管理实践提供了深入洞见:首先,为企业识别体验改善机会提供了依据,可以帮助企业确定体验质量特性改善的优先次序,同时揭示了体验质量提升永无止境的重要逻辑,督促企业持续提升质量。其次,揭示了正向促进和负向倒逼两类顾客契合对质量创新的推动机制,启示企业不应仅局限于整合正向的顾客创新资源,还应关注负向的顾客契合。最后,揭示了顾客契合与质量创新的三阶段演化机理,企业可以根据质量创新具体阶段,适当调节关键因素的水平以推动质量创新和顾客契合向良性方向演化,最大限度发挥顾客契合对质量创新的价值。

目　录

第一章 绪论

第一节 研究背景

《质量管理体系 基础和术语》（GB/T 19000—2016）指出，质量管理原则的第一个原则即"以顾客为关注焦点"。多年来，顾客关系管理一直是质量学术领域和实践领域关注的核心主题之一。质量管理领域的顾客关系管理由最初关注顾客满意发展演变到关注顾客忠诚、顾客体验、顾客契合等方面。一个重要的标志是，世界三大质量奖之一的美国波多里奇国家质量奖在《2009~2010 版卓越绩效评价准则》中首次将"顾客忠诚"替换为"顾客契合"（吕青，2009），强调了顾客契合在顾客关系管理中扮演的重要角色。《2021~2022 版卓越绩效评价准则》指出组织应建立顾客关系，实现顾客满意与契合，并首次将顾客契合条款下的"顾客关系与支持"调整为"顾客体验"（侯进锋和张蕾，2021），强调了顾客体验对实现顾客契合的重要作用。

在服务主导逻辑下，顾客不仅与企业发生交易行为，还可能对企业产生心理认同及行为互动，例如顾客时刻关注品牌或产品的动向，针对产品感知和体验发表评论，自发为品牌进行宣传，积极参与企业新产品和新服务的设计与改进……这些行为都属于顾客契合的范畴。社会化网络的迅猛发展为顾客的交流、创造、分享提供了高效率的广阔平台，这些变化使近年来顾客契合的表现形式更加丰富，程度日益增强，影响更加深远，价值得以升华。

在商业实践中，除上述这些积极、正面的顾客契合行为外，顾客与企业、其他顾客之间还存在着消极的、负面的互动。在某些情况下，顾客可能会对品牌/产品/服务提出批评，向企业抱怨，在线上社交媒体或线下口耳相传中发表或传播与品牌相关的负面信息，劝阻其他顾客与企业建立联系，成立反对品牌的团体或联盟，甚至向消费者协会投诉或寻求法律途径维权等。除正向的顾客契合行为外，负向的顾客契合行为也不容忽视，甚至更应引起企业的重视（Do et al., 2020）。数据表明，负面品牌关系比正面品牌关系更为常见，两者分别占55%和45%（Fournier and Alvarez, 2012）。相较正向顾客契合行为而言，负向顾客契合行为更容易引起企业和其他顾客的关注（Sinclair et al., 2015），并会对其他顾客产生溢出效应（Azer and Alexander, 2020b）。因此，研究负向顾客契合的内涵、前因和作用具有十分重要的价值（Do et al., 2020）。

现有的大多数顾客契合的研究集中于正向顾客契合的相关问题或只考虑顾客契合的正向维度，鲜有涉及负向顾客契合（Hollebeek and Macky, 2019）。因为正向顾客契合和负向顾客契合的表现形式和驱动因素不同（Naumann et al., 2017b），所以正向顾客契合的研究成果不能简单地移植到负向顾客契合上来。基于此，本书的一个主要任务是从效价的视角综合探讨顾客契合的概念、前因和作用。

顾客契合的产生和发展反映了顾客质量观由传统质量观向新型质量观的转变。在传统质量观下，顾客通常仅表达简单的、相对孤立的顾客需求。企业只是在既有质量特性的基础上不断提升和优化，或是仅对质量进行小改进和小创新。在此情境下，顾客追求单一或多个顾客需求的满足，从而实现顾客满意。在新型质量观下，顾客不再仅关注产品和服务本身的质量，而是追求综合的顾客体验质量，顾客由顾客体验的被动接受者转为顾客体验的共同创造者，为顾客体验的产生、优化和创新提供各类资源。顾企深化合作，不断创造出新的质量特性，并将所有质量特性优化整合，创新出卓越的顾客体验。在这一过程中，顾客契合逐步形成，顾客体验也得到创新、优化，为整个服务生态系统创造价值。传统质量观到新型质量观的转变是一种被动到主动、单一到综合、孤立到交互、满意到契合的本质转变。

在全球技术与市场融合深入的背景下，企业的边界日益模糊，企业的创新范式迎来了从封闭创新到开放创新、从自主创新到共生创新的重大转变。在此过程中，企业不再仅依赖内部研发，而是逐渐将外部环境作为创新技术和创新需求的重要来源。企业吸收越来越多的外部创新资源，促进频繁和深入的内部和外部沟通与互动，激发创新团队的创新效率，并加强外部激励对创新员工形成的创新压力，以提高创新绩效。随着顾客在商业活动中角色的变化，企业早已不只关注顾客的交易价值，还关注非交易价值。作为企业的重要相关方，顾客不仅享受体验创新的成果，而且逐渐参与体验创新（Teixeira et al.，2012）。社交媒体的急剧扩张放大了顾客角色和行为对企业创新员工的刺激（Gligor et al.，2019），使顾客在质量创新中发挥着越来越重要的作用。

成功在内部研发和外部创造资源之间产生协同效应的企业可以创造更有价值的产品和服务，从而提高组织绩效（de Oliveira et al.，2020）。企业不再是纯粹的顾客体验供应商，而是体验创新和实现的促进者、支持者和共建者。在创新范式转变过程中，企业必须积极促进顾客契合，为创新提供丰富的外部知识资源，并为开放创新建立有效的内部机制（Subramanian et al.，2019），以最大限度地提高顾客契合的效益，实现最佳绩效。

鉴于顾客契合和顾客体验两个构念在实现企业竞争优势和建立稳健关系方面的重要影响，顾客契合和体验质量的关系在先前文献中得到了较多讨论。服务主导逻辑、顾客契合理论和体验营销理论均认为，体验质量及其创新与顾客契合密不可分。首先，体验性是顾客契合的一个本质属性。体验质量是顾客契合的重要前因（Triantafillidou and Siomkos，2018）。卓越的顾客体验是顾客契合的重要驱动力，高水平的体验质量在短期和长期都将促进顾客契合的产生和强化。企业如何打造卓越的顾客体验以增强顾客契合的程度和价值是顾客关系营销领域的重要课题。其次，创新参与是顾客契合的另一个本质属性，体验质量创新是顾客契合的重要价值体现。作为顾客契合的重要理论基础的服务主导逻辑强调，服务是营销中的共同核心要素，顾客在产品和服务的消费前、消费中和消费后的价值共同创造作用不容小觑。顾客行为结果及价值是由顾客与企业及其利益相关者的焦点互动和互动体验产生的。除忠于品牌外，契合的顾客还能够在新产品或服务开发以及共同创造体验和价值方面发挥重要作用。顾客与企业的互动以及顾客与顾客的互动将优化顾客体验，创新体验质量。企业如何有效发挥顾客契合的价值以提升体验质量创新的效率和质量是质量管理和创新领域的重要课题。

已有研究探讨了顾客体验与顾客契合的关系，但关于体验质量对顾客契合的影响机制、顾客契合对质量创新的影响机制的实证研究较少，且顾客契合行为与企业质量创新行为的行为互动鲜有探讨，难以充分支撑体验质量创新与顾客契合间作用关系的理论体系。此外，现有的顾客契合理论与实证研究中，对顾客契合效价（即正向顾客契合和负向顾客契合）的讨论不足，正向和负向顾客契合的概念、前因和作用还需深入探讨。

基于以上背景，本书基于正负向视角，研究体验质量、顾客契合、质量创新的循环机理，探讨体验质量对正向和负向顾客契合的影响机理、正向和负向顾客契合对质量创新的影响机理、顾客契合行为与质量创新行为博弈关系等问题，丰富体验质量、顾客契合、质量创新的理论体系，为顾客关系管理、质量管理、创新管理实践提供深入洞见。

第二节　研究内容

本书旨在研究体验质量、顾客契合、质量创新的循环机理，以正向顾客契合和负向顾客契合为主线，围绕"感知体验质量→正向和负向顾客契合→体验质量创新"这一良性循环，探讨三个问题："体验质量如何影响正向和负向顾客契合？""正向和负向顾客契合如何影响质量创新？""顾客的契合行为策略与企业的质量创新行为策略如何相互影响？"前两个问题分别从顾客和企业创新人员感知的角度进行实证分析，第三个问题从顾企互动的角度对顾客契合行为与质量创新行为的策略互动进行演化博弈分析。本书的总体研究内容框架如图1-1所示。

体验性、共创性和互动性是顾客契合的本质特征，本书在回答研究问题时围绕顾客契合的三大本质特征展开。如图1-1所示，实证一为基于顾客感知的体验质量对顾客契合的影响机理研究，对应本书第三章的内容，旨在回答"体验质量如何影响正向和负向顾客契合"的问题；实证二为基于员工感知的顾客契合对质量创新的影响机理研究，对应本书第四章的内容，旨在回答"正向和负向顾客契合如何影响质量创新"的问题；博弈一、博弈二、博弈三分别为质量创新立项阶段、质量创新实施阶段、质量创新市场推出阶段的顾企互动的演化博弈，三者共同组成了基于顾企互动的顾客契合与质量创新的三阶段演化博弈分析，对应本书第五章的内容，旨在回答"顾客的契合行为策略与企业质量创新行为策略如何相互影响"的问题。

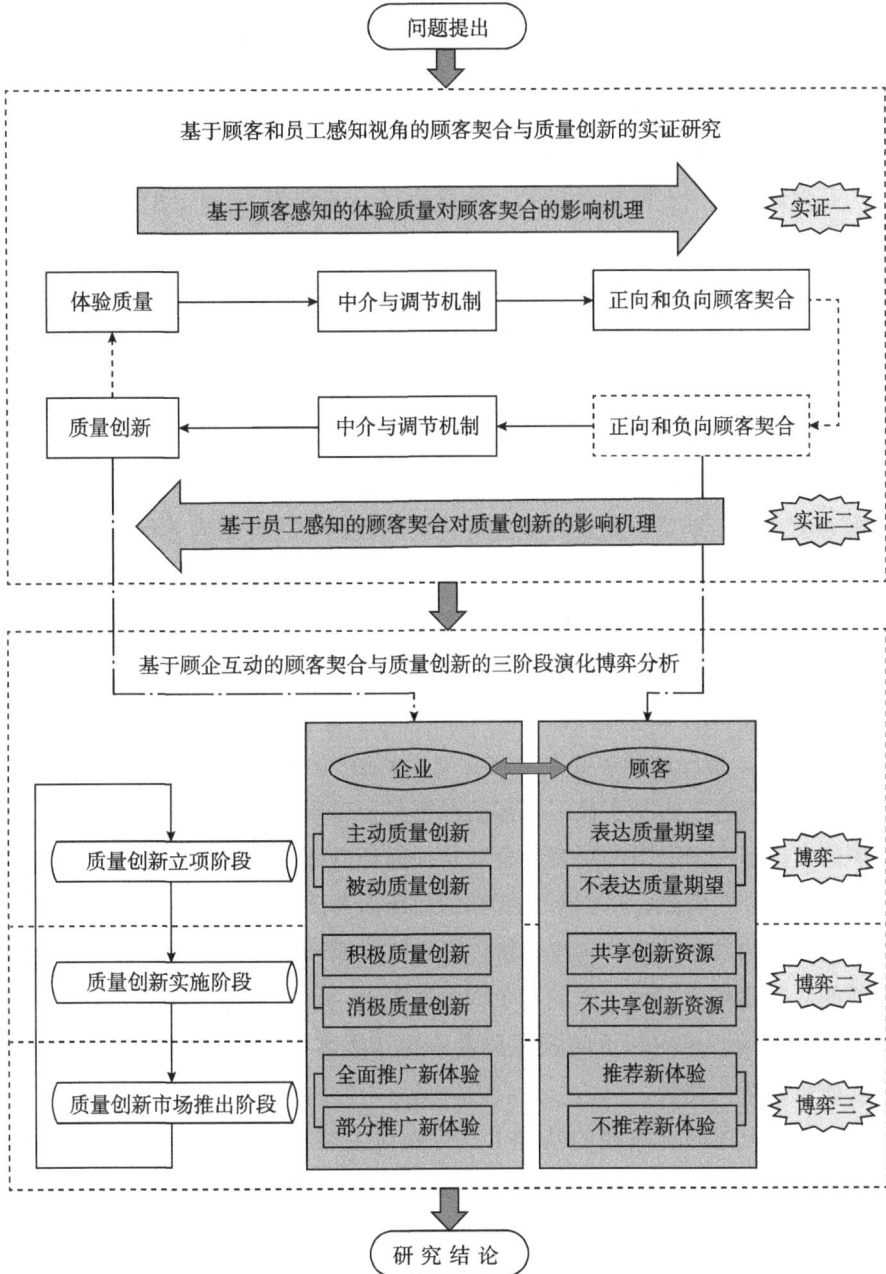

图 1-1 研究内容框架

1. 基于顾客感知的体验质量对顾客契合的影响机理

主体研究内容一为基于顾客感知的体验质量对顾客契合的影响机理研究，首先回顾并扩展了 Sashi（2012）提出的顾客契合周期理论，考虑顾客契合效价和顾客契合内在需求动机，强调顾客契合的体验性这一本质特征，构建顾客契合的双路径循环模型，提出体验质量影响顾客契合形成和增强的两条路径：一是强调顾客心理反应的"体验质量→顾客满意和顾客不满→正向和负向顾客契合"路径；二是强调顾客内在需求动机的"体验质量→新期望→正向和负向顾客契合"路径。

其次，在顾客契合双路径循环模型的基础上，对探讨主要构念之间关系的文献进行梳理，提出体验质量对顾客契合的直接影响，顾客满意、顾客不满、新期望的中介作用，顾客专业度的调节作用等研究假设，构建体验质量对顾客契合影响的结构方程模型。

最后，以顾客为研究对象，收集体验质量、顾客满意（不满）、正向（负向）顾客契合、新期望、顾客专业度等构念的数据，验证结构方程模型中的研究假设，分析体验质量的四个维度（内心平静、产品体验、结果焦点和关键时刻）在正向和负向顾客契合形成和增强中的差异化作用，检验顾客满意、顾客不满、新期望在体验质量各维度与正向和负向顾客契合之间的中介作用以及顾客专业度的调节作用，并对结果进行讨论。

2. 基于员工感知的顾客契合对质量创新的影响机理

主体研究内容二为基于员工感知的顾客契合对质量创新的影响机理研究，首先依照研究内容一中提出的顾客契合双路径循环模型，考虑正向顾客契合和负向顾客契合两类外在刺激，从创新效能和创新压力角度考虑创新人员的主动和被动质量创新行为的内在动机，构建质量创新双路径循环模型，提出顾客契合影响质量创新的两条路径：一是"正向和负向顾客契合→创新效能→主动和被动质量创新"路径，二是"正向和负向顾客契合→感知顾客期望提升→顾客压力→主动和被动质量创新"路径。

其次，在上述影响路径的基础上，对探讨主要构念之间关系的文献进行梳理，提出顾客契合对质量创新的直接影响，创新效能、感知顾客期望提升、顾客压力的中介作用，创新战略的调节作用等研究假设，构建顾客契合对质量创新影响的结构方程模型。

最后，以企业创新人员为研究对象，收集正向和负向顾客契合、感知顾客期望提升、创新效能、顾客压力、创新战略、主动和被动质量创新等构念的数据，验证结构方程模型中的研究假设，分析正向和负向顾客契合对主动质量创新和被动质量创新的影响，检验创新效能、感知顾客期望提升、顾客压力在正向和负向顾客契合与主动和被动质量创新之间关系的中介作用以及探索性创新战略和开发性创新战略的调节作用。

3. 顾客契合与质量创新的三阶段演化博弈

主体研究内容三为顾客契合与质量创新的三阶段演化博弈研究，首先根据顾客契合在质量创新中的作用特点，将质量创新阶段划分为质量创新立项阶段、质量创新实施阶段、质量创新市场推出阶段，进而对质量创新三阶段进行情境分析，明确顾客和企业在三阶段的不同行为策略。在质量创新立项阶段，顾客决定是否表达质量期望，企业决定进行主动质量创新抑或被动质量创新；在质量创新实施阶段，顾客决定是否共享质量创新资源，企业决定进行积极质量创新抑或消极质量创新；在质量创新市场推出阶段，顾客决定是否向其他顾客推荐企业创新的新产品，企业决定全面推广创新的新产品抑或部分推广创新的新产品。

其次，分析顾客与企业在质量创新三阶段行为选择的影响因素。顾客群体行为选择的影响因素包括：基础收益、创新收益、表达成本、共享成本、推荐成本、正向和负向契合顾客的比例、从企业获得的奖励、社交及影响能力、顾客契合程度、质量创新资源、创新收益分配系数、创新收益系数、新产品和老产品的市场需求量等。企业群体行为选择的影响因素包括：基础收益、创新收益、创新成本、正向和负向契合顾客的比例、顾客流失和声誉损失、信息鉴别成本、提供给顾客的奖励、创新收益系数、创新收益分配系数、质量创新资源、创新资源吸纳能力、新产品和老产品市场需求量及单位市场收益、推荐效应系数等。

最后，建立质量创新三阶段顾客契合和质量创新的演化博弈模型，分析演化博弈模型的演化稳定点及其条件，确定初始参数值，进行演化仿真计算，分析关键影响因素变化对演化稳定结果变动的影响。

第三节　研究意义

一、理论意义

首先，本书厘清了顾客契合的效价维度，界定了正向顾客契合和负向顾客契合的概念、区别和特征，将正向顾客契合和负向顾客契合定义为两个独立的构念，并综合考虑两者的前因和作用。当前已有研究较多涉及顾客契合的正向维度，少数关注顾客契合的负向维度，也很少涉及综合考虑正向和负向顾客契合的实证研究。本书为该领域的未来研究提供了理论支撑。

其次，已有研究较多地探讨了体验质量对顾客契合的促进作用，但两者的作用机制中未曾涉及顾客期望变化引发的内在需求动机的作用，且较少涉及个体差异的调节作用。本书揭示了体验质量对正向和负向顾客契合的影响机理，将体验质量的不同维度与顾客契合的正向维度和负向维度建立因果联系，强调了体验质量对正向和负向顾客契合影响的非对称性、新期望的中介作用和顾客专业度的调节作用，构建了正向和负向双影响路径，丰富了体验质量与顾客契合关系的研究。

再次，已有研究肯定了顾客契合对质量创新的推动作用，但很少剖析顾客契合是通过何种机制推动质量创新的。本书揭示了正向和负向顾客契合对质量创新的影响机理，将顾客契合的正向维度和负向维度与质量创新的主动维度和被动维度建立因果联系，通过引入顾客压力和创新效能的中介作用分析了正向促进和负向倒逼两类机制，顾客契合推动质量创新的双影响路径，拓展了顾客契合与质量创新关系的研究。

最后，本书探讨了顾客契合行为与企业质量创新行为的行为策略互动，分析了质量创新三阶段下顾客契合与质量创新博弈情境，以动态的视角揭示了不同质量创新阶段中顾客的契合行为与企业的质量创新行为的演化，为顾客参与质量创新领域的研究提供了一种新的思路。

二、实践意义

本书的研究结论对营销管理人员和创新人员具有重要的实践意义。

首先，本书揭示了体验质量四个维度对顾客满意和顾客不满存在的差异化影响，这为企业识别体验改善机会提供了信息，可帮助企业确定体验质量特性改善的优先次序；体验质量任一维度的提升均会促进顾客对体验产生更高期望，进而促进积极的顾客契合行为。这揭示了体验质量提升永无止境的重要逻辑：一旦企业奉行领先者战略，就需要不断提升体验质量以持续满足顾客日益增长的期望与需求，进而驱动顾客更深入地与组织交互，共同创造更优质的体验，形成良性的循环。顾客专业度在正向顾客契合与关键构念间关系中的调节作用得以验证，这为组织管理人员针对细分顾客群体制定差异化的管理策略提供了指导。

其次，本书揭示了正向促进和负向倒逼两类顾客契合对质量创新的推动机制，从积极和消极两方面强调了顾客契合对质量创新的重要价值，这启示企业应灵活运用双元创新战略，在利用顾客创新资源开展质量创新的过程中，不应仅局限于整合正面的顾客创新资源，还应关注负向的顾客契合，发现现有体验缺陷以快速明确质量创新的重点方向，通过有效的沟通机制使顾客契合对员工创新效能、工作压力、主动质量创新和被动质量创新的影响处于合理区间，联合正向促进和负向倒逼两种机制推动创新人员的质量创新互动，最大化质量创新的成熟度和价值。

最后，本书揭示了顾客契合与质量创新的三阶段演化机理，使企业可以根据质量创新具体阶段，明确顾客契合和质量创新的互动情况，适当调节关键因素的水平以推动质量创新和顾客契合良性演化，最大限度发挥顾客契合对质量创新的价值，创造更大的质量创新收益并与顾客共享。

第四节　研究方法与技术路线

本书聚焦体验质量、顾客契合、质量创新的关系，运用多种方法回答研究问题，技术路线如图 1-2 所示。其中，第三章和第四章分别基于顾客感知和员工感知对体验质量对顾客契合的影响机理和顾客契合对质量创新的影响机理进行研究，利用问卷调查法和结构方程模型建模对两项研究内容进行实证分析。第五章确定顾客和企业两个群体的行为策略及影响因素，利用演化博弈论对质量创新三阶段的顾客契合和质量创新进行建模和分析，并设置参数值利用 MATLAB 软件进行演化仿真，分析关键因素对顾客和企业最优行为策略的影响。

本书第一章对体验质量、顾客契合、质量创新的现实背景和理论背景进行梳理，突出顾客契合效价这一重要维度，强调联合探讨负向顾客契合与正向顾客契合的形成机理及对质量创新影响机理的重要性，明确"体验质量如何影响正向和负向顾客契合""正向和负向顾客契合如何影响质量创新""顾客的契合行为策略与企业的质量创新行为策略如何相互影响"三项研究问题。

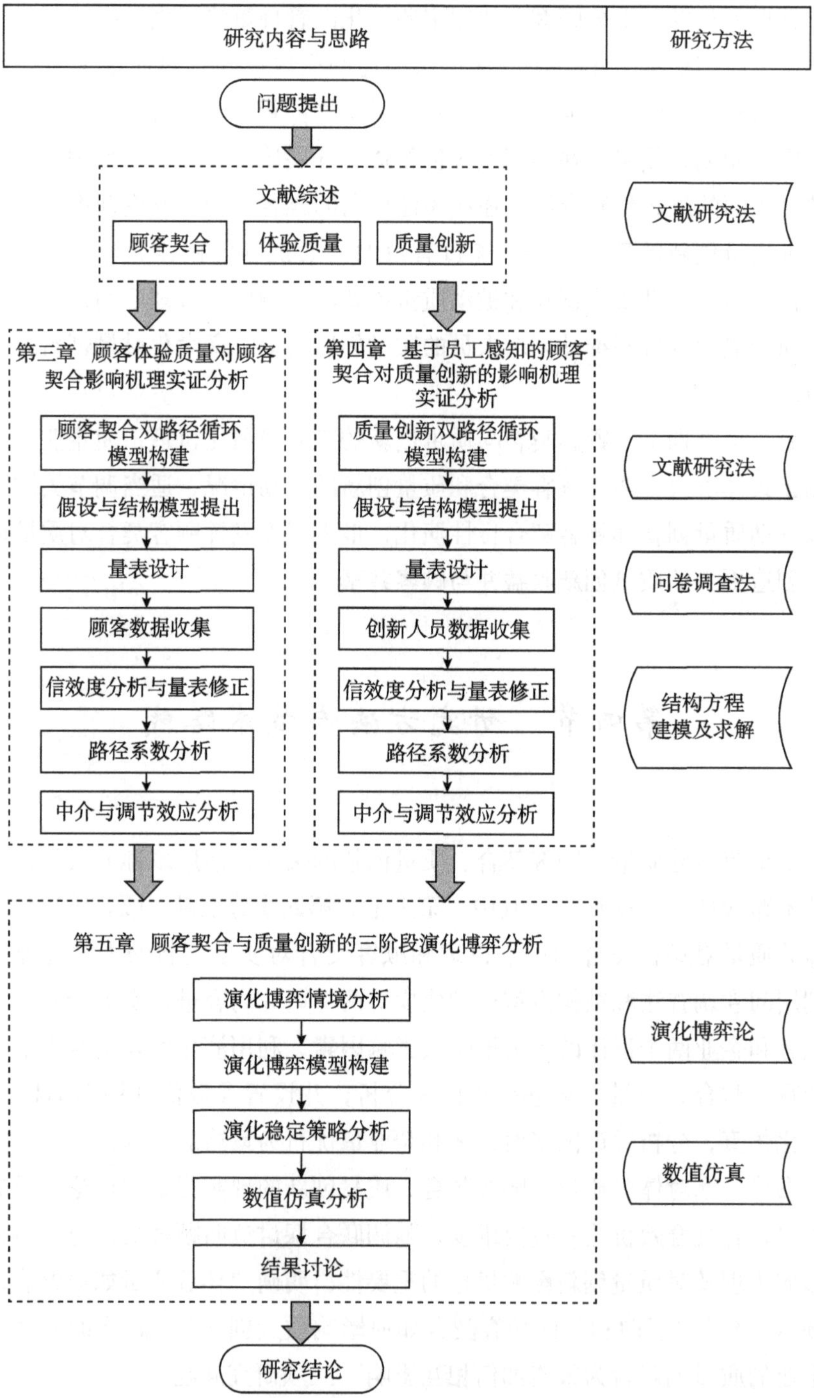

研究内容与思路	研究方法

问题提出

文献综述

顾客契合	体验质量	质量创新

文献研究法

第三章 顾客体验质量对顾客契合影响机理实证分析

顾客契合双路径循环模型构建

↓

假设与结构模型提出

↓

量表设计

↓

顾客数据收集

↓

信效度分析与量表修正

↓

路径系数分析

↓

中介与调节效应分析

第四章 基于员工感知的顾客契合对质量创新的影响机理实证分析

质量创新双路径循环模型构建

↓

假设与结构模型提出

↓

量表设计

↓

创新人员数据收集

↓

信效度分析与量表修正

↓

路径系数分析

↓

中介与调节效应分析

文献研究法

问卷调查法

结构方程建模及求解

第五章 顾客契合与质量创新的三阶段演化博弈分析

演化博弈情境分析

↓

演化博弈模型构建

↓

演化稳定策略分析

↓

数值仿真分析

↓

结果讨论

演化博弈论

数值仿真

研究结论

图1-2 技术路线

第二章回顾了与主要研究问题相关的以往文献，首先，梳理了顾客契合的主要研究，提炼了顾客契合的定义，归纳了顾客契合的焦点对象、维度、表现形式等要素，强调了顾客契合效价的定义角度，明确了正向顾客契合和负向顾客契合的定义。其次，梳理了体验质量的相关研究，分析了顾客体验概念的提出及演进过程，定义了顾客体验和体验质量，考虑顾客体验的复杂性并厘清了体验质量的维度。再次，梳理了质量创新的相关研究，明确了本书中质量创新的范畴和定义，厘清了质量创新的类型，为后续研究开展奠定了基础。最后，梳理了体验质量、顾客契合、质量创新的关系，明确了已有研究中的不足之处以及本书的关键贡献。

第三章基于结构方程模型对体验质量对顾客契合的影响机理进行实证分析，首先，梳理了 Sashi（2012）的顾客契合周期理论，分析其循环阶段、关键要素以及视角上的特征与不足，从三个方面扩展了顾客契合周期理论框架，基于正、负效价视角建立了顾客契合双路径循环模型，将其作为第三章的理论基础。其次，基于顾客契合双路径循环模型和相关文献分析，提出了 17 条研究假设，构建了体验质量对顾客契合影响的结构模型，借鉴了 Klaus 和 Maklan（2012）开发的 EXQ 量表、Vivek 等（2014）的"enthused participation scales"量表、Romani 等（2015）的"consumers' anti-brand activism"量表、Edward 等（2010）的量表、Chan 和 Wan（2009）的量表、Lashkova 等（2019）的量表、Alves 等（2016）的量表等设计了第三章的李克特七级量表。再次，以数码品牌消费者为调查对象，利用问卷星平台进行问卷调查，筛选获得 697 份有效问卷。最后，利用偏最小二乘法-结构方程模型（PLS-SEM）进行测量模型和结构模型分析，使用 SmartPLS 3.3.2 软件分析数据，利用 PLS 算法、Bootstrapping 算法、Bindfoldings 算法多组分析等技术验证体验质量四个维度对正向和负向顾客契合的直接影响，检验顾客满意、顾客不满、新期望的中介效应和顾客专业度的调节效应，判定结构方程模型适配度，分析各构念之间的复杂关系，并提出启示。

第四章基于结构方程模型针对顾客契合对质量创新的影响机理进行实证分析，首先，回顾相关文献梳理顾客契合与质量创新的关系，提出了顾客契合对质量创新的影响路径，构建了质量创新的双路径循环模型，提出了 13 条研究假设，构建了顾客契合对质量创新影响的理论模型。其次，借鉴了第三章中正向顾客契合、负向顾客契合和新期望的量表以及 Carmeli 和 Schaubroeck（2007）、Bonner（2010）、赵斌等（2014）、刘智强等（2014）、Liu 等（2015）、赵斌等（2015）、

Maduku 等（2016）、Chu 等（2019）、杨皖苏等（2019）、Xu 和 Wang（2020）、Fan 等（2021）、Cho 和 Yoo（2021）、Bagheri 等（2022）、Pai 等（2022）学者使用的量表设计了第四章的李克特七级量表。再次，以企业创新人员为调查对象，利用问卷星平台进行问卷调查，筛选获得 431 份有效问卷。最后，利用偏最小二乘法-结构方程模型（PLS-SEM）进行模型分析，使用 Smart PLS 3.3.2 软件分析数据，利用 PLS 算法、Bootstrapping 算法、Bindfoldings 算法多组分析等技术验证正向和负向顾客契合对主动质量创新和被动质量创新的直接影响，检验创新效能、感知顾客期望提升、顾客压力的中介效应和探索性创新战略和开发性创新战略的调节效应，判定结构方程模型适配度，分析各构念之间的复杂关系，并提出启示。

第五章利用演化博弈论对质量创新三阶段的顾客契合和质量创新行为进行演化分析，首先，针对顾客契合在质量创新过程的作用特点将质量创新划分为立项阶段、实施阶段、市场推出阶段三个阶段。其次，对顾客和企业两群体在质量创新三阶段的行为策略及其影响因素进行分析。再次，分别针对三个质量创新阶段提出博弈假设，计算顾企双方的收益矩阵，构建三个演化博弈模型，分别计算顾客契合企业的复制者动态方程，建立二维动态系统，以雅克比矩阵的行列式和迹的取值为判定准则分情况讨论演化博弈模型的演化稳定点。最后，确定三个博弈模型的初始参数取值，利用 MATLAB 软件进行演化博弈仿真，绘制仿真过程和结果图，分析关键因素变化对各博弈模型演化稳定策略的影响。

第六章为结论与展望，首先对全书的研究结果进行归纳和总结，然后梳理、提炼本书主要的研究结论，最后阐明本书研究的主要局限性并对未来研究进行展望。

第五节 主要创新点

本书研究的创新点和特色之处主要体现在以下方面：

第一，本书揭示了正向顾客契合和负向顾客契合的前因和作用。已有顾客契合的研究主要探讨了顾客契合的概念、特征、表现形式、前因和价值，其中大部分研究涉及顾客契合的正向维度，对顾客契合的负向维度关注较少。现实中正向顾客契合和负向顾客契合往往同时存在，共同发挥作用。本书综合探讨了顾客契合的正向维度和负向维度，揭示了正向顾客契合和负向顾客契合的概念、前因和作用，搭建了更符合实践、更完善的顾客契合综合理论框架。

第二，本书提出了顾客契合与质量创新的双路径循环模型。基于顾客感知和创新人员感知的视角，揭示了体验质量对顾客契合影响的心理反应机制和需求动机机制，以及顾客契合对质量创新的正向促进机制和负向倒逼机制。本书综合两个研究成果，提出了顾客契合与质量创新的双路径循环模型，建立了"体验质量→顾客契合→质量创新→新体验质量"的大循环，系统地反映了体验质量、顾客契合、质量创新的关系。

第三，本书提出了顾客契合与质量创新的三阶段演化模型。本书构建了顾客与企业的三阶段演化博弈模型，对三阶段的顾客契合策略和企业质量创新策略进行演化稳定性分析，提出了顾客契合与质量创新三阶段演化模型，从动态的角度系统反映了顾客契合与质量创新层层递进、逐级深入的顾客与企业的互动演化情况。

第二章　文献综述

第一节　顾客契合

一、顾客契合的内涵

学术界未对顾客契合的定义形成一致观点。从顾客契合的维度上看，先前研究中顾客契合的定义可以分为单维度定义（Wei et al.，2013；Bitter and Grabner-Kräuter，2016；Chen et al.，2017；Viswanathan et al.，2017）和多维度定义（van Doorn et al.，2010；Hollebeek and Chen，2014；Nysveen and Pedersen，2014；de Villiers，2015；Bowden et al.，2017；Naumann et al.，2017b；Azer and Alexander，2018；Heinonen，2018；Lashkova et al.，2019；Shin et al.，2020）两类，其中多维度的定义占据主导地位。多维度定义认为顾客契合是顾客与焦点对象进行价值共创的互动过程中，在认知、情感和行为层面上投入水平的综合表现（Hollebeek and Chen，2014），其中认知和情感共同反映了顾客心理层面。单维度定义又分为心理向定义和行为向定义。心理向定义认为顾客契合是顾客在与焦点对象互动、共创体验过程中产生的与焦点对象和情境相关的动机性心理状态（Brodie et al.，2011）。行为向定义将重点放在行为表达上，认为顾客契合是由动机驱动并超越交易的聚焦于品牌或企业的顾客行为表现（van Doorn et al.，2010），具体表现形式分为被动消费（如阅读品牌内容、点赞网络热帖）和主动贡献（如口碑、创造品牌内容、评论或转发网络热帖）（Triantafillidou and Siomkos，

2018）。Azer 和 Alexander（2020a）则根据行为作用对象的明确性，将顾客契合行为划分为间接契合行为（没有明确提及其他行为者）和直接契合行为（明确作用于其他行为者）。顾客契合主要研究梳理如附录所示。

已有顾客契合领域的研究广泛探讨了不同情境下对于不同焦点的顾客契合。顾客契合的发生情境涵盖了在线社区（Lee et al.，2014；Bowden et al.，2017；Naumann et al.，2017b；Heinonen，2018；Villamediana et al.，2019；Loureiro and Kaufmann，2018）、社交媒体平台（如 Facebook）（Bitter and Grabner-Kräuter，2016；Triantafillidou and Siomkos，2018；Yoon et al.，2018）、移动媒体 App（Viswanathan et al.，2017）以及服务生态系统（Li et al.，2018），行业领域涉及零售业（Lashkova et al.，2019）、旅游业（Villamediana et al.，2019；Shin et al.，2020）、社会服务（Naumann et al.，2020）和线上服务（Azer and Alexander，2018）等。

从顾客契合的焦点对象看，顾客契合的互动焦点包括企业（van Doorn et al.，2010；Chen et al.，2017；Naumann et al.，2017b）、品牌（Hollebeek and Chen，2014；Nysveen and Pedersen，2014；de Villiers，2015；Bowden et al.，2017；Chen et al.，2017；Loureiro and Kaufmann，2018）、除自身外的其他现有顾客（Wei et al.，2013；Hollebeek and Chen，2014；Azer and Alexander，2020a）、潜在顾客（van Doorn et al.，2010；Wei et al.，2013）、品牌营销人员生成内容（MGC）（Xu et al.，2018；Yoon et al.，2018；Yang et al.，2019）、来自其他顾客的用户生成内容（UGC）（Yang et al.，2019；Shin et al.，2020）、行为者网络或服务生态系统（Li et al.，2017；Kleinaltenkamp et al.，2019；van Doorn et al.，2010）。

从顾客契合表现形式看，顾客契合的外在体现丰富多样，既有线上也有线下，既有正面也有负面，既有主动也有被动，如口碑（Hollebeek and Chen，2014）、推荐（Chen et al.，2017）、向其他顾客的自愿援助（van Doorn et al.，2010）、网络发帖和博客、学习掌握相关信息（Chen et al.，2020）、关注动态、参与品牌社区（Lee et al.，2014）、参与产品和服务开发（Shin et al.，2020）、转发和点赞品牌发布内容（Triantafillidou and Siomkos，2018）、发布反馈（Hollebeek and Chen，2014）、表达需求和偏好（Shin et al.，2020）、网购平台在线评论（Lee et al.，2014）、投诉（Chen et al.，2017）、抱怨（Naumann et al.，2017b）、批评、冷嘲热讽（Naumann et al.，2017b）、诋毁（Azer and Alexander，2020a）、支持其竞争对手、劝阻和警告其他顾客（Azer and Alexander，2018）等。

尽管已有研究在顾客契合的维度、表现形式、焦点对象方面未达成一致，但大多数研究将服务主导逻辑和契合营销理论作为顾客契合的理论基础，并在顾客契合的基本性质上达成统一，认为体验、互动、共创是顾客契合的本质属性（Brodie et al.，2011；Vivek et al.，2014；张洪等，2022）。本书认为顾客契合是服务主导逻辑下体现顾客与焦点对象互动关系的，关于顾客体验的，具有效价、强度和特定表现形式的多维构念。

二、顾客契合的效价

Van Doorn 等（2010）在其提出的顾客契合行为综合概念框架中将顾客契合的效价（customer engagement valence）作为顾客契合的一个重要属性，认为顾客契合包括正向维度和负向维度。作为一个新兴概念，负向顾客契合（negative customer engagement）的概念界定、表现形式、前因及结果在已有研究中并未达成一致。

从企业的视角界定顾客契合的效价，将对企业产生积极影响的顾客契合行为定义为正效价，将对企业产生消极影响的顾客契合行为定义为负效价（van Doorn et al.，2010）。此界定方式存在不合理之处，原因有二：其一，顾客契合是一种顾客自发的心理和行为投入，从企业视角出发定义顾客契合效价并不合理；其二，从顾客契合对企业产生后果的角度定义效价会将负向顾客契合与 Azer 和 Alexander（2018）提出的负效价影响行为相混淆。由于负向顾客契合行为有时会对企业产生积极影响（Bitter and Grabner-Kräuter，2016），以此方式定义效价会出现效价界定与契合行为本身性质不匹配的问题。假设一位顾客在网上对品牌做出负面评价，尽管这一行为本身是负面的，但企业可以由此发现问题，改进产品或服务，进而打造更好的品牌形象，长期看会因此受益。若采用 van Doorn 等（2010）的划分方式，这一负向顾客契合行为将被定义为正向顾客契合，出现效价定义与顾客行为本身性质不一致的情况。因此，本书认为，应立足顾客的视角基于顾客契合心理和行为本身的性质来定义顾客契合效价。

基于以上讨论，本书将正向顾客契合（positive customer engagement）定义为顾客在与焦点对象互动中正向的认知、情感和行为投入的综合表现，将负向顾客契合定义为顾客在与焦点对象互动中负向的认知、情感和行为投入的综合表现。由于行为维度是顾客契合的外化体现，直接影响互动过程，因此本书在探讨顾客契合形成和作用机制时只关注正向和负向顾客契合的行为维度。

学术界对于正向顾客契合和负向顾客契合关系的认识主要分为两派。其中一派认为正向和负向顾客契合是同一连续体的两端，把负向顾客契合视为与正向顾客契合对称的反面（Hollebeek and Chen，2014）；另一派持相反观点，强调负向顾客契合有别于正向顾客契合的独有特征（Naumann et al.，2020）。尽管正向和负向顾客契合都包含认知、情感和行为三个维度，但两者的表现形式和驱动因素不尽相同。从表现形式看，正向顾客契合特征包括利他、社交、信任、分享等，负向顾客契合特征包括克服、抱怨、愤怒、分享等（Naumann et al.，2017b）。从驱动因素看，正向顾客契合的驱动因素包括同辈支持、易用性、讨论强度、自我认知、灵感等，负向影响顾客契合的因素有时间、社区改变、主观性等（Heinonen，2018）。因此，本书将正向顾客契合和负向顾客契合作为两个相互独立的构念来考虑、测量，并讨论两者的前因及结果。

值得注意的是，部分学者在建立顾客契合的概念框架时，将顾客不契合（customer disengagement）考虑为负向顾客契合的一种状态（Naumann et al.，2017b；Heinonen，2018）。但由于顾客不契合指顾客与焦点对象脱离联系，后续契合强度很弱（Naumann et al.，2017b）。因此本书中关于顾客契合效价的讨论不包括顾客不契合。

第二节　体验质量

一、体验质量的概念

在过去的几十年中，营销研究与实践领域历经了一系列重大转变，营销重点沿着"创建快速消费品品牌→通过服务营销建立顾客关系→创造引人入胜的顾客体验"这一路径迅速演进，这种向顾客体验的转变为理论发展和商业实践开辟新的可能性（Jain et al.，2017）。创造难忘、独特、愉快的顾客体验是当前营销领域的重要议题。体验营销是创造顾客综合体验价值，实现差异化以获得可持续竞争优势的战略性过程。

PineⅡ和Gilmore（1999）较早提出顾客体验这一概念，将顾客体验定义为"以个性化的方式吸引个体的事件"，将企业经济价值演进分为四个阶段：第一阶段是向顾客提供自己制作的产品，第二阶段是为顾客生产标准化的产品，第三阶段是向顾客提供服务，第四阶段是为顾客创造体验。前两个阶段的核心价值增值涉及经济价值发展过程中的产品质量，后两个阶段强调通过服务与体验为顾客提供价值或联合顾客共创价值。在当前激烈的市场竞争下，仅提供高质量产品和周到服务已难以赢得更多顾客并挖掘更大价值，打造卓越的体验质量逐渐成为企业核心竞争力的重要来源。

有关顾客体验的形成在学术领域经历了基于刺激的观点到基于交互的观点的转变（Lipkin，2016）。行为心理学中的 SOR 理论是基于刺激的观点的重要理论基础（Mehrabian and Russell，1974）。按照 SOR 理论，顾客体验的形成通过"外界刺激—机体内部状态—做出反应"这一路径实现。Carbone 和 Haeckel（1994）将顾客体验定义为"在学习、获取、使用、维护和处置产品或服务过程中产生的总体和累积的顾客感知"。Meyer 和 Schwager（2007）将顾客体验定义为"顾客在与企业直接或间接接触时的主观和内部反应"。其中，直接接触通常由顾客发起，发生在购买产品或使用服务期间。间接接触发生在与公司品牌、产品或服务计划外的接触中，以广告、新闻、推荐或口耳相传的形式出现。Shaw（2007）将顾客体验定义为"组织与顾客之间的互动，其融合了组织表现、感官刺激和情感激发，且直接依据顾客在所有接触活动中的期望进行衡量"。Becker 和 Jaakkola（2020）将顾客体验定义为顾客对特定刺激的不假思索的、自发的响应和反应。随着理论推进，学术界提出另一种顾客体验的观点——基于交互的观点。基于交互的观点拓展了基于刺激的观点，认为顾客体验不仅是顾客对产品和服务要素的内部主观回应，还包括个体参与和社会交互活动（Pareigis et al.，2012）。顾客不仅充当体验的被动接受者，还作为创造者在顾客体验形成中发挥更大作用（Teixeira et al.，2012；张洪等，2022）。Gentile 等（2007）认为顾客体验是顾客关系演变中基于个人层面的重要概念，强调顾客在理性、情感、感官、身体和精神等不同方面的参与，将顾客体验定义为"顾客与产品、企业或其组织某部分之间的一系列能引发反应的互动"。Lemon 和 Verhoef（2016）指出，顾客体验是一个多维结构，主要关注顾客在整个购买过程中对产品的认知、情感、行为、感觉和社会反应，是顾客与组织的要素或部分（如产品、服务或员工）之间互动的结果。Jain 等（2017）将顾客体验定义为在整个决策和消费链过程中形成的感觉、认知和态度的总和，涉及与人、物、过程和环境的一系列综合互动，导致认知、情感、感官和行为反应。

此外，Lemon 和 Verhoef（2016）建议结合顾客旅程的观点以深入理解顾客体验，将顾客体验概念化为顾客在跨多个接触点的购买周期期间与企业合作的"旅程"，将全面顾客体验概念化为一个从购买前到购买中再到购买后的动态顾客体验流程。顾客体验动态流程包含过去体验、当前体验以及未来体验，当期的未来体验将在下一期成为当前体验，当前体验将在下一期成为过去体验，并滚动循环。在顾客旅程的每个阶段，顾客通过与体验接触点接触而形成顾客体验。

通过以上讨论，本书借鉴基于刺激和交互的视角以及基于顾客旅程的观点，将顾客体验定义为：在动态的顾客旅程中，顾客在与焦点对象直接和间接接触中形成的主观响应和互动。进一步地，将体验质量定义为：顾客对自身体验满足自身要求程度的感知判断。

二、体验质量的维度

学术界对于体验质量维度的理解未能达成一致。从顾客对体验感知的角度看，体验质量可以划分为交互质量、物理环境质量、结果质量和访问质量四个维度（Wu et al.，2018）。王月辉等（2020）利用扎根理论的方法对在线评论数据进行归纳分析，得到了相似的结果，提炼出共享单车体验质量的四个维度：交互过程、环境条件、产品性能和结果质量。从体验触发机制的角度看，顾客体验分为感官、情感、智力和行为四个层面（Brakus et al.，2009）。从顾客对体验的反应的角度看，顾客体验是同时包含认知维度、感官维度、社会维度、情感维度和行为维度的过程（Verhoef et al.，2009），具体可表现为沉浸、惊喜、参与和趣味（Kao et al.，2008；Jin et al.，2015）。Klaus 和 Maklan（2012）开发了体验质量多项目测评量表（EXQ），得到多项实证研究的采纳与验证（Klaus and Maklan，2013；Deshwal，2016；Mainardes et al.，2019；Xie et al.，2020）。该量表将体验质量归纳为四个维度：产品体验、结果焦点、关键时刻和内心平静。产品体验（product experience）是顾客对比较和选择产品的自由程度和便利性的感知和评价；结果焦点（outcome focus）是顾客在体验中对既定目标的实现程度的感知和评价；关键时刻（moment of truth）反映了在发生事故的关键时刻，顾客对服务恢复的绩效和灵活性的感知和评价；内心平静（peace of mind）是指顾客对情感收益的感知和评价，情感收益是指企业/品牌通过专业知识和服务能力为顾客带来安心、放心的感受。产品体验和结果焦点更强调顾客体验的功能性，关键时刻和内心平静更关注顾客体验的情感性。本书采纳 Klaus 和 Maklan（2012）的观点，认为体验质量包含产品体验、结果焦点、关键时刻和内心平静四个维度。

第三节　质量创新

自 19 世纪末的以质量检验为主的质量控制开始，世界范围内的质量管理历经了百余年的沧桑演变，如今迎来了以质量创新为主导特征的新阶段（杨世忠等，2019）。

一、质量创新的内涵

关于质量创新的定义，学术界早在 20 世纪 70 年代即开始讨论，几十年来对质量创新的理解未达成一致。Swan 和 Combs（1976）认为质量创新是创新的显著特性，代表产品创新的特殊形式，是一个已存在产品的新版本，而非全新的产品。也即，质量创新是在已存在的范围内，关于质量改善以及绩效提高的方式。质量创新可以是在现有的空间的质量或特点的新产品新的维度。据此定义，质量创新是现有质量的提高和性能增强（Haner，2002）。质量创新与创新质量并非同一概念，质量创新强调的是创新的对象，即针对质量的创新，而创新质量与"高质量创新"中的创新概念类似，均强调创新的水平和效果，即创新的质量。创新实际上是质量的所有创新的结果，包括产品和服务的质量、企业质量过程的实际操作，以及最高的企业质量管理的水平。李正权（1999）提出了全面质量创新（TQI）的概念，但并未明确其定义，他提炼了 21 世纪全面质量创新的六个特征：更加重视产品创新、更加重视质量改进、更加重视识别需求、更加重视全面服务、更加重视质量体系的全面运转、更加重视人的作用。苏海涛等（2006）认为，产品质量创新是在一定资源环境下产品和服务质量改进和绩效增加，其包含量的渐进和质的飞跃。吴士权（2017）认为质量创新就是通过技术、管理和文化等多种方法，实现固有特性得到持续改进和提高的过程，从而更好地满足消费者和使用方的需求，并最终实现更高效益的突破性或持续性创新。程虹（2017）在《质量创新与中国经济发展》一书中指出：质量创新就是通过技术、管理和文化等多种方法，实现固有特性持续不断地改进和提高，从而更好地满足消费者和使用者的需求，并最终实现更高的效益。Subramanian 等（2019）认为质量创新是获得竞争优势的关键因素，质量创新过程是一个复杂的过程，因为它可能将内部和外部资源需求结合起来以满足顾客的期望。

从质量创新的对象来看，质量创新中最基础的对象是产品/服务的质量创新（Haner，2002）。随着质量创新内涵和实践的不断延伸，质量创新集合中逐步衍生出质量制度创新、质量需求创新及质量技术创新（宗福季，2021）。由于本书研究主题为顾客契合与质量创新，因此本书中质量创新的对象为顾客体验质量。从质量创新的目的来看，质量创新的终极目标是更好地满足顾客需求。从质量创新的手段来看，质量创新不仅需要有效调动内部创新资源，还需要有效获取吸纳外部（如顾客）创新资源。此外，与吴士权（2017）和苏海涛等（2006）的观点一致，本书认为质量创新既包括增量式质量创新，也包含颠覆式质量创新。本书中的质量创新主要指体验质量创新，结合第二章第二节中体验质量的内涵，将质量创新定义为：企业以打造卓越的顾客体验为导向，通过整合内外部创新资源，对顾客体验质量特性进行确定、分析、开发、提升和优化组合，以更好满足顾客需求的系统化创新活动。

学术界对于质量创新的研究主要体现在质量创新的策略、评价体系、质量创新模式、影响因素等方面。王海燕和赵培标（2005）从现代合约理论出发，对传统质量概念中的合约化内涵进行发掘和深化，对质量合约的风险特征及原理进行讨论，以此探讨质量创新理论。研究表明，绝对质量价值管理、相对质量价值管理和证券化质量价值管理都是基于合约化质量理念下的质量创新的新模式，质量价值管理的三种形态是在不同的竞争环境、不同的发展时期、具有不同质量风险特征的企业的不同选择。李卫红（2015）采用学习进度较慢成员组成的大群体随机配对的反复博弈，对包括制造型企业之间对称博弈、制造型企业与顾客之间非对称博弈的"复制动态"机制进行模拟，探讨影响制造型企业质量创新的主要因素，并提出促进制造型企业质量创新的管理启示及对策建议。程虹和许伟（2016）从宏观层面认为质量创新战略是质量管理的新范式，质量创新战略与传统质量管理的显著区别是突破了以往基于"速度时代"的传统要素投入管理为主的格局，突出了基于"质量时代"的全要素创新的价值观，并针对中国企业转型升级发展阶段的实际情况，构建五个评价维度的质量创新战略框架体系。夏兵等（2019）基于需求不确定情形下的纵向产品差异模型，引入生存诉求目标函数，论证了垄断情形下新创企业与成熟企业的质量创新策略差异以及双寡头竞争情形下的市场均衡。Subramanian 等（2019）基于"外向内"（即质量创新型供应商的特性）和"内向外"（即买方向供应商的质量知识转移能力）的双向视角研究买方的质量创新潜力，探讨影响质量创新的因素。

对于质量创新的研究主要体现在质量创新的策略、评价体系、质量创新模式、影响因素等方面。与技术创新及管理创新已有较为深入和系统的研究相比，关于质量创新的研究还非常欠缺，未来学术界仍有必要进一步对质量创新开展深入的研究。

二、质量创新的层次

本部分从产业层面、企业层面、员工及团队层面对质量创新的相关研究进行梳理。

第一，产业层面的质量创新研究。产业经济创新是经济保持持续增长的重要源泉，产业创新可细分为三个方面，即产品创新、工艺创新和产业组织创新。Malerba（2002）的研究有别于以往一维的观点，以多维动态的观点对产业创新进行了探讨，将创新和生产的部门系统定义为一组用于特定用途的新产品和成熟产品，以及为这些产品的创造、生产和销售进行市场和非市场互动的行为主体。苟仲文（2006）以信息产业为例，认为产业创新受技术利益、市场竞争、区位竞争、应用需求以及产业政策等因素驱动。李培楠等（2014）将产业技术创新分为技术开发和成果转化两个阶段，认为产业层的创新与内部资金、外部技术以及研发人员所占的比重有关。

第二，企业层面的质量创新研究。学术界对推动企业质量创新的影响因素进行了广泛研究，按影响因素来源可分为内部因素和外部因素。企业质量创新的内部因素主要集中于领导风格、创新战略、激励机制和创新知识管理等。Makri 等（2006）指出管理层的激励有助于促进企业的创新行为，创新活动与激励方式和领导风格有关。Zhou 和 Wu（2010）将企业的战略导向分为市场导向、技术导向和创业导向，提出不同的战略导向选择对企业创新具有异质性的影响。Berchicci（2013）从知识的角度出发，认为丰富的知识储备和高效的知识管理促进企业提升创新绩效。企业质量创新的外部因素主要集中于创新协作、制度环境和顾客驱动等。Capaldo（2007）认为企业之间的强关系联结，如合作伙伴间的紧密联系，可以促进企业的创新行为。高照军和武常岐（2014）基于制度环境的视角，认为适当的企业制度环境更有助于企业创新。孟庆春等（2021）创造性地将顾客参与创新纳入供应链价值创造体系，探讨了顾客参与对供应链创新的影响。

第三，员工及团队层面的质量创新研究。作为企业质量创新的主要力量，创新人员及团队在质量创新中发挥决定性作用。Bandura（2000）认为创新的团队层次有别于个体层次，团队只有在相互协作且对创新目标有统一明确认识的情况下，才能实现有效的团队创新。Carmeli 和 Schaubroeck（2007）将员工参与创新定义为员工将时间和精力投入与工作相关的创新活动中的程度。黄国青等（2008）提出企业在创新实践中将一些具有不同特长和知识技能的成员聚集起来以团队的形式进行创新。

在企业创新人员层面，依据质量创新行为的积极和消极特征，可以将质量创新划分为主动质量创新与被动质量创新（杨皖苏和杨善林，2018）。主动质量创新是指创新人员自愿、积极、主动地对质量特性进行创新。被动质量创新是指创新人员受内部和外部压力驱使的非自愿性的针对质量特性的创新行为。由于正向积极和负向消极视角是研究中探讨顾客契合与质量创新关系的关键视角，因此本书以主动质量创新和被动质量创新这一划分方式考虑创新人员质量创新行为的维度。

学术界对团队与员工质量创新的影响因素开展了深入研究，可归纳为个体因素和环境因素，环境因素可分为内部环境因素和外部环境因素。

影响团队和员工质量创新的个体因素主要涉及创新效能、工作压力、员工特质等。薛会娟（2014）讨论了团队创新效能感对团队创新绩效有积极的影响。Haase 等（2018）将创新自我效能定义为产生具有创造价值的新想法的感知能力。Fan 等（2021）基于自我决定理论，提出个体创新行为受心理因素的影响，自主权、能力和关系这三种心理需求会激发个体创新。Bagheri 等（2022）提出个体的创新行为受个人和团队创新效能感的影响，而团队创新自我效能感会提高个人创新自我效能感。

影响团队和员工质量创新的组织内部环境因素主要涉及组织氛围、战略导向和内部协作等。Gilson 和 Shalley（2004）认为团队支持创新的氛围会促进团队创新绩效。Liu 等（2015）阐明了在新产品研发团队中，创新绩效受行为整合（即协作行为和信息交换）影响，并受集体效能调节，行为整合是指团队进行互动的程度，集体效能是指团队共同行动达成既定目标的信念。张鸿萍和赵惠（2017）基于团队管理和知识管理的视角，认为交互记忆系统通过促进团队学习和知识共享进而对团队创造力产生积极影响。此外，Carbonell 和 Rodriguez-Escudero（2014）认为创新成功与否极大程度上取决于企业的创新战略导向，积极创新策略抑或消极创新策略的选择对顾客创新资源价值的发挥产生巨大影响，进而影响质量创新绩效。Katona（2015）以民主产品设计过程为例，分析企业给予明确承诺与保证将促进员工参与创新的意愿和动力。

影响团队和员工质量创新的组织外部环境因素主要涉及外部压力和外部资源等。顾客对现有体验的评价及对未来体验创新和改进进展保持持续关注将影响员工的创新行为。刘德文等（2020）验证并分析了顾客参与通过挑战性压力和阻断性压力对员工利用式创新和开发式创新的间接影响。Cho 和 Yoo（2021）认为顾客压力将显著影响酒店员工的质量创新行为。Zhang 等（2022）探讨了外部搜索和知识分享对员工质量创新的促进作用。

质量创新是一个复杂的过程，其需要结合内部和外部资源需求来满足顾客的期望（Subramanian et al.，2019）。创新解决方案的产生从根本上依赖于两个相辅相成的维度：产品服务开发（内部因素）和顾客契合（外部因素）（Vendrell-Herrero et al.，2021）。然而，现有的关于质量创新影响因素的研究中对员工特征、内部环境、外部环境综合考虑较为匮乏，三类因素如何共同影响质量创新仍需深入探讨。

三、质量创新的类型

从顾客参与创新的角色看，质量创新可以划分为三种类型：企业主导的创新、企业与顾客共创、顾客主导的创新（Cui and Wu，2016）。第一类创新是将顾客作为质量创新的外部信息源。企业的创新人员收集来自顾客的产品、服务和体验信息，并将其用于创新满足顾客需求的体验，即顾客提供质量需求信息，企业创新人员提供解决方案，两者未进行深度交互。第二类创新中，顾客作为质量创新的共同参与者，邀请顾客与企业内部专业的创新人员合作设计新产品、新服务或新体验，即顾客提供质量需求信息的同时参与解决方案的设计，企业与顾客协同完成解决方案，两者在深度交互基础上共同完成创新。第三类创新由顾客主导，企业仅为顾客提供基本的创新环境，允许顾客在创新体验中拥有较大自由度，企业仅协助顾客完成创新，即顾客不再直接提供质量需求信息，而是提供一定完成度的解决方案，企业仅为顾客提供创新的技术支持，并负责创新的实现，两者无须深度互动，顾客即可主导质量创新。

企业主导的创新、企业与顾客共创、顾客主导的创新三种类型的创新按以上顺序依次出现在商业领域中，然而这并不代表后出现的创新模式比先出现的更具价值。从创新模式的适宜性角度看，三种类型的创新模式同时存在于不同的商业领域中，并具有不同的价值。此外，由于一项完整的质量创新是复杂的系统工程，因此其往往同时包含多种类型的质量创新活动。由于完全由顾客主导的创新会同时造成顾客与创新人员双方双重的角色压力（刘洪深等，2011；张广玲和潘志华，2018），创新过程中权责与风险难以明确，且部分创新活动仍需企业发挥作用（如环境营造、创新平台建立及维护等），因此本书主张，不应完全忽略企业在质量创新中的地位。本书在探讨质量创新时主要涉及企业主导创新及顾企共创两种创新类型。

在质量创新的过程中，顾客作为产品开发过程中的关键利益相关者会对质量创新过程中创意产生、概念开发、测试、市场推出和营销跟进等环节产生积极影响（Trabucchi et al.，2021）。在质量创新过程中，顾客契合将为企业提供宝贵的见解和反馈，从而使企业集中精力满足客户的需求。顾客契合塑造了对新产品及其过程的见解，促进了质量创新（Chen et al.，2018）。

第四节　体验质量、顾客契合、质量创新的关系

体验、互动、共创是顾客契合的本质属性（Brodie et al.，2011；Vivek et al.，2014；张洪等，2022）。已有研究广泛探讨了体验质量与顾客契合的密切关系。

已有研究广泛认为体验质量在长期和短期都对顾客契合有直接和间接的促进作用，但关于体验质量的不同维度对正向和负向顾客契合的差异化影响未有探讨。卓越的体验质量在短期和长期都将促进顾客契合的产生和强化。Ahn 和 Back（2018）、Chen 等（2019）认为顾客如果在互动之初即获得良好体验并产生品牌依恋，短时间内会形成感性的顾客契合。Bilgihan 等（2016）提出，统一且完整的顾客体验有利于顾客对品牌建立长期契合。Harmeling 等（2017）认为品牌通过强化情感联系（基于任务的）和建立新的联系（体验式的）实现核心体验转化和顾客自我感知转化，推动形成长期顾客契合。Merrilees（2016）研究认为，无论是功能型品牌还是享乐型品牌，品牌体验都以不同的形式对顾客契合产生正向影响。Bell 等（2020）提出在线零售商以顾客体验为中心打造的线下体验店不仅会扩大市场覆盖范围、提高销量，还会极大程度上促进顾客线上线下的积极契

合行为。Chen 等（2020）分析验证了顾客满意度在感知质量与顾客契合之间的中介作用。

在已有研究中较多分析了顾客契合对质量创新的推动作用，但多聚焦正向顾客契合对创新的推动作用，负向顾客契合对创新的影响机制探讨较少。Subramanian 等（2019）认为质量创新是获得竞争优势的关键因素，质量创新是一个将外部资源、需求和内部资源结合起来以满足客户期望的复杂过程。顾客体验研究中基于交互的观点和服务生态系统的视角强调顾客既是体验的受用者，也是体验的共同创造者（Pareigis et al.，2012），其揭示了顾客契合对顾客体验创造的重要作用（Teixeira et al.，2012；张洪等，2022）。简兆权和令狐克睿（2018）认为顾客契合可以同时为顾客和企业创造价值。顾客契合在质量创新中的价值体现在顾客与焦点对象互动过程中自发地为商业生态系统贡献自身的各类资源，具体包括为企业提供有关顾客体验质量的需求、期望、偏好信息以协助企业明确质量创新方向和具体目标（张国印等，2021），奉献自身掌握的质量创新资源以协助企业提升自身质量创新能力（刘琳和王玖河，2022），通过推介企业的新产品、新服务以协助企业扩大质量创新结果的影响力和市场接纳程度（Mitręga，2020）。与正向的积极促进作用相对，Lee 等（2014）分析验证了负面顾客生成内容等负向顾客契合行为对创新的推动作用。

第五节　相关研究评述

通过回顾、分析顾客契合、体验质量、质量创新等领域的相关研究，本书得出以下结论：

第一，顾客契合的研究集中于顾客契合的内涵、维度、焦点对象、表现形式、前因和作用等方面。作为一个新兴概念，顾客契合的概念和内涵未能形成完全统一的观点。主流的研究认为顾客契合包括认知、情感和行为三个层面。顾客契合的效价这一重要维度自提出之后仅受到较少的学者关注。正向和负向顾客契合的概念界定、表现形式、前因及价值在已有研究中并未达成一致。关于如何区分正向和负向顾客契合这一问题，早期的研究认为应从对企业产生效果是正面的还是负面的角度来界定，其忽视了顾客契合的顾客自发性以及正向和负向顾客契合作用结果的复杂性。本书认为应立足顾客的视角基于顾客契合心理和行为本身的性质来定义顾客契合效价。关于正向顾客契合和负向顾客契合的关系这一问题，学术界对于正向顾客契合和负向顾客契合关系的认识主要分为两派：一派认为正向和负向顾客契合是同一连续体的两端，把负向顾客契合视为与正向顾客契合对称的反面；另一派持相反观点，强调负向顾客契合有别于正向顾客契合的独特特征。鉴于正向和负向顾客契合在表现形式、驱动因素和价值上的非对称性，本书将两者作为两个独立构念考虑。此外，学术领域有关正向和负向顾客契合的前因和作用的量化实证研究尚且十分匮乏，仍需进一步深入研究。

第二，顾客体验是继自制产品、标准化产品、服务之后诞生的第四个价值概念。关于顾客体验的形成这一问题，学术界经历了基于刺激的观点到基于交互的观点的转变：前者认为顾客体验是顾客对外界刺激的感知和反应，后者扩展了前者的观点，认为顾客体验不仅是顾客对产品和服务要素的内部主观回应，还包括个体参与和社会交互活动。经过理论与实践的发展，近几年，部分学者建议结合顾客旅程的观点以深入理解顾客体验，将全面顾客体验概念化为一个从购买前到购买中再到购买后的动态顾客体验流程。关于体验质量的维度这一问题，因为顾客体验的发生场景不同，所以学者们对体验质量的维度划分也因具体情境而异。服务体验领域有大量研究采纳了 Klaus 和 Maklan（2012）开发的体验质量多项目测评量表（EXQ），其将体验质量划分为产品体验、结果焦点、关键时刻和内心平静四个维度，得到了较广泛的实证验证。综观顾客体验的相关文献发现，已有研究对于顾客体验的交互性和动态性关注仍旧不足。本书吸收了基于交互的观点和顾客旅程的观点，采纳了 EXQ 量表，用以理解和解构体验质量。

第三，关于质量创新的研究主要集中于质量创新的策略、评价体系、质量创新模式、影响因素等方面。学术界早在 20 世纪 70 年代即开始讨论质量创新，但几十年来对质量创新的理解未达成一致，主要原因为质量创新的对象不同、层次不同、类型不同、方式不同。质量创新的对象可以归纳为产品、服务和顾客体验等；质量创新的层次可分为产业层面、企业层面、团队和员工层面等；质量创新的类型可归纳为企业主导的创新、企业与顾客共创、顾客主导的创新；质量创新的方式可分为增量式创新和颠覆式创新。质量创新是一个复杂的过程，其需要结合内部和外部资源需求来满足顾客的期望。与技术创新及管理创新已有较为深入和系统的研究相比，关于质量创新，尤其是体验质量创新的研究还非常欠缺，未来有必要对质量创新广泛开展研究。此外，现有的关于质量创新影响因素的研究中对员工特征、内部环境（如创新战略）、外部环境（如顾客因素）综合考虑较为匮乏，三类因素如何共同影响质量创新仍需深入探讨。

第四，已有研究较多讨论了体验质量与顾客契合的复杂关系。一方面，体验质量是促进顾客契合的一个重要驱动因素；另一方面，顾客契合是顾客与企业及其他顾客深入频繁地交互，顾客契合是价值交换的过程，顾客在此过程中会更深刻地感知体验质量。基于交互的观点服务生态系统的视角均强调了顾客体验中的社会互动和个体过程，认为顾客不仅是外部刺激的被动接受者，更是体验形成过程中的积极贡献者，在体验过程中享受更多的主动权和控制权。体验质量与顾客契合相辅相成。尽管关于体验质量与顾客契合关系的文献较多，但在影响机制上主要集中于直接影响和通过顾客满意、承诺等心理反应变量的间接影响两类，对顾客契合产生和增强的顾客内在需求动机的关注和讨论较少。体验质量通过影响内在需求动机变量进而影响顾客契合的影响路径需深入探讨和验证。此外，已有研究关于体验质量的不同维度对顾客契合的正向维度和负向维度的差异化影响的探讨较少，需进一步深入分析体验质量各维度对正向和负向顾客契合的非对称性影响。

此外，已有研究关注了顾客资源在质量创新中的重要作用。契合的顾客在企业质量创新中扮演三种角色：一是作为企业质量创新的重要外部资源，二是作为企业质量创新的共同创造者，三是作为企业质量创新的用户。关于两者关系的研究要么仅讨论正向顾客契合行为对质量创新的积极作用，要么仅讨论负向顾客契合行为对质量创新的消极作用。然而在管理实践中，正向和负向顾客契合往往同时存在。因此，顾客契合的积极维度和消极维度如何联合影响质量创新的积极维度和消极维度的研究尚显不足，正向顾客契合和负向顾客契合对主动质量创新和被动质量创新的复杂影响仍需深入探讨。此外，顾客和企业作为有限理性的行为主体，其契合策略和质量创新策略如何交互影响、如何演化也需深入分析。

第三章　顾客体验质量对顾客契合影响机理实证分析

在当前复杂竞争的市场环境下，创造卓越的顾客体验是创新的核心目标，也是企业获得和保持可持续竞争优势的重要源泉。从服务生态系统的角度来看，顾客体验的创造不仅需要产品和服务提供者的努力，还需要顾客在服务环境中的个人参与。顾客与服务提供商和其他顾客合作，在特殊的服务环境中创造自己独特的体验。因此，如何在顾客体验创新过程中加强顾客契合的深度和广度，是未来生态系统实现可持续创新的重要课题。

在服务主导逻辑下，顾客不仅与企业有交易行为，还与企业产生心理认同和行为互动。顾客这类认知、情感和行为的契合不仅有正向的一面，还包括负向的一面。然而，已有研究较多地探讨了顾客契合的正向维度，对负向顾客契合涉及较少，这与商业实践中负向顾客契合的发生频次和影响不相匹配（Do et al.，2020）。将正向维度和负向维度综合考虑成为顾客契合领域的重要研究问题（Khac et al.，2020）。

体验质量和顾客契合之间存在着复杂而密切的关系。体验质量是顾客契合形成和增强的重要驱动因素。除了直接影响顾客契合外，体验质量还通过中介变量影响顾客契合。已有研究讨论了顾客满意度在感知质量与顾客契合之间的中介作用（Chen et al.，2020）。在实践中，顾客不仅会在体验后发表评论，还会更新他们对体验的期望。新期望的形成表明顾客的内部需求发生了变化。更强的内部需求将推动顾客更深入地参与体验共创。然而，以往研究很少探讨顾客体验期望的变化在顾客契合的形成和变化中的作用。因此，本章的一个主要研究目的是讨论新期望在体验质量和顾客契合之间的作用。

顾客资源为顾客契合的形成和增强提供了重要支持（van Doorn et al.，

2010)。顾客专业度作为顾客的重要资源不仅可以加强顾客契合，还可以放大其效果。现有研究已经讨论了顾客专业度在重要顾客构念之间的调节作用（Sun et al.，2021）。但是，尚未讨论顾客专业度在顾客契合与其他以客户为中心的重要度量之间的作用。因此，本章的另一个主要研究目的是探索顾客专业度在顾客契合与其前因变量之间的作用。

基于以上讨论，本章旨在全面探讨正向和负向顾客契合的形成机制。本章扩展了顾客契合周期理论的理论框架，提出了顾客契合双路径循环模型，建立并验证了包含中介机制和调节机制的顾客契合模型，分析了体验质量对顾客契合的直接影响和通过中介机制的间接影响，并讨论了顾客专业度对构念关系的调节作用。

第一节　顾客契合双路径循环模型

Sashi（2012）提出的顾客契合周期理论很好地解释了顾客契合的产生和发展过程。该理论建立了一个顾客契合周期模型，认为顾客契合按照联系→互动→满意→保留→承诺→拥护→契合的顺序循环往复。Chen 等（2020）进一步解释了 Sashi（2012）的顾客契合周期模型，将顾客契合的发展过程划分为感知阶段、满意阶段、承诺阶段和契合阶段四个阶段。感知阶段包括联系和互动，满意阶段包括满意和保留，承诺阶段包括承诺和拥护，契合阶段是指顾客契合。宁连举和刘茜（2017）在顾客契合周期模型的基础上提出了顾客契合的"态度-行为"模型，将顾客契合的形成过程要素划分为态度和行为两大维度，认为顾客契合的态度维度包含产生兴趣、建立信任、形成认同、深度支持四大方面，顾客契合的行为维度包括发现探索、参与互动、购买使用、分享推荐、重复消费五大部分。

顾客契合周期理论及其相关研究强调了顾客契合形成与发展的时间维度，为契合营销理论提供了很好的理论框架。这一理论有几个重要的特点。第一，顾客契合周期的各个环节只是顾客可能经历的环节，不是必经环节，且各环节之间不都存在因果关系。第二，这一理论只考虑了顾客契合正向的一面，没有将正向和负向顾客契合同时考虑。第三，尽管顾客契合周期理论建立了感知质量和顾客契合的循环模型，但只考虑了顾客满意和承诺等心理反应，未考虑顾客契合产生的内在需求动机。

　　本章试图构建一个顾客契合循环的新理论框架以更深入地理解顾客契合的形成机理。这一框架考虑了包括顾客契合的关键前置因素（体验质量、顾客满意、顾客不满和调整后的期望）、顾客契合的效价（正向与负向顾客契合）以及各构念之间的关系。

　　已有研究较多探讨了产品质量和服务质量对顾客契合的重要影响。随着理论与实践的推进，学者们认识到影响顾客的情感和行为不再是产品质量或服务质量，而是顾客对整个过程的综合体验的评价（Lemke et al.，2011；王新新和李震，2019）。体验质量与顾客契合存在复杂联系已成为学术界共识。一方面，体验质量是促进顾客契合的一个重要因素。例如，Merrilees（2016）研究认为，无论是功能型品牌还是享乐型品牌，品牌体验都以不同的形式对顾客契合产生正向影响。Bell 等（2020）提出在线零售商以顾客体验为中心打造的线下体验店不仅会扩大市场覆盖范围、提高销量，还会极大程度上促进顾客线上线下的积极行为，并将此现象定义为"顾客增压"。另一方面，顾客契合是顾客与企业及其他顾客深入频繁地交互。顾客契合的过程是价值交换的过程，顾客在此过程中会更深刻地感知体验质量。基于交互的观点强调顾客体验中的社会互动和个体过程（Lipkin，2016）。顾客不仅是外部刺激的被动接受者，更是体验形成过程中的积极贡献者（Pareigis et al.，2012），在体验过程中享受更多的主动权和控制权。此外，服务生态系统的视角强调顾客体验共创，认为顾客不仅是体验的感知者，还是体验的共创者（Lemon and Verhoef，2016）。顾客契合可以同时为顾客和企业创造价值（简兆权和令狐克睿，2018）。

　　尽管顾客体验理论中基于交互的观点和服务生态系统的视角均强调顾客契合对体验形成的作用（Teixeira et al.，2012），但实际中顾客契合却不是体验质量高低的最主要的或唯一的决定因素。由于服务生态系统由企业、顾客等多方主体共同构建，因此仅靠顾客单方面投入不一定会使体验质量发生决定性改变。因此，本章认为体验质量是顾客契合的重要驱动因素，并通过顾客满意或顾客不满影响正向和负向顾客契合的形成及强化。

　　此外，本章将顾客在体验后的期望变化作为中介因素纳入顾客契合的形成过程中。由于卓越的体验质量往往超出顾客预期，因此顾客在感知体验质量后，期望会发生变化（如顾客对体验产生更高的期望，即"享乐适应"效应）。调整后的期望意味着顾客内在需求发生变化。对体验的更高需求驱动顾客更深入地参与体验的创造。在此过程中，顾客契合逐渐强化。因此，本章认为新期望会强化内在契合动机，促进顾客契合的产生和增强。顾客契合双路径循环模型如图 3-1 所示。

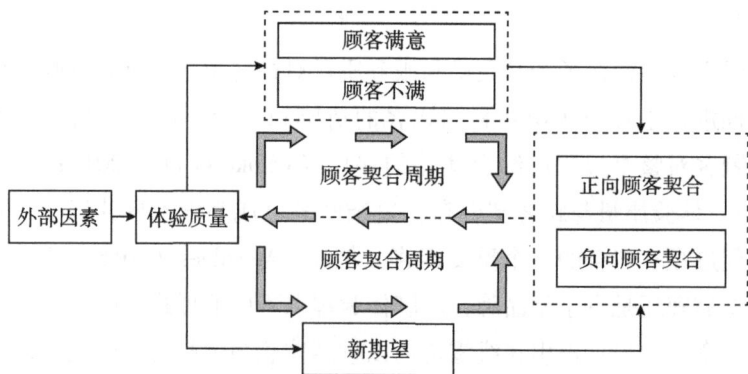

图 3-1　顾客契合双路径循环模型

本章拓展顾客契合周期理论的框架，提出顾客契合的双路径循环模型，以探究体验质量对正向和负向顾客契合的影响机制。本章所提出的顾客契合双路径循环模型中包括两条路径：一是"体验质量→顾客满意和顾客不满→正向和负向顾客契合"，二是"体验质量→新期望→正向和负向顾客契合"。进入契合阶段后，顾客对体验质量的感知进一步强化，进入下一轮循环。值得注意的是，顾客契合并非体验质量唯一关键的决定因素，外部因素（如企业提供的产品、服务以及环境等）对体验质量的水平起主要作用。外部因素对体验质量的影响不属于本章的研究范围。

第二节　体验质量对顾客契合影响的模型与假设

本章将体验质量的各维度分开考虑，建立一阶模型而不是二阶模型，以探讨体验质量的不同维度对顾客满意、顾客不满、新期望以及正向和负向顾客契合的差异化影响。对于"体验质量→顾客满意和顾客不满→正向和负向顾客契合"

这条路径，尽管已有文献研究三者的关系，但未讨论体验质量和顾客满意（顾客不满）对正向和负向顾客契合的差异化影响。本章建立这一路径并用数据验证。

此外，本模型提出的第二条路径在已有研究中未有讨论。本章借鉴期望更新理论和契合动机理论首次探讨体验质量对新期望的影响以及新期望对正向和负向顾客契合的影响。理论模型如图 3-2 所示。

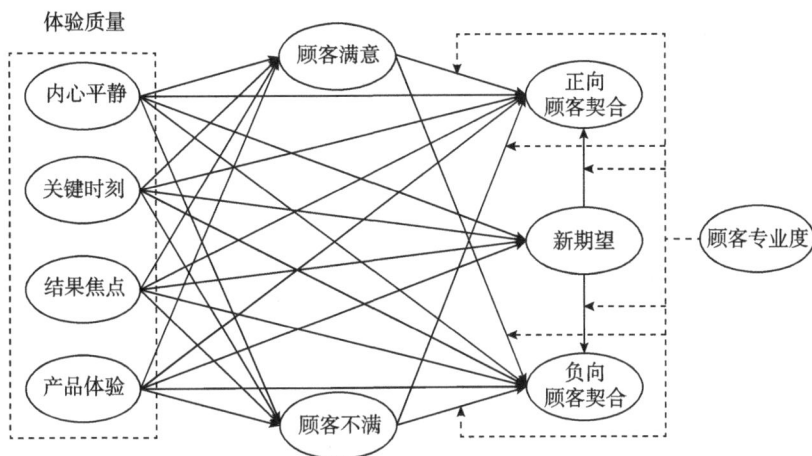

图 3-2　本章理论模型

注：图中实线表示因果效应，虚线表示调节效应。

一、体验质量对顾客契合的直接影响

体验性、互动性和价值共创是顾客契合的本质体现（Kumar et al.，2010；Brodie et al.，2011；Vivek et al.，2014）。卓越的体验质量在短期和长期都将促进顾客契合的产生和强化。短期效应是指企业与顾客的单次互动中，顾客体验与顾客契合的局部作用（Ahn and Back，2018）。在短期内，顾客如果在互动之初即获得良好体验并产生品牌依恋，则会形成感性契合（Chen et al.，2019）。长期来看，统一且完整的顾客体验有利于顾客对品牌建立长期契合（Bilgihan et al.，2016）。品牌通过强化情感联系（基于任务的）和建立新的联系（体验式的）实现核心体验转化和顾客自我感知转化，推动形成长期顾客契合（Harmeling et al.，2017）。基于此，本部分提出以下假设：

H3-1：体验质量对正向顾客契合有显著的正向影响。

反之，较差的认知和情感体验，往往会导致负面的品牌关系，并通过负面口碑等方式表达出来（Barari et al.，2020），进而给品牌造成不良后果。糟糕的顾客体验将增加负向顾客契合行为发生的概率，最终演化为妥协、报复、回避三种负向契合状态（张君慧和邵景波，2020）。鉴于此，本部分进一步提出以下假设。

H3-2：体验质量对负向顾客契合有显著的负向影响。

体验质量的产品体验维度是指与顾客选择产品和服务的自由度有关的体验。在顾客选择产品的过程中，产品信息的透明能增强顾客信任，选择的自由程度能增强顾客的感知公平性，进而对顾客契合产生促进作用（杨志勇和翟少铃，2022）。相反，较差的产品体验将滋生并强化负向顾客契合行为（张君慧和邵景波，2020）。假设如下：

H3-1a：产品体验对正向顾客契合有显著的正向影响。

H3-2a：产品体验对负向顾客契合有显著的负向影响。

体验质量的结果焦点维度是指顾客在体验中达到预期目的的情况感知和评价。在现实和虚拟体验情境下，目的性购买行为和体验质量存在密切关系，顾客目的的达成度极大程度影响顾客体验的高低，并影响顾客契合行为的性质和强度（姜参和赵宏霞，2013）。假设如下：

H3-1b：结果焦点对正向顾客契合有显著的正向影响。

H3-2b：结果焦点对负向顾客契合有显著的负向影响。

体验质量的关键时刻维度是指在体验过程的关键时刻（如服务失败、服务中断等），顾客对及时、灵活、有效的服务补救绩效的评价。研究认为，高水平的服务补救结果在改善顾客不良情绪的同时还能增强顾客的信任感、满意度、忠诚度（郑春东等，2012），并促进顾客进一步的互动行为（仇立，2017）。相反，较差的服务补救体验将滋生并强化负向顾客契合行为（Barari et al.，2020）。假设如下：

H3-1c：关键时刻对正向顾客契合有显著的正向影响。

H3-2c：关键时刻对负向顾客契合有显著的负向影响。

体验质量的内心平静维度是指顾客因服务提供商的专业程度和责任感等而获得的情感收益。在社会化网络情境下，社交服务平台的便捷性、安全性、美观性将提升顾客的支持感（范公广和吴梦，2019），使顾客获得更高的情感收益，进而促进顾客的心理契合与行为契合（高海霞等，2022）。相反，较差的情感体验将滋生并强化负向顾客契合行为（张君慧和邵景波，2020）。假设如下：

H3-1d：内心平静对正向顾客契合有显著的正向影响。

H3-2d：内心平静对负向顾客契合有显著的负向影响。

二、顾客满意与顾客不满的中介作用

早先，研究人员认为，顾客满意和顾客不满位于同一连续构念对称的两极。然而，双因素论、三因素论的相关研究认为，顾客满意和顾客不满是可共存的两个单独构念，两者的影响因素具有非对称性（Kano，1984；Johnston，1995）。因此，本部分将顾客满意与顾客不满视为两个单独构念，而不是同一个构念的高水平状态和低水平状态。

传统的顾客满意聚焦于顾客的消费后评价阶段。根据 Oliver（1980）提出的期望不一致理论，顾客消费前的期望水平和消费后的感知质量水平之间的差异直接决定了顾客满意度。随着研究的深入，体验质量对顾客满意的促进作用得到广泛认同（Brakus et al.，2009；Chahal and Dutta，2015）。顾客满意是顾客感知体验后情绪和心理累积的综合结果（Lin，2015；Pansari and Kumar，2017）。顾客不满是指当顾客因产品或服务失败而感到不适时的情感状态（Fornell and Werner-felt，1987）。较差的体验会招致顾客不满（Dedeoğlu and Demirer，2015）。因此，本部分提出以下假设：

H3-3：体验质量对顾客满意有显著的正向影响。

H3-4：体验质量对顾客不满有显著的负向影响。

在顾客选择产品的过程中，服务提供商提供自由而丰富的产品选择是顾客体验的重要方面。选择价值是产品线架构的重要组成部分，对顾客满意具有促进作用（支华炜等，2013）。相反，限制顾客选择可能会造成顾客的被歧视感，选择不足将招致顾客不满（黎冬梅和朱沆，2007），如电信运营商限制顾客更改套餐的行为往往引起顾客不满情绪。假设如下：

H3-3a：产品体验对顾客满意有显著的正向影响。

H3-4a：产品体验对顾客不满有显著的负向影响。

在体验过程中，部分顾客可能对体验具有预期的确定性目标，目的能否达成将在极大程度上影响顾客对体验质量的评价高低，同时影响顾客满意度（李艺等，2011）。如在投资理财活动中，顾客满意与否较大程度上取决于其相对的投资回报情况；再如，在旅游活动中，顾客满意度高低受旅游目的地打卡是否成功、旅游娱乐体验与预期的比较的影响。假设如下：

H3-3b：结果焦点对顾客满意有显著的正向影响。

H3-4b：结果焦点对顾客不满有显著的负向影响。

在服务失误的关键时刻，服务提供商对服务失误做出的反应的及时性和灵活性将影响补救绩效。及时、灵活、有效的服务补救行动将直接或通过降低顾客的相对剥夺感间接缓解顾客的不满情绪，尤其在服务补救类型与顾客契合程度和类型相匹配时，顾客更容易对服务满意（刘凤军等，2019）。不同的服务补救的类型对顾客情绪具有异质性影响，在"关键时刻"，并非所有的服务补救行为都将使顾客达到二次满意（贾薇和赵哲，2018），如服务提供商在关键时刻的补救行为难以充分缓解顾客负面情绪，将招致顾客不满。假设如下：

H3-3c：关键时刻对顾客满意有显著的正向影响。

H3-4c：关键时刻对顾客不满有显著的负向影响。

情感收益是顾客产生满意情绪的重要促进因素。品牌依恋、品牌认同等情感因素与顾客满意交互影响、相互补充（潘海利和黄敏学，2017）。服务提供商为顾客提供安全、可靠、易用、便捷的产品和服务将提升顾客的情感收益，达到顾客满意（范公广和吴梦，2019）。假设如下：

H3-3d：内心平静对顾客满意有显著的正向影响。

H3-4d：内心平静对顾客不满有显著的负向影响。

已有较多文献讨论并检验了顾客满意对顾客契合的正向影响（Hapsari et al.，2017；Pansari and Kumar，2017；Youssef et al.，2018）。长期高度的满意会使顾客更关注焦点对象（Petzer and van Tonder，2019），主动参与品牌互动，实现顾客契合（Chen et al.，2020；Sashi，2012）。同时，顾客满意可以缓解顾客原有的负向行为倾向，降低负向契合行为的发生。假设如下：

H3-5：顾客满意对正向顾客契合有显著的正向影响。

H3-6：顾客满意对负向顾客契合有显著的负向影响。

与之相对，顾客不满在滋生负向顾客契合行为的同时（Sthapit and Björk，2019），还将降低正向顾客契合行为的发生概率和强度（Naumann et al.，2017b）。假设如下：

H3-7：顾客不满对正向顾客契合有显著的负向影响。

H3-8：顾客不满对负向顾客契合有显著的正向影响。

三、新期望的中介作用

体验质量会使顾客的初始期望发生变化。Oliver（1980）认为消费者体验会随着所接收的信息和商业环境的特征而丰富，强调顾客期望的动态变化，认为新顾客满意周期中顾客期望将上升。Yi 和 La（2004）解释了期望的动态性质，提出调整后的期望的概念。Johnston（1995）认为预先期望（prior expectation）具有动态性，受消费者经历、信息积累、沟通和替代品的影响。企业打造的卓越体验将超出顾客期望（Pine and Gilmore，1998）。随着体验的深入，顾客逐渐形成"享乐适应"，将此视为理所当然的体验水平（Verhoef et al.，2009；Lashkova et al.，2019），并调整下一阶段的期望（Ha and Janda，2016）。本部分将调整后的期望称为新期望（new expectation）（Lashkova et al.，2019），并明确：新期望水平较高代表与之前相比期望提高，新期望水平较低代表与之前相比期望下降。假设如下：

H3-9：体验质量对新期望有显著的正向影响。

顾客期望的动态性适应于体验质量的任一方面。产品体验、结果焦点、关键时刻、内心平静作为体验质量的四个维度，在顾客体验的过程中均存在"享乐适应"效应。因此，本部分认为，随着顾客旅程向前不断循环，产品体验、结果焦点、关键时刻、内心平静任一维度的提升都将使顾客对体验产生更高期望。假设如下：

H3-9a：产品体验对新期望有显著的正向影响。

H3-9b：结果焦点对新期望有显著的正向影响。

H3-9c：关键时刻对新期望有显著的正向影响。

H3-9d：内心平静对新期望有显著的正向影响。

顾客期望变化可能会影响顾客的决策。Kalwani 等（1990）认为累加期望（adding expectation）会增加品牌选择行为的可预测性。超出顾客期望的体验会提升顾客满意的阈值，同时促进顾客积极行为（Rust and Oliver，2000；Yi and La，2004）。体验中形成的新期望使顾客更积极地参与（Lashkova et al.，2019）。良好的顾客体验需要顾客与企业以及其他顾客共同创造，所以更高的期望会促进顾客与焦点对象展开更频繁、更深层次的互动。反之，顾客对体验的期望越高，顾客的负向行为倾向越低（Zhang et al.，2021），因此新期望将缓解负向顾客契合的发生概率和强度。假设如下：

H3-10：新期望对正向顾客契合有显著的正向影响。

H3-11：新期望对负向顾客契合有显著的负向影响。

四、顾客专业度的调节作用

顾客专业度（customer expertise）是指顾客成功执行产品（服务）相关任务的能力及其对产品（服务）类别中各种属性知识的理解程度（Bell et al.，2005）。已有研究讨论了顾客专业度在一些重要顾客构念间关系的调节作用。例如，Andreassen 和 Lindestad（1998）探讨了顾客专业度对感知质量、企业形象、感知价值和顾客满意之间关系的调节作用。再如，Jamal 和 Anastasiadou（2009）验证了顾客专业度对顾客满意和顾客忠诚之间关系的正向调节作用。

顾客资源是影响顾客契合的个人层面的重要原因（van Doorn et al.，2010）。作为顾客重要资源的顾客专业度不仅能加深顾客契合程度，还会增强顾客契合效果（Auh et al.，2007）。顾客专业度越高，通过提高自我效能感来实现的价值创造就越多（Alves et al.，2016）。专业度较高的顾客会对自己行为能力很有信心（Jamal and Anastasiadou，2009；冯进展和蔡淑琴，2020）。如果顾客都对体验十分满意且未来对体验质量抱有更高的期望，则掌握企业更多信息和知识的顾客有更大的倾向或能力与企业进行互动。因此，本部分假设顾客专业度调节了顾客满意对正、负向顾客契合的影响。假设如下：

H3-12：顾客专业度正向地调节顾客满意与正向顾客契合的关系。

H3-13：顾客专业度正向地调节顾客满意与负向顾客契合的关系。

同样，顾客不满情绪对顾客正向和负向契合行为的影响也因顾客专业度的不同而不同。相较于新手型顾客，专家型顾客的不满情绪对正向和负向顾客契合的影响也因顾客专业度的提高而被放大（Zhang et al.，2019）。在体验不满意的顾客群体中，专业度更高的顾客有着足够的知识和能力去表达内心的不满情绪，因此他们不会安于做"沉默的顾客"，而是主动与企业互动（Sahi et al.，2019），将不满情绪尽可能转化为负向顾客契合行为。假设如下：

H3-14：顾客专业度正向地调节顾客不满与正向顾客契合的关系。

H3-15：顾客专业度正向地调节顾客不满与负向顾客契合的关系。

此外，相较于新手型顾客，专家型顾客对体验质量的特性理解更为深入，更能明确自身的需求和期望（李海娥和熊元斌，2017）。对体验质量清晰的期望和需求促使其更深入地参与到顾客体验的创造中（Nicolajsen and Scupola，2011）。

假设如下：

H3-16：顾客专业度正向地调节新期望与正向顾客契合的关系。

H3-17：顾客专业度正向地调节新期望与负向顾客契合的关系。

第三节 顾客数据收集与分析

一、数据收集

本章选择科技数码品牌作为主要的调查领域。目标调查对象为有过数码品牌体验或使用经历的消费者。选择科技数码领域作为调查领域的原因是：科技数码领域的现有顾客和潜在顾客在线下品牌店及在线品牌社区的活跃度很高，在包括购买前、购买时、购买后的整个顾客旅程中均与品牌有较强的互动，无论是正向还是负向顾客契合行为均明显且典型，便于充分研究顾客契合的形成和强化的确定因素及过程，与本章的研究主题相契合。

问卷结构包括三部分。在问卷开头，被访者被要求回想令自己印象最深刻的数码品牌的品牌体验（优劣均可），并回答体验的数码品牌和产品类型。接下来，被访者结合自己的品牌体验回答有关体验质量、顾客满意（不满）、正向（负向）顾客契合、新期望、顾客专业度等问题。问卷的最后一部分是关于被访者年龄、性别、品牌接触时间的问题。

调查问卷通过专业线上问卷平台"问卷星"（www. wjx. cn）进行发放和收集。问卷通过社交媒体传播和平台随机推送两种方式传播，问卷发放设置为1000份，共收到789份问卷，并根据以下规则剔除92份无效问卷：预先设计的顾客不满的反向问题与上文回答明显不一致的问卷；作答时间低于50秒的问卷；所有问题均选择相同选项的问卷。最后，将保留的697份问卷用于数据分析。被访者的人口统计学信息如表3-1所示。

表 3-1 样本统计信息

测量	类别	比例（%）	测量	类别	比例（%）
性别	男	54.9		VIVO	4.3
	女	45.1		三星	3.9
年龄（岁）	<18	0.9		联想	3.7
	18~25	34.1		戴尔	3.2
	26~30	34.3		荣耀	3.2
	31~40	17.6		OPPO	1.9
	41~50	8.2		一加	1.9
	51~60	4.9		ThinkPad	1.6
受教育程度	高中及以下	11.9		宏碁	1.4
	本科或专科	41.8		坚果	1.4
	研究生及以上	46.3		酷比	1.4
品牌体验时间（年）	<1	5.2		华硕	1.1
	1~3	33.1	品牌	iQOO	1.1
	4~5	38.2		海尔	0.7
	6~7	15.5		机械革命	0.7
	8~9	6.7		魅族	0.7
	>9	1.3		努比亚	0.7
产品类别	智能手机	71.0		真我	0.7
	电脑	15.2		中兴	0.7
	平板电脑	8.3		锤子	0.4
	智能穿戴设备	3.4		谷歌	0.4
	智能家居设备	2.0		惠普	0.4
品牌	华为	25.5		诺基亚	0.4
	苹果	25.0		其他	0.7
	小米	12.9			

注：样本统计中不包括 60 岁以上人群。

二、测量题项及共同方法偏差

本章采用已有文献中的量表来测量潜变量。本章参考 Klaus 和 Maklan（2012）开发的包括 19 个题项的 EXQ 量表来设计体验质量的测量题项，该量表已在多个情境下得到实证检验。EXQ 量表将顾客体验质量划分为内心平静、关键时刻、结果焦点和产品体验四个维度。内心平静包括"我对×的专业能力有信心""与×接触的整个过程（如咨询、购买、售后等）都很简单便捷"等 6 个题项；关键时刻包括"×能根据我的需求灵活地为我提供产品和服务""×总能让我了解最新的情况（如新品发布、优惠信息、我的订单进展、售后信息等）"等 5 个题项；结果焦点包括"×的产品和服务使用（体验）起来很舒心""在我下订单后，×可以很快地将我的产品/服务交付给我"等 4 个题项；产品体验包括"在×，我有选择产品和服务的自由，而不会遇到捆绑销售（如只卖产品套装，不卖单个产品）、限制购买等问题""除自身的信息外，×还能为我提供其他品牌的商业信息（如产品/服务报价、优惠活动等）供我比较"等 4 个题项。

此外，本章参考 Vivek 等（2014）的"enthused participation scales"量表设计正向顾客契合测量量表，包括"我愿意将时间用在与×有关的事上（如花时间了解它、拥护它、向别人推荐它、帮助它改进、参与它的活动等）""我享受×带给我的一系列体验"等 4 个题项；参考 Romani 等（2015）的"consumers' anti-brand activism"量表设计负向顾客契合的测量量表，包括"我参与过抵制×的活动""我写过博客、微博、帖子等反对×"等 6 个题项；参考 Edward 等（2010）的量表测量顾客满意，包括"×给我提供的产品和服务是令人满意的""我很高兴我在众多品牌/公司中选择了×"等 3 个题项；参考 Chan 和 Wan（2009）的量表测量顾客不满，包括"总的来说，我对×很不满意""我对与×的总体经历感到不高兴"等 3 个题项；参考 Lashkova 等（2019）的量表设计新期望的测量量表，包括"自从我接触×后，我对所有同类产品或服务的期望都提高了""每当我遇到同类的公司/品牌时，我都将它与×作比较"等 5 个题项；参考 Alves 等（2016）的量表测量顾客专业度，包括"我很了解×产品/服务的使用过程中的所有方面""我充分了解×的各项流程（如客户服务流程、产品销售流程、售后维修流程、意见反馈流程等）"等 6 个题项。本章将文献中的量表进行调整，使其适应本章的研究情境和中文语境。问题采用李克特七级量表进行设置。

共同方法偏差会影响分析结果的正确性。为检查共同方法偏差，本章采用了两种方法：首先根据 Chin 等（2013）的方法设置"与品牌的接触时间"作为标签变量，发现模型中有、无此标签变量 R^2 值没有明显的变化；其次根据 Lindell 和 Whitney（2001）的研究，验证标签变量（接触时间）与其他构念之间的相关关系不显著，相关系数均小于 0.1。因此，共同方法偏差不会影响本章的数据分析结果。

三、数据分析程序

由于理论模型具有复杂性和探索性，因此本章采用偏最小二乘法-结构方程模型（PLS-SEM）而不使用协方差-结构方程模型（CB-SEM）进行模型分析（Ringle et al.，2012），使用 Smart PLS 3.3.2 软件分析数据。原因有二：第一，本章所开发的模型包括 9 个结构变量和 1 个调节变量，变量之间的关系复杂，PLS-SEM 可以处理多个构念组成的复杂结构方程模型，更好地进行数据分析；第二，本章在已有理论基础上增加新期望作为中介变量，开发了一条新路径，PLS-SEM 相较 CB-SEM 更适于理论探索和扩展，预测构念间的关系。

第四节　研究结果

一、测量模型分析

本章使用 Smart PLS 软件的 PLS 算法对测量模型进行分析（Tenenhaus et al.，2005）。计算设置如下：加权方案为路径，最大迭代次数为 5000，结束准则（10^{-x}）为 7。测量模型的评价包括信度、聚敛效度和区分效度。如表 3-2 所示，潜变量的 Cronbach's Alpha 为 0.882~0.966，均超过了 0.7。组合信度为 0.919~0.977，均超过 0.7。因此，数据显示测量模型具有足够的信度。本章参考 AVE 值和因子载荷来评价测量模型的聚敛效度。所有潜变量的 AVE 为 0.739~0.955，超过了评判标准 0.5（Fornell and Larcker，1981）。此外，题项的因子载荷超过 0.717，表明具有较强的聚敛效度。按此标准，CDS3 和 NCE3 被从量表中剔除，因子载荷分别为 0.692 和 0.698。修正后量表的因子载荷如表 3-3 所示。

表3-2　信度与聚合效度

结构变量	Cronbach's Alpha	组合信度	平均抽取变异量（AVE）
顾客不满（CDS）	0.952	0.977	0.955
负向顾客契合（NCE）	0.966	0.973	0.880
正向顾客契合（PCE）	0.924	0.946	0.814
顾客满意（CS）	0.951	0.968	0.911
新期望（NE）	0.936	0.952	0.798
关键时刻（MT）	0.949	0.961	0.831
结果导向（OF）	0.905	0.933	0.778
内心平静（PM）	0.936	0.950	0.758
产品体验（PE）	0.882	0.919	0.739

表3-3　区别效度（Fornell-Larcker 准则）

结构变量	顾客不满	负向顾客契合	正向顾客契合	顾客满意	新期望	关键时刻	结果导向	内心平静	产品体验
顾客不满	0.977								
负向顾客契合	0.694	0.938							
正向顾客契合	-0.744	-0.563	0.902						
顾客满意	-0.833	-0.702	0.835	0.954					
新期望	-0.747	-0.619	0.846	0.836	0.893				
关键时刻	-0.769	-0.655	0.799	0.841	0.805	0.912			
结果导向	-0.709	-0.554	0.684	0.776	0.699	0.721	0.882		
内心平静	-0.761	-0.633	0.746	0.848	0.776	0.859	0.785	0.871	
产品体验	-0.646	-0.550	0.757	0.784	0.729	0.794	0.663	0.745	0.860

　　测量模型的区分效度使用交叉因子载荷和 Fornell-Larcker 准则进行判断（Fornell and Larcker，1981）。如表3-3所示，根据 Fornell-Larcker 准则，构念的 AVE 的平方根均大于下方的与其他变量的相关系数。如表3-4所示，各构念的交叉载荷均小于因子载荷。因此，本章的测量模型的区分效度可以被接受。

表 3-4　因子载荷和交叉因子载荷

	CDS	NCE	PCE	CS	NE	MT	OF	PE	PM
CDS1	0.977	0.678	−0.736	−0.828	−0.758	−0.764	−0.706	−0.646	−0.750
CDS2	0.977	0.678	−0.718	−0.800	−0.702	−0.737	−0.679	−0.616	−0.736
NCE1	0.695	0.926	−0.569	−0.697	−0.599	−0.624	−0.544	−0.574	−0.627
NCE2	0.693	0.943	−0.552	−0.667	−0.586	−0.630	−0.558	−0.534	−0.609
NCE4	0.586	0.916	−0.496	−0.623	−0.554	−0.575	−0.502	−0.476	−0.552
NCE5	0.667	0.957	−0.528	−0.667	−0.598	−0.628	−0.498	−0.516	−0.600
NCE6	0.602	0.949	−0.491	−0.635	−0.563	−0.612	−0.490	−0.473	−0.573
PCE1	−0.639	−0.463	0.929	0.745	0.774	0.719	0.599	0.690	0.666
PCE2	−0.810	−0.659	0.906	0.874	0.806	0.781	0.737	0.720	0.768
PCE3	−0.677	−0.525	0.921	0.759	0.779	0.744	0.641	0.680	0.705
PCE4	−0.532	−0.357	0.850	0.611	0.682	0.625	0.464	0.638	0.532
CS1	−0.788	−0.673	0.799	0.951	0.803	0.798	0.738	0.767	0.818
CS2	−0.801	−0.662	0.795	0.956	0.798	0.807	0.750	0.732	0.811
CS3	−0.796	−0.676	0.797	0.955	0.792	0.802	0.732	0.746	0.798
NE1	−0.655	−0.498	0.753	0.725	0.898	0.710	0.612	0.630	0.681
NE2	−0.693	−0.617	0.733	0.775	0.894	0.750	0.687	0.670	0.735
NE3	−0.609	−0.494	0.782	0.709	0.916	0.703	0.561	0.637	0.657
NE4	−0.663	−0.493	0.807	0.728	0.896	0.703	0.591	0.654	0.661
NE5	−0.712	−0.654	0.702	0.790	0.861	0.723	0.665	0.659	0.724
MT1	−0.682	−0.610	0.733	0.747	0.728	0.896	0.639	0.727	0.763
MT2	−0.680	−0.577	0.755	0.734	0.757	0.903	0.639	0.710	0.798
MT3	−0.735	−0.622	0.678	0.792	0.702	0.907	0.697	0.691	0.777
MT4	−0.693	−0.617	0.744	0.769	0.739	0.927	0.640	0.750	0.788
MT5	−0.712	−0.561	0.729	0.790	0.741	0.925	0.669	0.739	0.787
OF1	−0.700	−0.559	0.614	0.733	0.641	0.664	0.902	0.538	0.716
OF2	−0.623	−0.584	0.527	0.678	0.552	0.590	0.863	0.604	0.690
OF3	−0.614	−0.433	0.630	0.696	0.661	0.655	0.910	0.582	0.705
OF4	−0.556	−0.370	0.643	0.624	0.611	0.632	0.852	0.623	0.657
PE1	−0.605	−0.581	0.611	0.720	0.622	0.691	0.609	0.865	0.655
PE2	−0.406	−0.340	0.620	0.548	0.525	0.587	0.433	0.794	0.515

	CDS	NCE	PCE	CS	NE	MT	OF	PE	PM
PE3	−0.592	−0.532	0.676	0.730	0.694	0.732	0.633	0.896	0.719
PE4	−0.594	−0.415	0.699	0.679	0.649	0.707	0.581	0.881	0.651
PM1	−0.704	−0.604	0.675	0.797	0.718	0.763	0.657	0.677	0.836
PM2	−0.669	−0.594	0.635	0.773	0.677	0.751	0.675	0.663	0.897
PM3	−0.628	−0.552	0.633	0.712	0.657	0.731	0.658	0.660	0.878
PM4	−0.699	−0.524	0.690	0.754	0.705	0.762	0.759	0.619	0.888
PM5	−0.668	−0.531	0.663	0.732	0.683	0.741	0.738	0.639	0.903
PM6	−0.594	−0.492	0.596	0.645	0.602	0.736	0.606	0.630	0.821

二、路径系数分析

路径系数分析通过 Smart PLS 的 Bootstrapping 算法计算，计算设置如下：加权方案为路径，最大迭代次数为 5000，结束准则（10^{-x}）为 7，子样本数为 5000，采用并行处理，结果显示为完整的 Bootstrapping，置信区间方法选择为修正偏倚和加速（BCa）Bootstrapping，检验类型为双尾检验，显著性水平为 0.05。如表 3-5 所示，新期望对负向顾客契合不存在显著影响，p 值为 0.711，原因可能是顾客的期望提升仅能促进其为获得更好的体验而努力，因此新期望仅能促进正向顾客契合行为而不影响负向顾客契合行为。结果焦点对正向和负向顾客契合均无显著影响，p 值分别为 0.668、0.103，原因可能是顾客契合是基于体验式的顾客交互活动而非基于任务式的顾客功利性行为，因此过分强调结果的结果焦点维度对正向和负向顾客契合均无显著影响。内心平静对负向顾客契合无显著影响，p 值为 0.784，原因可能是内心平静关注的是顾客的情感收益，顾客情感收益的提升能够促进正向顾客契合行为，但由于负向顾客契合的成因较复杂，情感收益提升并不能缓解负向顾客契合。产品体验对顾客不满和负向顾客契合均无显著影响，原因可能是产品体验属于魅力型质量，并不会影响顾客不满以及后续的负向顾客契合。除 H3-1b、H3-1d、H3-2a、H3-2b、H3-2d、H3-4a、H3-11 外，H3-1 到 H3-10 中的其他假设均得到数据支持。

表 3-5　路径系数分析结果

假设	路径	初始样本	样本均值	标准差	T值	p值	结论
H3-1a	产品体验→正向顾客契合	0.163***	0.163	0.034	4.731	0.000	支持
H3-1b	结果焦点→正向顾客契合	0.011	0.012	0.027	0.430	0.668	不支持
H3-1c	关键时刻→正向顾客契合	0.150**	0.150	0.049	3.077	0.002	支持
H3-1d	内心平静→正向顾客契合	−0.104	−0.107	0.047	2.204	0.028	不支持
H3-2a	产品体验→负向顾客契合	−0.019	−0.018	0.054	0.352	0.725	不支持
H3-2b	结果焦点→负向顾客契合	0.067	0.065	0.041	1.631	0.103	不支持
H3-2c	关键时刻→负向顾客契合	−0.239***	−0.237	0.059	4.070	0.000	支持
H3-2d	内心平静→负向顾客契合	0.015	0.013	0.055	0.274	0.784	不支持
H3-3a	产品体验→顾客满意	0.214***	0.212	0.037	5.778	0.000	支持
H3-3b	结果焦点→顾客满意	0.211***	0.213	0.039	5.458	0.000	支持
H3-3c	关键时刻→顾客满意	0.268***	0.268	0.041	6.541	0.000	支持
H3-3d	内心平静→顾客满意	0.293	0.292	0.051	5.794	0.000	支持
H3-4a	产品体验→顾客不满	0.039	0.039	0.039	1.007	0.314	不支持
H3-4b	结果焦点→顾客不满	−0.269***	−0.272	0.046	5.863	0.000	支持
H3-4c	关键时刻→顾客不满	−0.313***	−0.311	0.058	5.411	0.000	支持
H3-4d	内心平静→顾客不满	−0.300***	−0.299	0.058	5.154	0.000	支持
H3-5	顾客满意→正向顾客契合	0.251***	0.250	0.049	5.096	0.000	支持
H3-6	顾客满意→负向顾客契合	−0.247***	−0.246	0.065	3.805	0.000	支持
H3-7	顾客不满→正向顾客契合	−0.078*	−0.077	0.033	2.369	0.018	支持
H3-8	顾客不满→负向顾客契合	0.367***	0.368	0.041	8.871	0.000	支持
H3-9a	产品体验→新期望	0.175***	0.176	0.038	4.568	0.000	支持
H3-9b	结果焦点→新期望	0.152***	0.152	0.039	3.893	0.000	支持
H3-9c	关键时刻→新期望	0.398***	0.397	0.038	10.379	0.000	支持
H3-9d	内心平静→新期望	0.185***	0.184	0.043	4.245	0.000	支持
H3-10	新期望→正向顾客契合	0.413***	0.417	0.062	6.656	0.000	支持
H3-11	新期望→负向顾客契合	−0.018	−0.015	0.047	0.370	0.711	不支持

注：* 表示 $p<0.05$ 的水平显著，** 表示 $p<0.01$ 的水平显著，*** 表示 $p<0.001$ 的水平显著。

体验质量的四个维度对顾客满意和新期望有显著的正向影响。其中，内心平静对顾客满意的影响作用最大（$\beta=0.293$，$p<0.000$）。关键时刻对新期望的影响最大（$\beta=0.398$，$p<0.000$）。除产品体验外，结果焦点、内心平静、关键时

刻均对顾客不满有显著的负向影响。关键时刻对负向顾客契合有显著的负向影响。产品体验和关键时刻对正向顾客契合有显著的正向影响。

顾客满意对正向顾客契合有显著正向影响，对负向顾客契合有显著负向影响。顾客不满对负向顾客契合有显著正向影响，对正向顾客契合有显著负向影响。然而，顾客不满对正向顾客契合的负向影响作用不大（$\beta = -0.078$，$p = 0.018$）。新期望对正向顾客契合有显著正向影响，但对负向顾客契合无显著影响。

三、中介效应分析

由于新期望对负向顾客契合不存在显著的影响，因此在考虑中介效应时，不必再检验新期望是否在体验质量对负向顾客契合的影响中发挥中介作用。此外，产品体验对顾客不满不存在显著影响，因此不再检验顾客不满是否在产品体验对负向顾客契合的影响中发挥中介作用。中介效应检验结果来自 Smart PLS 的 Bootstrapping 算法。中介效应检验结果如表 3-6 所示。

表 3-6　中介效应检验结果

路径	初始样本	样本均值	标准差	T 值	p 值
关键时刻→新期望→正向顾客契合	0.166 ***	0.166	0.027	6.191	0.000
结果焦点→顾客不满→正向顾客契合	0.021 *	0.021	0.009	2.263	0.024
结果焦点→顾客满意→正向顾客契合	0.053 ***	0.053	0.014	3.842	0.000
结果焦点→新期望→正向顾客契合	0.063 **	0.064	0.021	3.024	0.003
内心平静→顾客不满→正向顾客契合	0.024 *	0.023	0.011	2.163	0.031
内心平静→顾客满意→正向顾客契合	0.074 ***	0.074	0.020	3.599	0.000
内心平静→新期望→正向顾客契合	0.076 ***	0.077	0.023	3.272	0.001
产品体验→顾客满意→正向顾客契合	0.053 ***	0.053	0.014	3.695	0.000
产品体验→新期望→正向顾客契合	0.073 ***	0.074	0.021	3.459	0.001

注：* 表示 p<0.05 的水平显著，** 表示 p<0.01 的水平显著，*** 表示 p<0.001 的水平显著。

因为结果焦点对正向和负向顾客契合均不存在显著的直接影响，所以顾客满意、顾客不满和新期望三个变量完全中介了结果焦点对正向顾客契合的影响，顾客满意和顾客不满两个变量完全中介了结果焦点对负向顾客契合的影响。因为内心平静对负向顾客契合没有显著的直接影响，所以顾客满意和顾客不满两个变量完全中介了内心平静对负向顾客契合的影响。

顾客不满在关键时刻对负向顾客契合的影响中起部分中介作用。顾客满意在关键时刻和产品体验对负向顾客契合的负向影响中发挥部分中介作用。顾客不满在关键时刻和内心平静对正向顾客契合的正向影响中发挥部分中介作用。顾客满意在关键时刻、内心平静和产品体验对正向顾客契合的影响中起部分中介作用。新期望在关键时刻、内心平静和产品体验对正向顾客契合的影响中起部分中介作用。

此外，本章比较多重中介模型中变量中介效应的大小。顾客满意和顾客不满在体验质量三个维度（关键时刻、结果焦点和产品体验）对负向顾客契合的影响中发挥中介作用。特别地，相较于顾客满意，顾客不满在这三组关系（关键时刻→负向顾客契合，结果焦点→负向顾客契合，产品体验→负向顾客契合）中发挥的中介作用更大。此外，相较于顾客满意和顾客不满，新期望在体验质量的四个维度对顾客契合的影响中发挥的中介作用最大。

四、模型适配度

本章根据路径系数分析结果删除不显著的路径，修正模型并重新计算。模型适配度检验结果如表 3-7 所示。正向顾客契合、顾客满意和新期望的 R^2 分别为 0.788、0.803、0.693，均大于 0.67，表明自变量对三者具有较强的解释力。顾客不满和负向顾客契合的 R^2 分别为 0.618、0.572，处于 0.33 到 0.67 之间，表明自变量对两者具有中等的解释力（Chin and Marcoulides, 1998）。新期望对正向顾客契合的 f^2 值为 0.217，表明新期望对正向顾客契合有中等的影响力。其他自变量对因变量有着较弱的影响力（Chin and Marcoulides, 1998）。Q^2 通过 Smart PLS 的 Bindfoldings 算法计算得出，Q^2 均大于 0，表明模型具有预测相关性（Geisser, 1975）。经计算，修正后的模型适配度指标 GOF（goodness of fit）（Tenenhaus et al., 2005）值为 0.632，超过 0.36 的临界值，表明模型适配度良好（Wetzels et al., 2009）。结果显示，修正后模型的 SRMR 指标值为 0.064，小于 0.08，说明模型具有良好的拟合度（Hu and Bentler, 1998）。因此，数据说明本章模型拟合度良好。

表 3-7 模型适配度检验

变量	R²	Q²	f²						
			关键时刻	结果焦点	内心平静	产品体验	顾客不满	顾客满意	新期望
顾客不满	0.618	0.463	0.057	0.069	0.046				
负向顾客契合	0.572	0.449	0.036				0.090	0.025	
正向顾客契合	0.788	0.634	0.018			0.009	0.042	0.009	0.042	0.217
顾客满意	0.803	0.727	0.077	0.085	0.089	0.080			
新期望	0.693	0.549	0.108	0.027	0.022	0.035			

五、调节效应分析

顾客专业度的调节作用检验结果如表 3-8 所示。顾客专业度（CEX）正向调节顾客满意对正向顾客契合的正向影响，H3-12 得到支持。这说明顾客专业度越高，顾客满意对正向顾客契合的促进作用就越明显。换言之，相较于专业度低的顾客，专业度较高的顾客满意后，正向顾客契合程度更强。此外，顾客专业度负向调节新期望对正向顾客契合的正向影响。顾客专业度越低，新期望对正向顾客契合的促进作用就越明显。换言之，相较于专业度高的顾客，专业度较低的顾客对体验的更高期望更能增强正向顾客契合强度。这一结果与 H3-16 的假设正好相反。

然而，顾客专业度没有在顾客不满—正向顾客契合、顾客不满—负向顾客契合、顾客满意—负向顾客契合三对关系中发挥调节作用。H3-13～H3-15 没有得到支持。此外，因为前文结果说明新期望对负向顾客契合没有显著的影响，所示 H3-17 不能被接受。

表 3-8 调节效应检验结果

调节变量	自变量	因变量	初始样本	样本均值	标准差	T 值	p 值
顾客专业度	顾客满意	正向顾客契合	0.090 ***	0.088	0.024	3.673	0.000
顾客专业度	新期望	正向顾客契合	−0.104 ***	−0.103	0.031	3.389	0.001
顾客专业度	顾客不满	正向顾客契合	−0.035	−0.036	0.026	1.345	0.179
顾客专业度	顾客不满	负向顾客契合	−0.009	−0.008	0.043	0.200	0.842
顾客专业度	顾客满意	负向顾客契合	0.019	0.020	0.036	0.512	0.608

注：*** 表示 $p<0.001$ 的水平显著。

第五节 本章小结

本章扩展了顾客契合周期理论，从效价视角综合讨论顾客契合的形成机制，建立了包含中介机制和调节机制的顾客契合形成模型，分析体验质量对顾客契合的直接影响及通过顾客满意和新期望的中介机制对顾客契合产生的间接影响，讨论顾客专业度在顾客满意、新期望和顾客契合之间的调节作用。本章通过文献研究扩展顾客契合周期模型的理论框架，提出了顾客契合双路径循环模型，再利用偏最小二乘法-结构方程模型建模，面向科技数码品牌用户群体开展问卷调查，收集实证数据验证模型。本章研究得出以下结论：

本章的第一个主要发现是体验质量的四个维度对正向顾客契合和负向顾客契合存在非对称影响。结果焦点对顾客契合（正向的和负向的）均不存在显著的直接影响。关键时刻对正向和负向顾客契合均有显著的直接影响。内心平静和产品体验仅对正向顾客契合有显著的直接影响，而对负向顾客契合没有显著的直接影响。体验质量的四个维度对顾客满意和新期望有显著的正向影响，这与先前的许多研究结论保持一致（Brakus et al. , 2009；Brodie et al. , 2013；Ha and Janda, 2016；Pansari and Kumar, 2017）。内心平静维度对顾客满意的影响作用最大，关键时刻对新期望的影响作用最大。产品体验对顾客满意有显著的正向影响，而对顾客不满无显著影响。这说明体验质量对顾客满意和顾客不满的影响并不是完全对称的，这符合一些学者一直强调的顾客满意和顾客不满前置因素具有异质性的主张（Kano, 1984；Johnston, 1995）。顾客满意与顾客不满对正向顾客契合和负向顾客契合均存在显著影响。顾客满意对正向顾客契合存在显著正向影响，而对负向顾客契合存在显著负向影响。顾客不满对正向顾客契合存在显著负向影响，而对负向顾客契合存在显著正向影响。这一结果从效价的视角再一次验证了顾客满意（不满）与顾客契合（正向和负向）之间的稳固联系（Youssef et al. , 2018）。

本章的第二个主要发现是新期望仅对正向顾客契合存在显著正向影响，而对负向顾客契合无显著影响。这一结果说明，顾客在体验后形成的更高期望会形成加深互动的内在动力，从而促进正向顾客契合的形成和增强。然而，更高的期望并不能有效缓解负向顾客契合。换言之，即便顾客对体验不抱有更高期望，也不会加剧负向顾客契合行为。原因可能是，顾客在体验后未形成更高希望，表明其可能产生失望或挫败情绪，对今后体验持无所谓态度，并脱离与组织的联系（Naumann et al.，2017a），而不会将负面情绪外化为诋毁、价值共毁等强烈的负向顾客契合行为。

本章的第三个主要发现是顾客满意、顾客不满、新期望在"体验质量各维度→正向和负向顾客契合"中发挥不同的中介作用。首先，顾客满意中介了体验质量所有维度对正向和负向顾客契合的影响。顾客不满在关键时刻、结果焦点和内心平静对正向和负向顾客契合的影响中发挥中介作用，且比顾客满意的中介作用更强。这些结果再次验证并拓展了"体验质量→顾客满意和顾客不满→正向和负向顾客契合"这一广为探讨的影响路径（Pansari and Kumar，2017）。其次，体验质量不仅能通过顾客满意（顾客不满）影响正向顾客契合，还能通过影响新期望进而影响正向顾客契合。新期望在"体验质量→顾客契合"中发挥的中介作用比顾客满意和顾客不满更大。这一结果探索并验证了"体验质量→新期望→正向和负向顾客契合"这一新路径，为丰富顾客契合形成机制的现有知识体系提供实证证据。此外，结果焦点对正向顾客契合无直接影响，仅能通过影响顾客满意、顾客不满、新期望的中介机制对正向顾客契合产生影响。结果焦点和内心平静未能直接影响负向顾客契合，仅能通过影响顾客满意和顾客不满的中介机制对负向顾客契合产生影响。

本章的第四个主要发现是顾客专业度仅调节正向概念间的关系，分别正向地和负向地调节了顾客满意和新期望对正向顾客契合的影响。一方面，专家型顾客的顾客满意对正向顾客契合的影响显著强于新手型顾客，这符合 Auh 等（2007）以及 Jamal 和 Anastasiadou（2009）等学者的理论逻辑。另一方面，与研究假设相悖的是，顾客专业度越低，新期望对正向顾客契合的促进作用越明显。原因可能是，顾客群体中的专家与新手在努力满足自己的高需求时采取的态度和方式不同。专家型顾客倾向参考多来源的广泛信息来选择品牌，而新手型顾客则依赖以往经验来选择品牌（Ahlert，2006）。随着顾客专业度的提高，顾客识别转换机会的能力和实施转换的能力均增强（李海娥和熊元斌，2017）。因此，专业度高的顾客在对体验抱有较高期望时不只聚焦于当前焦点对象，还会找寻替代品以获得更多刺激（Lashkova et al.，2019）。相反，专业度较低的顾客由于知识和能力所限，只会通过不断加深与当前焦点对象的互动来满足更高追求。因此，相较于高专业度的顾客而言，低专业度的顾客群体的新期望与正向顾客契合的关系更强。此外，顾客不满对正向和负向顾客契合的影响以及顾客满意对负向顾客契合的影响强度不受顾客专业度的调节。

本章对体验质量与顾客契合领域的理论研究具有重要价值，主要体现在以下两个方面：

本章的第一个主要理论贡献是从三个方面扩展了先前的顾客契合周期理论。首先，本章开发了综合考虑正、负效价的顾客契合周期模型，以实证数据验证正向和负向顾客契合的前置因素，讨论了正向和负向顾客契合形成路径的非对称性。本章的理论模型从效价的视角扩展了顾客契合周期理论。其次，本章探索了一条体验质量影响顾客契合的新路径，即"体验质量→新期望→顾客契合"，调查了新期望在体验质量对顾客契合影响中的中介作用，增强了顾客契合形成机制的现有知识体系。最后，本章揭示了顾客专业度分别正向地和负向地调节顾客满意和新期望对正向顾客契合的影响。这为学者研究个体因素在顾客契合行为的形成和变化中发挥作用提供了新思路。

本章的第二个主要理论贡献是强调了体验质量各维度的异质性，解构了体验质量各维度（内心平静、结果焦点、关键时刻、产品体验）对顾客满意、顾客不满、正向和负向顾客契合的差异化影响。这有益于加深学者对顾客体验的不同方面及其角色的理解。

第四章　基于员工感知的顾客契合对质量创新的影响机理实证分析

彼得·德鲁克早在 1985 年即意识到世界经济已经进入了一个不连续的时代，提出了创新是企业在随之而来的复杂性和不确定性中生存的独特方法。在全球技术与市场交叉融合逐步加深的背景下，企业边界日益模糊，企业创新范式迎来了从封闭式创新到开放式创新、从独立创新到共生创新的重大转变（周立群和刘根节，2012；赵志耘和杨朝峰，2015）。在这一进程中，企业创新不再仅依赖内部研发力量，而是逐步将外部环境作为创新技术和创新需求的重要来源。企业越来越多地吸纳外部创新资源，推动内外部频繁、深度的交流互动，激发创新团队的创新效能，强化创新团队的创新能力，同时强化外部刺激对创新人员形成的创新压力，提升创新绩效。顾客作为企业重要的相关方，不再只是体验创新的被动接受者，而逐渐成为创新的共同参与者。社交媒体的迅速发展放大了顾客状态和行为对企业创新人员的刺激，使其在质量创新中发挥越来越重要的作用。

能够成功在内部研发和外部创意之间产生协同效应的企业可以创造更有价值的产品和服务，从而提高组织绩效（de Oliveira et al.，2020）。因此，企业的角色不再是纯粹的体验的供应商，而是成为体验创新和实现的促进者、支持者和共同构建者。在创新范式的转变过程中，企业必须积极促进顾客的契合程度，使其为创新提供丰富的外部知识资源，并建立适应开放式创新的有效内部机制，最大化顾客契合的价值，从而获得最佳的创新绩效。

先前的研究较多地探讨了组织和个人因素对员工质量创新行为的影响，忽略了关键外部因素的作用（Cho and Yoo，2021）。顾客契合是顾客与企业之间的主要互动模式，在质量创新中发挥至关重要的作用。同时创新人员的创新是企业实现创新的基础，因此更深入地了解顾客契合对创新人员的影响以及创新人员如何在创新中参与、理解和协作对质量创新结果尤为关键（Trabucchi et al.，2021）。

基于此，本章从创新人员感知、反应的视角，考虑顾客契合的效价，建立结构方程模型探讨正向和负向顾客契合对主动与被动质量创新的影响机理。

第一节　质量创新双路径循环模型

与第三章中的顾客契合双路径循环模型相对，本章旨在构建基于创新人员视角的质量创新的循环模型，重点揭示顾客契合对质量创新的影响机理。

体验质量创新的终极目的是为顾客创造卓越、愉悦的顾客体验，因此顾客契合是质量创新循环的出发点和落脚点。已有研究讨论了外部顾客刺激与企业质量创新的逻辑框架。Stock 等（2017）基于资源保存理论（COR），在服务遭遇中引入了资源增益螺旋模型，在传统的服务-利润链"顾客满意→顾客忠诚→员工工作满意度→以顾客为导向的行为"之外，建立了一条与之互补的新路径，即"顾客愉悦→顾客忠诚→员工情感工作投入→工作满意度→创新的服务行为"。Stock 等（2017）的资源增益螺旋模型强调了员工创新行为在顾客-员工互动中的重要作用，并在其中同时考虑了促进和阻碍资源增益螺旋的因素，将两者假设为调节变量进行分析。Lee 等（2007）基于包含环境响应、个人信念、个人行动、组织行动四要素的组织体验式学习闭环，提出了包含四要素的创意-创新循环模型，建立了"市场响应→创意产生→创意交流→创意实施"的创新路径，强调了市场这一外部因素在诱发员工创新中的作用。以上两类循环模型在一定程度上刻画了外部顾客要素对员工创新行为的影响过程，但对顾客负面状态和行为的考虑不够深入。尽管已有文献验证了负面顾客生成内容等负向顾客契合行为结果对创新的促进作用（Lee et al.，2014），但其对创新的影响机制未能得以解构，正面和负面顾客状态和行为如何推动员工质量创新行为还需进一步讨论。

为揭示正向顾客契合和负向顾客契合对员工质量创新行为的影响机理，本章借鉴刺激—机体—响应（SOR）框架构建质量创新的双路径循环模型。正向和负向顾客契合作为质量创新的重要外部驱动，是本模型的"刺激"变量，两者分别体现了正面和负面的顾客状态和行为。主动质量创新和被动质量创新作为质量创新的重要构成维度，是本模型的"响应"变量，两者分别反映了质量创新的积极和消极行为状态。顾客契合与质量创新的关系构成了本模型的主体效应。

社会认知理论强调了能力信念对个体行为的关键作用，因此本章将创新人员的重要能力信念——创新效能作为重要的中介变量之一纳入本模型。同时，以往研究广泛探讨了工作压力源对质量创新关键驱动作用，因此本章将外部关键压力——顾客压力作为另一重要的中介变量纳入本模型，并将感知顾客期望提升考虑为顾客契合与顾客压力之间的中介变量。

本章基于顾客契合效价视角将正向和负向顾客契合作为员工质量创新的外部刺激，分别基于动机能力信念视角（杨长进等，2021）和工作压力视角（杨皖苏和杨善林，2018）将创新效能和顾客压力作为机体，基于积极和消极情绪-行为视角将员工主动和被动质量创新作为响应结果，从正负两方面提出了"正向顾客契合→创新效能→主动质量创新"和"负向顾客契合→感知顾客期望提升→顾客压力→被动质量创新"两条主要路径。主动和被动质量创新创造的新产品进入下一循环，进一步推动正向和负向顾客契合。质量创新双路径循环模型如图4-1所示。

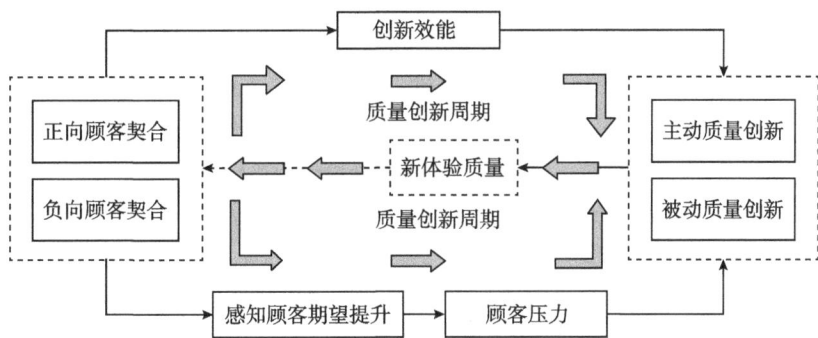

图 4-1 质量创新双路径循环模型

第二节 顾客契合对质量创新影响的模型与假设

本章探讨员工感知的正向和负向顾客契合对其主动和被动质量创新的影响，根据质量创新的双路径循环模型，构建了"正向顾客契合→创新效能→主动质量创新""负向顾客契合→感知顾客期望提升→顾客压力→被动质量创新"两条主要路径，分别从正向促进和负向倒逼两种机制探讨顾客契合对质量创新的影响。本章的理论模型如图 4-2 所示。

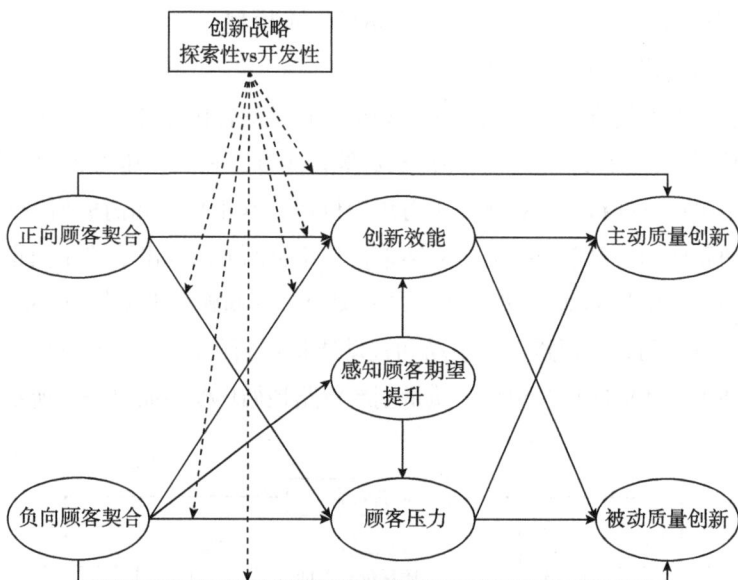

图 4-2　本章理论模型

注：实线表示因果效应，虚线表示调节效应。

一、顾客契合对质量创新的直接影响

在质量创新的过程中，顾客作为产品开发过程中的关键利益相关者会对创意产生、概念开发、测试、市场推出和营销跟进等过程产生积极影响（Trabucchi et al.，2021）。在质量创新过程中，持续的顾客契合将为企业提供宝贵的见解和反馈，从而使企业集中精力满足客户的需求。顾客契合塑造了对新产品及其过程的看法，这反过来又促进了有利的质量创新（Chen et al.，2018）。

契合的顾客在企业质量创新中扮演三种角色：一是作为企业质量创新的重要外部资源；二是作为企业质量创新的共同创造者；三是作为企业质量创新的用户（Cui and Wu，2016）。顾客契合在质量创新中的价值体现在顾客在与焦点对象互动过程中自发地为商业生态系统贡献自身的各类资源，具体包括为企业提供有关顾客体验质量的需求、期望、偏好信息以协助企业明确质量创新方向和具体目标（张国印等，2021），奉献自身掌握的质量创新资源以协助企业提升自身质量创新能力（刘琳和王玖河，2022），通过推介企业的新产品、新服务以协助企业扩大质量结果的影响力和市场接纳程度（Mitrega，2020）。

　　商业生态系统中的顾客拥有四种彼此独立又相互联系的宝贵资源：知识库、创造力、网络资产和说服资本（Harmeling et al.，2017），这些资源相互协同对推动质量创新发挥了重要作用。顾客知识库指顾客对产品、品牌、公司和其他顾客的知识积累。对产品和服务的直接沉浸式体验以及对个人需求和期望的深入理解和表达使顾客成为企业顾客体验知识的最佳源泉。在企业质量创新过程中，顾客能为体验质量创新提供丰富的创新资源。顾客创造力指顾客生产、概念化或开发新颖、有用的想法、流程或问题解决方案，能推动企业获取体验创新和创意营销传播等领域的竞争优势。富有创造力的顾客生成内容还将激发员工创意并为质量创新提供来自需求侧的独到见解，这有助于确保质量创新活动在公司内部（研发和生产）和外部（市场）获得成功。顾客网络资产指顾客在其社交网络中人际关系的数量、多样性和结构。顾客说服资本指顾客与其他现有或潜在客户之间的信任度、商誉和影响力。知识库、创造力、网络资产和说服资本四类资源在推动企业质量创新中呈现协同效应。知识库和创造力是企业质量创新的重要源泉，网络资产和说服资本则对知识库和创造力的价值具有显著的强化效应。

　　顾客契合主要通过顾客资源的生成、分享、传递对组织的创新产生影响。顾客通过与企业充分交互，深度体验，形成正向和负向顾客契合。具体而言，影响质量创新的正向顾客契合行为包括持续关注、分享经历、称赞、传播正面口碑、建设性建言、需求表达等，影响质量创新的负向顾客契合行为包括持续关注、发表、传播负面信息、劝阻他人购买、破坏性建言等。建言、需求表达、称赞等正向顾客契合行为会通过三种途径增强创新团队的顾客支持，推动创新人员的质量创新活动。一是顾客对体验质量的正面评价将对创新团队形成有效的正向激励，二是顾客生成的建设性的创意、主张、建议等为创新团队提供了丰富的用于创新的知识资源，三是正向顾客契合中高期望的表达会给创新团队营造一种顾客需求提升的外部压力。此外，顾客作为企业重要的利益相关者，契合的顾客对企业创新信息持续保持的"创新关注"以及对企业创新失败抱有较高容忍度，这都为员工质量创新提供了较为包容的试错条件和有效的外部激励，促进员工在体验创新层面的投入，进而提升质量创新绩效。与之相对，诋毁、抱怨、投诉、劝阻等负向顾客契合行为会使创新团队感知以往提供的体验质量的不足，形成一种来自外部的顾客压力（Chu et al.，2019），敦促创新人员开展质量创新（Cho and Yoo，2021；曹勇等，2021）。

基于以上讨论，本章假设顾客契合对质量创新有显著的促进作用。假设如下：

H4-1：正向顾客契合对主动质量创新有显著的正向影响。

H4-2：负向顾客契合对被动质量创新有显著的正向影响。

二、创新效能的中介作用

效能是组织中个体行为的重要影响因素。自我效能感是指相信自己有能力组织和执行产生预期结果所需的行动过程（Bandura，1997），反映了个人对自己具有实现预期结果的必要技能或能力的自我认知。在实践活动中，个体倾向于选择他们认为自己具有高能力领域的任务，并避免从事他们认为自己具有低自我效能感的活动（Li，2018）。后来，有学者将自我效能感的研究成果推广至个人在组织中发挥创造力的方面，基于社会认知理论提出了创新自我效能感的概念。创新自我效能感是指个人对在工作中发挥创造性并产生创新成果的信心和能力，是一种关于创新过程的特定类型的自我效能感，能在认知和激励两个方面发挥作用（Tierney and Farmer，2002）。创新自我效能感作为有别于自我效能感的新概念，对创新绩效的预测能力比自我效能更强。随着企业创新活动由传统的单打独斗式创新转向团队协同式创新，对创新效能的研究也由传统的个人层面的创新效能转向团队层面的创新效能。团队创新效能是指在一定社会和任务相关的背景下，团队成员对其团队产生创造性成果的能力的共同信念（Shin and Zhou，2007）。团队创新效能不是团队成员个人创造力信念的简单组合，而是在团队成员的互动过程中逐渐形成，反映了团队成员按计划完成创造性任务和目标的集体能力，员工对团队创新效能的认知是通过分享和讨论他们的看法、意见和信息以及参与创造性的问题解决来发展的。当团队成员对团队创新能力和创新结果怀有共同信念时，某些成员创意、能力、精力的缺乏可通过团队协作和互动过程由其他成员进行补足，创新资源在团队中进行合理配置和流动，共同保证团队创新绩效目标的实现（Tripathi and Ghosh，2020）。

本章认为，创新效能是创造力和效能的结合点，是促进个体或团队进行创新的重要驱动因素，是团队创新效能和创新自我效能感的统一体。团队创新效能反映团队成员对团队创新能力和创新结果产出的共同信念，而个人创新效能则反映个体团队成员关于其本人的创新能力的自我效能感。

顾客契合行为的一个直接结果是向企业贡献顾客创新资源，顾客创新资源的开发和资源配置决策是顾客契合导向和创新绩效之间的重要桥梁（Arnold et al.，2011）。顾客评价和顾客提出的创意、建议等为员工创新提供大量的外部顾客知识。企业创新战略决策决定了对顾客创新资源利用的多样性和深度，进而影响顾客创新资源对质量创新的贡献程度。

员工参与顾客创新资源共享过程可以提升员工创新能力，进而强化员工创新效能。基于社会价值交换理论的观点，在顾客契合（尤指顾客与企业互动）的过程中，员工—顾客交流比领导—员工交流具有更大的不确定性，为促进质量创新创造了更多潜在价值。一方面，员工—顾客交流有利于及时响应顾客需求，强化顾客体验，为当前顾客带来优质的体验价值；另一方面，顾客在体验过程中生成的与体验有关的顾客知识（对体验的评价、建议、表达需求等）大量、迅速地传递至员工，同时互动过程本身也产生更丰富的顾客知识，为创新人员的质量创新提供支持。员工参与创新资源共享的过程可以提升其为不同创新问题寻找创新解决方案的能力，这类非正式的社会学习活动使员工获得了与满足顾客需求相关的技能和信息（Alzoubi et al.，2022），进而增强员工创新效能。

正向顾客契合和负向顾客契合行为中的正面评价和负面评价为员工的质量创新提供了正向和负向激励。两者分别增强和削弱了员工的创新效能。随着顾客契合的逐渐强化，顾客与创新人员的互动更加频繁和深入，信息交换更加充分，创新人员能够更加迅速、准确地把握顾客对质量创新的期望，进而确定清晰的质量创新方向。同时，作为对创新人员现有工作的鼓励，顾客的正面评价能够增强创新人员的成就感、自我提升感和自我实现感（Hollebeek et al.，2018），使其对质量创新的前景充满信心。对创造力的感知鼓励与创新效能呈正相关（Puente-Díaz and Cavazos-Arroyo，2017）。相反，来自顾客的负面信息会使创新人员对现有创新成果的价值充满怀疑，产生挫败感，削弱创新效能。

基于以上讨论，本章认为正向顾客契合对创新效能有显著的正向影响，负向顾客契合对创新效能有显著的负向影响。假设如下：

H4-3：正向顾客契合对创新效能有显著的正向影响。

H4-4：负向顾客契合对创新效能有显著的负向影响。

已有研究探讨了创新效能在个人和团队创造性活动中发挥的作用。社会认知理论和社会交换理论都为创新效能与创新绩效间的关系提供了理论支持。自我效能理论和三元交互决定论是社会认知理论的两项核心主张（Bandura，1997）。三元交互决定论认为，个人、行为及环境三者既彼此独立又互相决定，两两互为因果，双向互动。自我效能论认为团队或个人通过对效能塑造信息进行权衡认知处理，发展出有关实现预期结果所需能力的效能信念。自我效能是个人在自身与环境因素发挥所用时对行为结果的先期自我判断，对个人行为存在重要影响。创造性行动模型认为创造性行动是能力、动机、意义建构和知识构成的多元函数（Ford，1996），形成创新动机的首要因素即创造性能力信念（创新效能）。此外，社会交换理论为团队创新效能发挥作用的机制提供了理论阐释（Guest and Conway，2002）。在创新过程中创新效能的提升可以增强创新团队成员间互动和参与强度，进而增强创新结果。

　　基于以上观点，本章认为，创新效能通过产生鼓舞人心和支持性的信念来影响员工的创造性表现，影响个体和团队的思想、期望和行为，促使个体和团队产生新想法，进而驱动质量创新行为（Chen and Zhang，2019）。高创造性自我效能感会导致对创造性任务的更大兴趣、内在动机和内部自我调节。创新效能作为创新过程中个人和团队发挥创造力的关键属性，可以通过多种方式影响质量创新。第一，创新效能影响质量创新期望，具有高水平创新效能的员工和团队在工作中具有更高的创造性（Kim and Shin，2015），设置高水平的期望目标，由此形成高水平的创新动机，激励员工和团队投身质量创新活动（杨长进等，2021）。第二，具有高水平创新效能的团队成员对团队的质量创新结果怀有坚定信念，有助于消除创造性参与的内在障碍。团队的创新行为与创新机会的发现、评估和利用密切相关，在非结构化和模棱两可的情况下可能会遇到困难。拥有较高创新效能的团队对完成创新任务更有信心，更有可能对强烈的冒险倾向和积极的竞争导向产生承诺，推动创新团队开展质量创新（Li，2018）。同时，由于创新努力程度难以完全反映至创新结果，因此团队的创新投入具有较高风险。高水平的创新效能能够使创新人员主动应对这些创造性挑战并满足情境需求，缓解由于创新风险而产生的不良绩效预期，支持团队成员在创新工作改进方面取得突破并勇于克服创新困难（Shin and Zhou，2007），进而促进团队寻找创造性解决方案以成功完成质量创新任务。第三，创新效能可以增强团队成员的创新工作的参与度（Tierney and Farmer，2011），创新效能能够激励员工高度参与创造性任务，促使员工持久参与复杂、富有挑战性和高度创新性的解决问题的活动和过程，同时促进创新团队内部持续且有效的创新资源分享和质量信息交流，协调团队创新互动，进而改善创新工作行为绩效，促进团队的质量创新。

　　创新效能对创新人员质量创新行为的促进作用主要涉及积极主动的方面，强调员工实施创新活动的主动性。创新效能高的员工可以使用积极的自我调节策略来提高自己的创造力，主动实施创新行为（Chen and Zhang，2019；杨长进等，2021）。创新人员创新效能提升能使其创新动机逐渐由被动转为主动（马璐和王丹阳，2016；蒿坡和龙立荣，2020）。

因此，本章认为，创新效能能够正向促进创新人员的主动质量创新活动而抑制被动质量创新活动。假设如下：

H4-5：创新效能对主动质量创新有显著的正向影响。

H4-6：创新效能对被动质量创新有显著的负向影响。

三、感知顾客期望提升和顾客压力的中介作用

根据利益相关者理论，组织应考虑各种利益相关者的重要作用，并在其不相容的主张之间保持平衡。顾客作为企业关键的利益相关者，可以施加足够的压力来实现推动创新的目的（Medhi and Allamraju，2022）。企业应将顾客压力视为创新决策的重要决定因素，引导企业开展创新活动以满足不断变化的顾客需求。

创新工作环境充满了各种压力，包括领导压力、顾客压力等。压力在为创新人员提供机会或挑战的同时也带来了威胁和挫败感（He et al.，2019）。作为来自关键利益相关者的工作压力，顾客压力对员工质量创新行为的影响至关重要。在本章中，顾客压力具体指与顾客有关的社会压力（CSS），其来源主要包括不成比例的顾客期望、顾客言语攻击、厌恶的顾客和模棱两可的顾客期望等（Dormann and Zapf，2004）。其中，不成比例的顾客期望是指顾客对其希望从服务提供商处获得的服务提出额外需求或无端质疑的情形；顾客言语攻击是指顾客通过言语伤害一线员工；厌恶的顾客是指充满敌意、没有幽默感、不愉快或造成干扰的顾客；模棱两可的顾客期望是指员工不明确的顾客期望（Dormann and Zapf，2004）。此外，顾客压力还可能由其他功能失调的顾客态度和行为引起，如异常消费者行为、问题顾客、消费者不当行为、顾客行为虐待、难缠顾客、顾客不公平待遇、顾客敌意等（Choi et al.，2014）。

已有研究对于顾客契合与员工顾客压力的关系未形成一致结论（刘洪深等，2011）。一种观点认为，顾客契合在一定程度上模糊了顾企边界，促进了顾客的角色转换，使其不同程度地扮演员工在创新活动中的角色，分担员工的创新工作内容，进而缓解员工工作压力；另一种观点认为，顾客契合意味着频繁、深入的顾企互动，来自顾客的大量且复杂的信息加重了员工的信息处理负担，且顾客创

新需求的充分表达使员工更多地感知其高需求，进而提升了员工的顾客压力（Hollebeek et al.，2018；刘德文等，2020）。外在压力源将诱发员工的工作压力紧张感（杨勇等，2013），顾客相关的社会压力这一外在压力源也强化了创新人员的工作压力感。因为顾客在创新过程中充当部分员工角色，所以顾客契合会造成创新人员的角色负荷、角色冲突和角色模糊（刘洪深等，2011）。本章认为，顾客契合程度越高，员工的顾客压力感越强。假设如下：

H4-7：正向顾客契合对顾客压力有显著的正向影响。

H4-8：负向顾客契合对顾客压力有显著的正向影响。

顾客压力的主要来源是功能失调的顾客态度和行为以及无理或模糊的顾客期望（Dormann and Zapf，2004；Choi et al.，2014）。在质量创新活动中，正向契合的顾客会自发地表达自己对体验质量的需求和期望。负向契合的顾客通过对体验质量的挑剔、批评、诋毁等表达对现有质量的不满。随着顾客契合程度的增强以及顾企沟通效率和效果的提升，创新人员接收到越来越多复杂的顾客需求信息。大量正向和负向的顾客信息使创新人员在应对组织创新考核要求的同时，充分感知顾客日益增长的体验质量期望。在创新人员看来，顾客的需求和期望并不总是合理和可行的。远超出创新能力的、与员工创新初衷不一致的抑或与报酬不对等的顾客期望都将增加员工的创新压力（Kim et al.，2012）。本章认为，顾客契合除直接影响顾客压力外，还将通过感知顾客期望提升对顾客压力起到强化作用。假设如下：

H4-9：正向顾客契合对感知顾客期望提升有显著的正向影响。

H4-10：负向顾客契合对感知顾客期望提升有显著的正向影响。

H4-11：感知顾客期望提升对顾客压力有显著的正向影响。

先前研究较多探讨了组织和个人层面因素对员工创新的作用机理，忽略了来自顾客的压力这一关键外部因素对员工创新行为的影响（Cho and Yoo，2021）。在进行创新活动时，创新人员总是不同程度地吸纳来自顾客的压力和要求（Chu et al.，2019），以应对技术变革的挑战（Cui and Wu，2016）。顾客的偏好和要求的变化会对创新战略和创新活动产生直接影响，因为其充当煽动者引起了创新人员对创新市场的更多关注。企业若未能有效应对不断增加的顾客压力将会在当前竞争激烈的环境中失去市场份额（Gualandris and Kalchschmidt，2014）。实证研究表明，来自顾客的压力会刺激新产品（服务）开发和增量产品（服务）开发的创新实践（Medhi and Allamraju，2022），使企业产品（服务）与竞争对手的产品

（服务）区分开来并提高企业的声誉、形象和竞争力（Chen and Liu，2020）。

　　工作压力作为创新人员的主要压力对其质量创新行为产生不容忽视的影响。有关顾客压力与质量创新行为关系的研究经历了由单一维度的简单关系到多维度的复杂关系的转变。单一维度的简单关系的研究将工作压力和创新行为视为单一维度结构，探讨两者的正向关系、负相关系或"倒U形"关系。张伶等（2014）研究得出工作压力会阻碍员工创新行为。Sacramento 等（2013）认为挑战性压力源一定程度上增强了员工创新行为。瞿艳平和李坚飞（2019）假设并验证了工作压力对员工创新行为的影响呈"倒U形"，即过大或过小的工作压力均会抑制员工创新行为，适当的工作压力可以促进员工创新行为。

　　多维度的复杂关系的相关研究则考虑工作压力或创新行为的异质性，探讨二维结构之间的不同影响路径。张亚军和肖小虹（2016）认为员工创造力与挑战性压力呈正相关，与阻碍性压力呈负相关。杨皖苏和杨善林（2018）同时考虑了工作压力和员工创新行为的二维结构，对员工创新行为的影响机制进行双路径分析，提出挑战性压力源通过影响组织支持进而促进员工主动创新行为，阻断性压力源通过影响组织压力进而促进员工被动创新行为。He 等（2019）在探讨员工工作压力与其持续创新行为关系时考虑了工作压力的二维结构，分析了挑战性工作压力源和阻断性工作压力源对员工创新行为的差异化影响，认为两者分别诱发积极的和消极的工作态度，提高和降低自我创新效能，进而促进和抑制员工持续创新行为。杨皖苏等（2019）调查了新生代员工群体的主动性与被动性创新行为影响因素，验证了挑战压力源与员工主动性创新行为呈正相关，与被动性创新行为呈负相关。曹勇等（2021）研究得出创新过程中员工挑战性压力和阻断性压力分别增强和减弱心理距离，进而正向和负向影响员工创新行为。

　　资源保存理论的观点认为，尽管创新人员需要投入有限的创新资源来产生理想的结果，但压力会耗尽资源并导致情绪耗竭（Karatepe et al.，2010）。员工和顾客之间可能存在的不平等关系会引发更多的资源损失并加剧情绪耗竭。顾客压力作为创新人员的重要外部压力之一，将明显加剧其创新过程中的情绪耗竭（Kim et al.，2012），进而阻碍其顾客导向的态度和行为（Choi et al.，2014）。本章认为，顾客压力与阻断性压力源的影响机制相似，对创新人员的被动质量创新具有正向促进作用，对主动质量创新具有负向抑制作用。假设如下：

　　H4-12：顾客压力对主动质量创新有显著的负向影响。

　　H4-13：顾客压力对被动质量创新有显著的正向影响。

四、创新战略的调节作用

资源基础论认为，资源价值的发挥不在于资源本身的属性，而在于对各类资源之间联系的建构（Bingham and Eisenhardt，2008）。同样，顾客资源也需在与技术、资金等企业资源的整合中发挥作用。顾客既是资源的提供者，同时也是价值的受益者（Storbacka，2019）。在质量创新过程中，除顾客契合这一重要的外部因素外，组织的内部因素也扮演了不可替代的角色。正如 Vendrell-Herrero 等（2021）所主张的那样，创新解决方案的产生从根本上依赖于两个相辅相成的维度：产品服务开发（内部因素）和顾客参与（外部因素）。前者通过在产品生命周期的不同阶段提供及时的价值（即关键性能信息）来改变核心产品服务的能力。后者涉及生产者和顾客之间持续互动和共同生产价值主张（即可重构的联合开发）的过程。企业一方面需充分利用先进的技术能力进行"技术升级"，大力投资、开发和使用放大工具、链接工具、反馈工具、创意工具等新工具以使顾客能够为企业贡献资源（Harmeling et al.，2017），有效地收集和整合顾客的特定需求，并不断改进或重新配置解决方案以适应顾客需求的不断变化；另一方面需在组织内部倡导"组织变革"，以提高机制效率和竞争力。

在顾客与企业共同参与的质量创新活动中，外部顾客资源和内部资源互相协调，在企业的整合下共同发挥作用。内部组织机制为顾客资源在创新中发挥作用提供重要支撑。强有力的创新战略导向将有效影响组织的文化氛围、组织活动，进而影响创新行为（Silva et al.，2014）。恰当、有效、系统的组织创新战略能最大限度发挥顾客契合的价值，最大化顾客契合对质量创新的贡献。

学术界对组织创新的分类方法较为多样，其中基于创新程度和基于探索和开发理论视角的二分法分类在近年较为流行。基于创新程度的组织创新分类视角将创新分为渐进式创新和激进式创新。基于探索和开发理论视角的分类将创新分为开发性创新和探索性创新。前者偏重于对创新过程和结果的关注，是基于行业竞争形势的整体性判断；后者则更强调创新的理念和战略导向性，是基于自身资源、能力和业务模式的战略性考量。

探索和开发是创新的基本策略，是推动创新和获得成功的核心（March，1991）。"探索"与"开发"最初起源于组织学习领域。早期的研究倾向于以"一元化"的视角分析"探索"和"开发"这一对构念，即看作连续体的两极，而不是两个相互独立的构念。March（1991）从二元化的视角将创新分为探索与开发，将探索与开发由组织学习领域扩展到创新领域，并由此产生探索性与利用性创新的概念。

选择追求开发性创新战略的企业专注于提炼和扩展现有资源并提高效率以获得短期绩效收益，而选择追求探索性创新战略的企业致力于识别和追求旨在促进长期发展的新替代方案（Kahn and Candi，2021）。开发性创新战略通常与满足已知市场中现有客户的产品的增量改进有关，涉及对基础知识和学习的反应和对技术实践的调整，能够建立其当前的竞争优势并有效地管理现有资源和能力，以改进当前产品和服务的设计或加强当前的顾客关系（李剑力，2009；张建宇，2014）。相比之下，探索性创新战略在活动上比以前的规范有了明显的进步，以积极的技术政策为特征，能够识别机会，开发新知识，提升新产品和市场创造能力（李剑力，2009；张建宇，2014）。前者强调市场响应，旨在满足先入为主的（表达的）顾客需求，而后者强调发现创新机会，旨在满足以前未满足的（潜在的）市场需求。奉行探索性创新战略的组织很大程度上是以寻求领域内的颠覆式创新结果为期望目标。颠覆式创新是指通过提供激进的功能和不连续的技术标准来改变性能指标或市场预期的创新（Nagy et al.，2016）。尽管创新在服务生态系统中的颠覆性潜力是多维的，但颠覆式创新对服务生态系统影响的两面性决定了颠覆式创新不可能成为所有组织共同的追求（Reinhardt and Gurtner，2018）。开发性创新战略与探索性创新战略的主要特征如表4-1所示。因为创新资源有限且每种创新策略分别需要不同的创新能力，所以企业往往会在两种创新策略之间做出明确和隐含的选择或有所侧重（Kahn and Candi，2021）。

表4-1　开发性创新战略与探索性创新战略的特征对比

创新战略	开发性创新战略	探索性创新战略
战略取向	市场拉动	技术推动
技术过程	渐进式创新	激进式创新
市场关注	当前市场和现有顾客群	新兴市场和潜在顾客群
学习方式	市场导向式学习，在现有的学习边界内学习	创造性学习，超越现有的学习边界，挑战约束
创新结果	对已有质量的小幅改进	对未有质量的大幅创造
风险	风险低，突破性相对弱	风险高，突破性相对强

资料来源：根据March（1991）、李剑力（2009）、Morgan 和 Berthon（2008）等相关文献整理。

对顾客契合的充分了解和利用是创新人员取得创新市场成功的首要先决条件。顾客契合是创新团队开展创新的重要外部刺激，但创新行为还需组织内部的引导和支持，顾客契合也需要组织内部的激励和引导加以强化，顾客契合所提供的巨大顾客知识资源需要组织强大的知识管理能力才能充分发挥其价值（Cui and Wu，2016）。顾客契合过程中创新人员对顾客创新资源的搜寻和利用最终服务于创新活动，其价值发挥离不开企业创新战略的作用（姚艳虹等，2022）。创新战略对创新活动中顾客契合管理具有导向作用，其通过营造组织创新氛围和明确组织资源决策方向影响顾客创新资源的获取、吸收和利用（Morgan and Berthon，2008；Kahn and Candi，2021）。与开发性创新战略和探索性创新战略相对应的资源决策分为资源开发和资源探索两种类型。资源开发指投资于完善和扩展公司现有产品创新知识、技能和流程的管理决策；资源探索是指投资资源以获得全新的技术、技能和流程的资源配置决策（Arnold et al.，2011）。

已有研究表明，强调探索或开发的战略将影响企业对顾客资源的行动。不同的创新战略决定了组织在利用不同资源时投入精力的差异性。知识资源是创新过程中最重要的资源，因此奉行开发性创新战略和探索性创新战略的组织聚焦于不同的顾客知识，拥有不同的知识管理能力，并影响组织利用知识资源的广度和深度，最终影响创新的结果。

在质量创新过程中，顾客契合行为主要包括顾客提供需求信息和共享创新资源。针对第一类顾客参与创新的行为，创新人员需要确定要获取的顾客信息的数量和类型，以及如何理解这些信息并将其应用于质量创新。新信息的获取和利用需由创新人员的现有知识指导，与现有知识一致的信息更有可能被利用（Brockman and Morgan，2003）。因此，与探索新信息或新市场相比，开发性创新战略或资源开发活动更能整合与利用与当前市场经验一致的顾客洞察力（Cui and Wu，2016）。针对第二类顾客参与创新的行为，创新人员需要在共同解决问题的过程中发挥主导作用并与顾客达成共识（Bstieler and Hemmert，2010）。奉行开发性创新战略的企业在顾企创新资源共享中掌握较多的主动权，相比之下更易于从外部知识源中获取有价值的知识（姚艳虹等，2022）。因此，本章认为，相较于探索性创新战略，奉行开发性创新战略的企业创新人员的创新活动受顾客契合的影响更大。假设如下：

H4-14：相较于探索性创新战略，开发性创新战略可以强化正向顾客契合对主动质量创新的影响。

H4-15：相较于探索性创新战略，开发性创新战略可以强化负向顾客契合对被动质量创新的影响。

与探索性创新战略或资源探索活动相比，开发性创新战略或资源开发活动更强调市场拉动效应，更关注顾客和市场的需求动态，更依赖顾客知识共享，更重视来自顾客和市场的创新资源的获取、挖掘、吸纳和利用。在利用顾客契合开展创新的过程中，奉行开发性创新战略的企业具有相对较强的战略柔性，其协调柔性和资源柔性更强，跨界双元搜索对知识合作联络的影响越明显（董媛媛和魏泽鹏，2021），外部知识利用对能力进化的促进作用越强（胡畔和于渤，2017）。在开发性的战略环境下，企业创新人员需要更多地关注顾客契合以将其应用于创新活动，因此创新人员都将更深刻地对正向或负向顾客信息进行接收、感知、反应。具体而言，企业奉行开发性创新战略将强化正向顾客契合和负向顾客契合对员工创新效能的促进和抑制作用。假设如下：

H4-16：相较于探索性创新战略，开发性创新战略可以强化正向顾客契合对创新效能的影响。

H4-17：相较于探索性创新战略，开发性创新战略可以强化负向顾客契合对创新效能的影响。

与之相似，企业奉行开发性创新战略将强化正向顾客契合和负向顾客契合对员工感知顾客压力的促进和抑制作用（Cho and Yoo，2021）。假设如下：

H4-18：相较于探索性创新战略，开发性创新战略可以强化正向顾客契合对顾客压力的影响。

H4-19：相较于探索性创新战略，开发性创新战略可以强化负向顾客契合对顾客压力的影响。

第三节　企业创新人员数据收集与分析

一、数据收集

本章调查对象为企业中从事创新活动的员工。问卷结构包括三部分：第一部分为公司的基本信息，包括主营产品和服务、品牌档次、公司规模、是否具有品牌体验店、是否拥有在线品牌社区等。接下来，被访者结合自己的创新工作经历回答有关主动质量创新、被动质量创新、创新效能、顾客压力、正向顾客契合、负向顾客契合、感知顾客期望提升、创新战略等问题。问卷的最后一部分是关于被访者年龄、性别、学历、工作年限、职务等问题。

调查问卷通过专业线上问卷平台"问卷星"（www.wjx.cn）进行发放和收集。问卷通过社交媒体传播和线下企业调查两种方式发放，线上线下共发放 600份问卷，收到 456 份问卷，并根据以下规则剔除 25 份无效问卷：作答时间低于50 秒的问卷；所有问题均选择相同的选项的问卷。最后，本章将保留的 431 份问卷用于数据分析。被访者的人口统计学信息如表 4-2 所示。

表 4-2　样本统计情况

测量	类别	比例（%）	测量	类别	比例（%）
性别	男	53.1	公司规模	大型企业	55
	女	46.9		中型企业	33.9
年龄（岁）	18~25	22.3		小型企业	9.3
	26~30	25.3		微型企业	1.9
	31~40	39.2	公司性质	国有企业	26.9
	41~50	12.3		民营企业	65.9
	51~60	0.9		外资企业	2.3
受教育程度	高中及以下	3.7		合资企业	4.9
	本科或专科	65.9	是否拥有品牌授权体验店或品牌专柜	是	57.1
	研究生及以上	30.4		否	42.9
职位	创新团队领导/创新项目主管	6.3	是否拥有在线品牌社区	是	67.3
	研发管理人员	16.7		否	32.7
	研发技术骨干	16.7	在本公司工作年限（年）	<1	18.8
	一线研发人员	30.6		1~3	26.5
	客户研究人员	15.1		4~8	26.7
	其他创新人员	14.6		9~15	16.9
				>16	11.1

注：样本统计中不包括 60 岁以上人群。

二、测量题项及共同方法偏差

本章对正向顾客契合、负向顾客契合、感知顾客期望提升、创新效能、顾客压力、主动质量创新、被动质量创新等变量进行测量。为保证测量方法的科学有效，本章在以往研究中多次使用和验证的测量量表的基础上针对研究情境进行调整。

此外，本章以企业中创新人员的视角，借鉴了第三章的量表以及 Bonner（2010）、Xu 和 Wang（2020）、Pai 等（2022）研究中使用的量表，对正向和负向顾客契合、新期望的测量题项进行再设计。正向顾客契合包括"我们的顾客愿意深度体验我们的产品和服务，并积极向我们反馈""我们经常会收到来自顾客的鼓励和正面评价"等 5 个题项，负向顾客契合包括"我们经常会收到来自顾客的关于产品和服务体验方面的投诉和批评""顾客经常会对我们的品牌进行破坏（如诋毁品牌形象、阻止他人购买、给我们的同事制造麻烦等）"等 4 个题项。顾客期望提升包括"顾客对我们产品和服务的要求越来越高""顾客总是将我们产品和服务与其他公司的相比较"等 3 个题项。

主动质量创新的测量题项在赵斌等（2014）、杨皖苏等（2019）和 Fan 等（2021）开发和使用的量表的基础上设计，包括"为了解决创新和改进顾客体验中遇到的难题，我总是积极主动地提出建议""我对创新和改进顾客体验具有浓厚的兴趣和爱好，发自内心想要创新"等 7 个题项。被动质量创新在赵斌等（2015）和杨皖苏等（2019）开发和使用的量表的基础上设计，包括"我从事创新只是为了完成既定任务""创新过程中，我无须全力以赴、超越自我，只是想办法应付、敷衍创新指标"等 6 个题项。创新效能在 Carmeli 和 Schaubroeck（2007）、刘智强等（2014）、Liu 等（2015）、Bagheri 等（2022）开发和使用量表的基础上设计，包括"我们团队可以创造性地解决创新过程中遇到的问题""我对我们团队产生新理念、新创意的能力有信心"等 4 个题项。顾客压力在 Maduku 等（2016）、Chu 等（2019）、Cho 和 Yoo（2021）开发和使用量表的基础上设计，包括"在了解顾客期望和顾客评价后，我们深感压力""顾客会持续关注、高度重视我们产品、服务质量创新的情况，我因此感到压力"等 4 个题项。

共同方法偏差会影响分析结果的正确性。为检查共同方法偏差，本章采用了两种方法：首先根据 Chin 等（2013）的方法设置"在本公司的工作年限"作为标签变量，发现模型中有、无此标签变量 R^2 值没有明显的变化。其次根据 Lindell 和 Whitney（2001）的研究，验证标签变量（接触时间）与其他构念之间的相关关系不显著，相关系数均小于 0.1。因此，共同方法偏差不会影响本章的数据分析结果。

三、数据分析程序

由于理论模型具有复杂性和探索性，因此本章采用偏最小二乘法－结构方程模型（PLS-SEM）而不使用协方差－结构方程模型（CB-SEM）进行模型分析（Ringle et al.，2012），使用 Smart PLS 3.3.2 软件分析数据。具体原因与第三章第三节中类似，此处不再赘述。

第四节　研究结果

一、测量模型分析

本章使用 Smart PLS 3.3.2 软件的 PLS 算法对测量模型进行分析。计算设置如下：加权方案为路径，最大迭代次数为 5000，结束准则（10^{-x}）为 7。测量模型的评价包括信度、聚敛效度和区分效度。如表 4-3 所示，潜变量的 Cronbach's Alpha 为 0.812~0.980，均超过了 0.7。组合信度为 0.889~0.984，均超过 0.7。因此，数据显示测量模型具有足够的信度。

表 4-3　信度与聚合效度

指标	Cronbach's Alpha	组合信度	平均抽取变异量（AVE）
主动质量创新（AQI）	0.980	0.984	0.895
顾客压力（CP）	0.956	0.968	0.885
创新效能（IE）	0.976	0.982	0.933
感知顾客期望提升（CEI）	0.812	0.889	0.728
正向顾客契合（EPCE）	0.969	0.976	0.891
被动质量创新（PQI）	0.973	0.978	0.883
负向顾客契合（ENCE）	0.969	0.977	0.915

本章参考方差膨胀系数（variance inflation factor, VIF）这一统计量监控测量模型的多重共线性程度。经计算，员工感知负向顾客契合的两个题项（ENCE2和ENCE3）、创新效能的一个题项（IE3）、被动质量创新的一个题项（PQI3）的VIF 值超过 10，存在较严重的多重共线性问题，予以剔除。其余指标的 VIF 值小于 10，多重共线性可以被接受。

本章参考 AVE 值和因子载荷来评价测量模型的聚敛效度。如表 4-3 所示，所有潜变量的 AVE 为 0.728~0.933，超过了评判标准 0.5（Fornell and Larcker, 1981）。此外，题项的因子载荷超过 0.717 表明具有较强的聚敛效度。如表 4-4所示，剔除后全部题项的因子载荷均超过 0.717，表明测量指标具有较强的聚敛效度。

表 4-4　因子载荷和交叉因子载荷

指标	正向顾客契合	负向顾客契合	顾客期望提升	创新效能	顾客压力	主动质量创新	被动质量创新
EPCE1	**0.947**	-0.099	0.230	0.600	0.071	0.617	-0.049
EPCE2	**0.940**	-0.079	0.198	0.609	0.026	0.600	-0.040
EPCE3	**0.947**	-0.076	0.174	0.570	0.021	0.565	-0.035
EPCE4	**0.948**	-0.079	0.208	0.586	0.064	0.583	-0.036
EPCE5	**0.935**	-0.049	0.194	0.553	0.079	0.548	-0.012
ENCE1	-0.082	**0.947**	0.338	-0.139	0.465	-0.120	0.594
ENCE4	-0.072	**0.946**	0.265	-0.151	0.433	-0.117	0.639
CEI1	0.364	0.115	**0.816**	0.240	0.286	0.263	0.120
CEI2	0.214	0.273	**0.921**	0.096	0.423	0.129	0.271
CEI3	-0.001	0.401	**0.817**	-0.138	0.446	-0.107	0.408
IE1	0.621	-0.129	0.092	**0.964**	-0.068	0.884	-0.176
IE2	0.583	-0.147	0.033	**0.971**	-0.090	0.878	-0.200
IE4	0.591	-0.168	0.063	**0.964**	-0.097	0.882	-0.209
CP1	0.062	0.452	0.438	-0.080	**0.956**	-0.053	0.608
CP2	0.039	0.445	0.425	-0.059	**0.954**	-0.041	0.593
CP3	0.046	0.439	0.430	-0.096	**0.955**	-0.073	0.577
CP4	0.061	0.448	0.430	-0.095	**0.897**	-0.083	0.619
AQI1	0.581	-0.084	0.135	0.833	-0.033	**0.936**	-0.123

指标	正向顾客契合	负向顾客契合	顾客期望提升	创新效能	顾客压力	主动质量创新	被动质量创新
AQI2	0.562	−0.110	0.107	0.855	−0.079	**0.943**	−0.173
AQI3	0.609	−0.112	0.140	0.841	−0.048	**0.948**	−0.151
AQI4	0.576	−0.116	0.077	0.872	−0.076	**0.960**	−0.181
AQI5	0.569	−0.129	0.042	0.876	−0.076	**0.954**	−0.177
AQI6	0.590	−0.148	0.080	0.871	−0.048	**0.939**	−0.168
AQI7	0.607	−0.126	0.083	0.888	−0.079	**0.943**	−0.186
PQI1	−0.054	0.592	0.274	−0.206	0.601	−0.176	**0.922**
PQI2	0.007	0.619	0.291	−0.165	0.612	−0.146	**0.955**
PQI4	−0.047	0.545	0.328	−0.155	0.569	−0.126	**0.882**
PQI5	−0.015	0.638	0.316	−0.187	0.602	−0.167	**0.956**
PQI6	−0.065	0.645	0.300	−0.229	0.600	−0.202	**0.960**

测量模型的区分效度使用交叉因子载荷和 Fornell-Larcker 准则进行判断（Fornell and Larcker，1981）。如表 4-4 所示，各构念的交叉载荷均小于因子载荷。如表 4-5 所示，根据 Fornell-Larcker 准则，构念的 AVE 的平方根均大于下方的与其他变量的相关系数。因此，本章的测量模型的区分效度可以被接受。

表 4-5 区分效度（Fornell-Larcker 准则）

指标	主动质量创新	顾客压力	创新效能	感知顾客期望提升	正向顾客契合	被动质量创新	负向顾客契合
主动质量创新	0.946						
顾客压力	−0.067	0.941					
创新效能	0.912	−0.088	0.966				
感知顾客期望提升	0.100	0.458	0.065	0.853			
正向顾客契合	0.618	0.055	0.619	0.213	0.944		
被动质量创新	−0.175	0.638	−0.202	0.322	−0.037	0.935	
负向顾客契合	−0.125	0.475	−0.154	0.319	−0.081	0.651	0.947

二、路径系数分析

路径系数分析通过 Smart PLS 的 Bootstrapping 算法计算，计算设置如下：加权方案为路径，最大迭代次数为 5000，结束准则（10^{-x}）为 7，子样本数为 5000，采用并行处理，结果显示为完整的 Bootstrapping，置信区间方法选择为修正偏倚和加速（BCa）Bootstrapping，检验类型为双尾检验，显著性水平为 0.05。如表 4-6 所示，正向顾客契合对顾客压力不存在显著影响，p 值为 0.763，假设 H4-7 未得到数据支持，原因可能是正向顾客契合仅能影响创新效能，而不能缓解顾客给员工创新带来的压力。顾客压力对主动质量创新不存在显著影响，p 值为 0.866，假设 H4-12 未得到数据支持，原因可能是顾客压力仅能倒逼员工的被动质量创新，而对主动质量创新不存在显著影响。

表 4-6　路径系数分析结果

假设	路径	初始样本	样本均值	标准差	T 值	p 值	结论
H4-1	正向顾客契合→主动质量创新	0.088*	0.090	0.039	2.267	0.023	支持
H4-2	负向顾客契合→被动质量创新	0.438***	0.437	0.046	9.452	0.000	支持
H4-3	正向顾客契合→创新效能	0.620***	0.622	0.054	11.499	0.000	支持
H4-4	负向顾客契合→创新效能	−0.091*	−0.089	0.046	1.965	0.050	支持
H4-5	创新效能→主动质量创新	0.860***	0.857	0.036	24.032	0.000	支持
H4-6	创新效能→被动质量创新	−0.135***	−0.135	0.037	3.645	0.000	支持
H4-7	正向顾客契合→顾客压力	0.013	0.013	0.044	0.302	0.763	不支持
H4-8	负向顾客契合→顾客压力	0.368***	0.368	0.044	8.410	0.000	支持
H4-9	正向顾客契合→感知顾客期望提升	0.241***	0.244	0.063	3.826	0.000	支持
H4-10	负向顾客契合→感知顾客期望提升	0.338***	0.339	0.046	7.334	0.000	支持
H4-11	感知顾客期望提升→顾客压力	0.338***	0.339	0.053	6.442	0.000	支持
H4-12	顾客压力→主动质量创新	−0.004	−0.004	0.021	0.169	0.866	不支持
H4-13	顾客压力→被动质量创新	0.415***	0.414	0.047	8.783	0.000	支持

注：* 表示 $p<0.05$ 的水平显著，*** 表示 $p<0.001$ 的水平显著。

正向顾客契合对主动质量创新存在显著的正向影响（$\beta=0.088$，$p=0.023$），假设 H4-1 得到数据支持。负向顾客契合对被动质量创新存在显著的正向影响（$\beta=0.438$，$p=0.000$），假设 H4-2 得到数据支持。

正向顾客契合对感知顾客期望提升（β＝0.241，p＝0.000）和创新效能（β＝0.620，p＝0.000）存在显著的正向影响，假设 H4-9、H4-3 得到数据支持。负向顾客契合对感知顾客期望提升（β＝0.338，p＝0.000）和顾客压力（β＝0.368，p＝0.000）存在显著的正向影响，对创新效能存在显著的负向影响（β＝-0.091，p＝0.050），假设 H4-4、H4-8、H4-10 得到数据支持。

创新效能对主动质量创新存在显著的正向影响（β＝0.860，p＝0.000），对被动质量创新存在显著的负向影响（β＝-0.135，p＝0.000），假设 H4-5、H4-6 得到数据支持。感知顾客期望提升对顾客压力存在显著的正向影响（β＝0.338，p＝0.000），假设 H4-11 得到数据支持。顾客压力对被动质量创新存在显著的正向影响（β＝0.415，p＝0.000），假设 H4-13 得到数据支持。

三、中介效应分析

鉴于正向顾客契合对被动质量创新的总效应不显著（β＝0.016，p＝0.678），因此不再探讨正向顾客契合对被动质量创新的中介机制（正向顾客契合→创新效能→被动质量创新、正向顾客契合→顾客压力→被动质量创新、正向顾客契合→感知顾客期望提升→创新效能→被动质量创新、正向顾客契合→感知顾客期望提升→顾客压力→被动质量创新）。

本章对"正向顾客契合→主动质量创新""负向顾客契合→被动质量创新""负向顾客契合→主动质量创新"三种关系的中介机制进行探讨。在剔除路径系数分析中不显著路径后，本章利用 Bootstrapping 算法再次进行模型计算，参考计算结果中总效应、总间接效应、特定的间接效应三项数据计算结果对中介效应进行综合探讨。总效应反映了直接效应与间接效应的总和及其显著性。总间接效应反映了自变量到最终因变量间所有经过中介变量的间接效应的总和及其显著性。特定的间接效应反映了具体中介路径的中介效应的大小和显著性。总间接效应结果如表 4-7 所示，特定的间接效应结果如表 4-8 所示。

表 4-7　总间接效应

路径	初始样本	样本均值	标准差	T 值	p 值
正向顾客契合→主动质量创新	0.524***	0.524	0.046	11.399	0.000
负向顾客契合→主动质量创新	-0.089**	-0.090	0.030	2.939	0.003
负向顾客契合→被动质量创新	0.214***	0.213	0.025	8.418	0.000

注：**表示 p<0.01 的水平显著，***表示 p<0.001 的水平显著。

表4-8　特定的间接效应结果

中介效应	路径	初始样本	样本均值	标准差	T值	p值
中介效应 4-1	正向顾客契合→创新效能→ 主动质量创新	0.524 ***	0.524	0.046	11.399	0.000
中介效应 4-2	负向顾客契合→创新效能→ 主动质量创新	−0.089 **	−0.090	0.030	2.939	0.003
中介效应 4-3	负向顾客契合→创新效能→ 被动质量创新	0.010 *	0.010	0.005	2.209	0.027
中介效应 4-4	负向顾客契合→顾客压力→ 被动质量创新	0.154 ***	0.152	0.024	6.527	0.000
中介效应 4-5	负向顾客契合→感知顾客期望提升→ 顾客压力→被动质量创新	0.050 ***	0.050	0.011	4.569	0.000

注：＊表示 p<0.05 的水平显著，＊＊表示 p<0.01 的水平显著，＊＊＊表示 p<0.001 的水平显著。

　　鉴于顾客期望提升对创新效能的影响不显著，此处不探讨"正向顾客契合→感知顾客期望提升→创新效能→主动质量创新"路径的显著性。鉴于正向顾客契合对顾客压力的影响不显著，此处不探讨"正向顾客契合→顾客压力→主动质量创新"路径和"正向顾客契合→感知顾客期望提升→顾客压力→主动质量创新"路径的显著性。如表4-8所示，正向顾客契合→创新效能→主动质量创新（中介效应4-1）中介效应显著。因为正向顾客契合与主动质量创新之间存在显著的直接影响，所以创新效能在正向顾客契合和主动质量创新之间起部分中介作用，中介效应大小为0.524，p值为0.000。

　　鉴于顾客压力对主动质量创新不存在显著影响，此处不再讨论"负向顾客契合→感知顾客期望提升→顾客压力→主动质量创新"路径和"负向顾客契合→顾客压力→主动质量创新"路径的显著性。鉴于感知顾客期望提升对创新效能无显著影响，此处不探讨"负向顾客契合→感知顾客期望提升→创新效能→主动质量创新"路径的显著性。如表4-8所示，负向顾客契合→创新效能→主动质量创新（中介效应4-2）中介效应显著。因为负向顾客契合与主动质量创新不存在显著的直接影响，所以创新效能在负向顾客契合和主动质量创新之间起完全中介作用，中介效应大小为−0.089，p值为0.003。

　　鉴于顾客期望提升对创新效能无显著影响，此处不探讨"负向顾客契合→感知顾客期望提升→创新效能→被动质量创新"路径的显著性。负向顾客契合对被动质量创新的影响的中介机制主要包括三条路径：负向顾客契合→创新效能→被动质量创新（中介效应4-3）、负向顾客契合→顾客压力→被动质量创新（中介效应4-4）、负向顾客契合→感知顾客期望提升→顾客压力→被动质量创新（中介效应4-5）。如表4-8所示，中介效应4-3、中介效应4-4、中介效应4-5均显著，p值分别为0.027、0.000、0.000。三者部分中介了负向顾客契合对被动质量创新的影响，中介效应大小分别为0.010、0.154、0.050，分别占总中介效应的4.67%、71.96%、23.36%。顾客压力对负向顾客契合与被动质量创新关系的中介作用最强。此外，中介效应4-5显著表明负向顾客契合→感知顾客期望提升→顾客压力→被动质量创新的链式中介机制显著存在。

四、模型适配度

本章根据路径系数分析结果删除不显著的路径，修正模型并重新计算。模型适配度指标结果如表4-9所示。主动质量创新的R^2为0.836，大于0.67，表明自变量对主动质量创新具有较强的解释力。创新效能、顾客压力、被动质量创新的R^2分别为0.394、0.331、0.573，处于0.33到0.67之间，表明自变量对三者具有中等的解释力，顾客期望提升的R^2为0.159，表示正向顾客契合和负向顾客契合对其具有较弱的解释力（Chin and Marcoulides, 1998）。创新效能对主动质量创新的f^2值为2.769，表明新期望对正向顾客契合有中等的影响力。其他自变量对因变量有着较弱的影响力（Chin and Marcoulides, 1998）。Q^2通过Smart PLS的Bindfoldings算法计算得出。如表所示，Q^2均大于0，表明模型具有预测相关性（Geisser, 1975）。

表4-9　模型适配度结果

指标	R^2	Q^2	f^2				
			正向顾客契合	负向顾客契合	顾客期望提升	创新效能	顾客压力
创新效能	0.394	0.363	0.611	0.018			
顾客压力	0.331	0.289		0.177	0.158		
感知顾客期望提升	0.159	0.112	0.065	0.139			
主动质量创新	0.836	0.742	0.029			2.769	
被动质量创新	0.573	0.497		0.337		0.022	0.324

经计算，修正后的模型适配度指标 GOF（goodness of fit）值为 0.576，超过 0.36 的临界值，表明模型适配度良好（Wetzels et al.，2009）。结果显示，修正后模型的 SRMR 指标值为 0.061，小于 0.08，说明模型具有良好的拟合度（Hu and Bentler，1998）。

五、调节效应分析

本章创新战略的调节效应采用多组分析（multi-group analysis，MGA）进行。多组分析可以通过置换检验来确定相同情境下的在两个组间测量模型和结构模型的参数估计是否具有显著性差异，还可以在不同情境下估计同一群体的亚组之间或跨群体之间的理论模型的差异，以及确定是否可以将不同来源的样本组合成一个单一数据集（Calvo-Mora et al.，2016）。

首先，根据问卷中有关创新战略的数据将所有样本分为两组（即第 1 组 = 探索性创新战略，第 2 组 = 开发性创新战略），探索性创新战略有 223 个样本，开发性创新战略有 208 个样本。其次，通过偏最小二乘法 - 多组比较分析（PLS-MGA）进行调节作用检验，分别对两组进行 Bootstrapping 计算，计算设置如下：加权方案为路径，最大迭代次数为 5000，结束准则（10^{-x}）为 7，子样本数为 5000，采用并行处理，结果显示为完整的 Bootstrapping，置信区间方法选择为修正偏倚和加速（BCa）Bootstrapping，检验类型为双尾检验，显著性水平为 0.05。MGA 先通过两组 Bootstrapping 计算分别得出量子路径系数、标准差、T 值、p 值等参数，再分析两组模型估计参数的显著性。表 4-10 反映了 PLS-MGA 两组数据 Bootstrapping 的结果。

表 4-10　PLS-MGA Bootstrapping 结果

路径	路径系数初始样本		路径系数均值		标准差		T 值		p 值	
	探索	开发	探索	开发	探索	开发	探索	开发	探索	开发
正向顾客契合→创新效能	0.412	0.739	0.423	0.739	0.081	0.053	5.089	14.068	0.000	0.000
正向顾客契合→顾客压力	0.073	0.102	0.072	0.103	0.064	0.058	1.136	1.773	0.256	0.076

路径	路径系数 初始样本		路径系数均值		标准差		T 值		p 值	
	探索	开发	探索	开发	探索	开发	探索	开发	探索	开发
正向顾客契合→ 主动质量创新	0.459	0.708	0.469	0.710	0.081	0.057	5.679	12.441	0.000	0.000
正向顾客契合→ 被动质量创新	−0.045	0.041	−0.051	0.040	0.074	0.050	0.608	0.815	0.543	0.415
负向顾客契合→ 创新效能	−0.158	−0.058	−0.162	−0.056	0.066	0.041	2.384	1.426	0.017	0.154
负向顾客契合→ 顾客压力	0.293	0.567	0.297	0.569	0.065	0.059	4.476	9.674	0.000	0.000
负向顾客契合→ 主动质量创新	−0.120	−0.046	−0.119	−0.046	0.058	0.042	2.091	1.091	0.037	0.275
负向顾客契合→ 被动质量创新	0.428	0.714	0.429	0.715	0.076	0.050	5.598	14.414	0.000	0.000

表4-11反映了PLS-MGA两组对比的结果。如表4-11所示，正向顾客契合→创新效能、正向顾客契合→主动质量创新、负向顾客契合→顾客压力、负向顾客契合→被动质量创新共四条路径的多组比较差异具有显著性，四条路径在探索性创新战略和开发性创新战略下的β差值分别为−0.327、−0.249、−0.274、−0.286，两者比较的p值分别为0.001、0.010、0.002、0.001。正向顾客契合→顾客压力、正向顾客契合→被动质量创新、负向顾客契合→创新效能、负向顾客契合→主动质量创新共四条路径的多组比较差异不显著，四条路径在探索性创新战略和开发性创新战略下的β差值分别为−0.029、−0.086、−0.101、−0.074，二者比较的p值分别为0.741、0.339、0.194、0.298。

表4-11　PLS-MGA结果

路径	路径系数—差异 （探索 vs 开发）	p值原单尾检验 （探索 vs 开发）	p值新 （探索 vs 开发）
正向顾客契合→创新效能	−0.327***	1.000	0.001
正向顾客契合→顾客压力	−0.029	0.629	0.741

路径	路径系数—差异 （探索 vs 开发）	p 值原单尾检验 （探索 vs 开发）	p 值 新 （探索 vs 开发）
正向顾客契合→主动质量创新	-0.249**	0.995	0.010
正向顾客契合→被动质量创新	-0.086	0.830	0.339
负向顾客契合→创新效能	-0.101	0.903	0.194
负向顾客契合→顾客压力	-0.274**	0.999	0.002
负向顾客契合→主动质量创新	-0.074	0.851	0.298
负向顾客契合→被动质量创新	-0.286***	1.000	0.001

注：* 表示 $p<0.05$ 的水平显著，** 表示 $p<0.01$ 的水平显著，*** 表示 $p<0.001$ 的水平显著。

结果表明，创新战略对正向顾客契合和创新效能的正向关系、正向顾客契合和主动质量创新的正向关系、负向顾客契合和顾客压力的正向关系、负向顾客契合和被动质量创新的正向关系起调节作用，对正向顾客契合和顾客压力的关系、正向顾客契合和被动质量创新的关系、负向顾客契合和创新效能的关系、负向顾客契合和主动质量创新的关系不存在调节作用。具体而言，相较于奉行探索性创新战略的企业而言，奉行开发性创新战略的企业的正向顾客契合对创新效能和主动质量创新的促进作用更强，负向顾客契合对顾客压力和被动质量创新的正向影响更强。

第五节　本章小结

本章基于企业创新人员感知的视角探讨了顾客契合对质量创新的影响。本章构建了质量创新的双路径循环模型，建立了正向和负向顾客契合对主动和被动质量创新影响的正向促进和负向倒逼两种影响机制，分析了创新效能和顾客压力在顾客契合对质量创新影响的中介作用，讨论了创新战略在正向和负向顾客契合对创新效能、顾客压力、主动和被动质量创新影响中的调节作用。本章首先对已有文献进行梳理，在 FLE 的资源增益螺旋模型和四要素创意-创新循环模型的基础上，以 SOR 理论为框架，基于顾客契合效价视角将正向和负向顾客契合作为员工质量创新的外部刺激，分别基于动机能力信念视角和工作压力视角将创新效能和顾客压力作为机体，基于积极和消极情绪–行为视角以将员工主动和被动质量创新作为响应结果，构建质量创新的双路径循环模型；在此基础上利用偏最小二乘法–结构方程模型建模，以企业创新人员为调查对象，收集实证数据并进行模型验证。本章研究主要得出以下结论：

第一个主要发现是顾客契合对质量创新存在显著的直接影响。正向顾客契合和负向顾客契合对主动质量创新和被动质量创新的直接影响不存在交叉效应。具体而言，正向顾客契合仅对主动质量创新存在显著的正向影响，而对被动质量创新不存在显著影响。与之对应，负向顾客契合仅对被动质量创新存在显著的正向影响，而对主动质量创新不存在显著影响。正向顾客契合对创新效能、顾客期望提升有显著的正向影响，对顾客压力不存在显著影响。创新效能对主动质量创新有显著的正向影响，对被动质量创新有显著的负向影响。负向顾客契合对顾客压力、顾客期望提升有显著的正向影响，对创新效能存在显著的负向影响。顾客期望提升对顾客压力有显著的正向影响，对创新效能不存在显著影响。顾客压力对被动质量创新有显著的正向影响，对主动质量创新不存在显著影响。

第二个主要发现是创新效能、顾客压力、感知顾客期望提升三个变量中介了顾客契合和质量创新的关系。首先，正向顾客契合除直接正向影响主动质量创新外，还通过创新效能这个唯一的中介变量间接影响主动质量创新。其次，负向顾客契合对主动质量创新不存在显著的直接影响，仅能通过创新效能影响主动质量创新。换言之，创新效能在负向顾客契合和主动质量创新的负向影响中起完全中介作用。最后，负向顾客契合对被动质量创新的影响机制最为复杂。负向顾客契合除直接影响被动质量创新外，还通过顾客期望提升、创新效能、顾客压力等间接影响被动质量创新。中介作用同时包含多重中介路径（创新效能或顾客压力）和链式中介路径（顾客期望提升→顾客压力）。其中，顾客压力在负向顾客契合对被动质量创新的中介变量中影响程度最大。此外，负向顾客契合还通过"负向顾客契合→顾客期望提升→顾客压力→被动质量创新"这一链式中介路径对被动质量创新产生正向影响。

第三个主要发现是创新战略类型的调节作用。结果显示，创新战略类型在正向顾客契合对创新效能和主动质量创新的影响以及负向顾客契合对顾客压力和被动质量创新的影响中发挥调节作用。具体而言，相较于探索性创新战略，奉行开发性创新战略的企业正向顾客契合对创新效能和主动质量创新的正向影响作用更强，负向顾客契合对顾客压力和被动质量创新的正向影响作用也更强。这表明，无论是积极情形还是消极情形,都强调外部创新源的开发性创新战略比探索性创新战略更能放大顾客契合对员工创新的效能感和压力感的作用,并更能促进员工的质量创新。

本章对顾客契合与质量创新领域的研究具有重要的理论意义,主要体现在以下两个方面:

本章的第一个主要理论贡献是建立并验证了质量创新的双路径循环模型,深刻揭示了顾客契合对质量创新的影响机理。首先,该模型从正反双元的视角将顾客层面与员工层面的积极要素和消极要素联系起来,验证了正向和负向顾客契合对主动和被动质量创新的影响。其次,该模型探讨了正向和负向顾客契合对主动和被动质量创新的影响的中介变量,基于 SOR 模型、社会认知理论和动机信念理论分别考虑了创新效能和顾客压力在正向促进和负向倒逼两条路径中的重要中介作用,建立了"正向顾客契合→创新效能→主动质量创新"和"负向顾客契合→感知顾客期望提升→顾客压力→负向顾客契合"两条主要影响路径。这扩展了顾客契合的价值以及质量创新的驱动因素的现有知识体系。

本章的第二个主要理论贡献是考虑了影响质量创新的关键组织因素——创新战略的调节作用,分组比较了探索性创新战略和开发性创新战略导向下顾客契合对创新效能、顾客压力、主动和被动质量创新的影响,揭示了开发性创新战略导向下的企业的正向和负向顾客契合对创新效能、创新压力、主动质量创新和被动质量创新的影响更强。这丰富了通过加强质量创新内外部资源匹配和整合以强化员工质量创新的研究成果。

第五章　顾客契合与质量创新的
三阶段演化博弈分析

第三章和第四章分别基于顾客感知的视角和企业创新人员感知的视角探讨了体验质量对顾客契合的影响以及顾客契合对质量创新的影响，是利用横断面的主观数据进行的因果关系研究。在实践中，顾客与企业的行为决策除由自身主观因素驱动外，还需考虑对方的行为策略，进行综合的权衡。第五章旨在综合考虑顾客和企业两方的行为博弈研究，进行动态演化，揭示前两章未揭示的演化规律，与第三章和第四章的研究内容互为补充，共同回答本书的研究问题。鉴于质量创新过程中不同阶段的顾客契合行为和质量创新行为不同，本章以顾客契合的作用特征、强度、范围将质量创新过程划分为质量创新立项阶段、质量创新实施阶段、质量创新市场推出阶段，分别探讨三阶段下顾客契合行为与企业质量创新行为的互动情况及影响因素。

本章的研究基于演化博弈及仿真的方法论进行，探讨质量创新中顾企双方的策略互动及关键影响因素的作用。演化博弈论早期在生态学领域提出，之后学者们发现其对社会经济系统的现象有较强的解释力，将其推广应用于商业领域。演化博弈论遵循参与群体的有限理性假设，认为博弈参与群体难以在一开始即选择最优策略，需受群体中其他个体影响，在多次重复中不断调整策略，最终达到演化稳定状态。在顾客与企业互动的商业活动中，顾客与企业并不是个体参与，而是大规模的群体参与，而且顾企两个群体博弈活动无法在较短时间内即确定最终策略并保持稳定，因此讨论顾客与企业的顾客契合行为和质量创新行为需在较长时间跨度下研究两个群体的策略互动演化。本章旨在探讨顾客的契合行为与企业的质量创新行为之间的互动，顾企双方均为有限理性参与者，两个群体需通过一段时间跨度下的多次模仿学习来不断调整、优化自身策略，最终实现最优策略均衡。此外，演化博弈仿真可通过参数值的变化直观地输出不同情形下的顾企博弈的演化稳定结果，可为验证演化博弈分析结果及关键影响因素的分析提供支撑。因此，演化博弈论及仿真这一方法对回答本章的研究问题具有良好的适应性。

第一节　顾客契合与质量创新三阶段博弈情境分析

近几十年来，顾客导向始终是质量管理和商业创新的核心。根据顾客在质量创新的重要性的不同，质量创新模式也逐渐演化出了企业主导创新、企业与顾客共同创新和顾客主导创新三种类型（Cui and Wu，2016）。学者们对顾客导向对质量创新的作用莫衷一是。部分学者认为顾客导向对质量创新发挥正面作用，认为顾客导向可以减少质量创新的风险，提高企业创新能力，使创新结果更大限度符合顾客需求偏好，提高创新的市场接受度，提升创新绩效（Naidoo，2010）。另一部分学者不支持此观点，认为由于顾客导向策略过度强调现有市场，而现有顾客难以清晰完全地表达市场真实的潜在需求，导致企业一味迎合顾客明确表达的当前需求而难以把握未来市场需求，逐渐丧失创新竞争优势（Zhou et al.，2005）。综观两类观点可以发现，顾客导向本质上对激发质量创新行为和促进质量创新成功并无负面影响。质量创新成功的关键在于对现有和潜在顾客需求的精准把握以及对顾客创新资源广泛且深入的吸纳和利用，将顾客契合与质量创新有效整合即能最大限度解决此问题。

顾客契合体现为顾客（包括现有顾客和潜在顾客）与顾客、顾客与企业（或品牌）深入且频繁的互动，在这一过程中，顾客能够多渠道地将原本私有的需求信息分享给企业和其他顾客，企业能够全面了解、精准挖掘顾客显性和隐性需求，明确质量创新方向（张洁和廖狄武，2020）。此外，相较于企业内部创新人员，顾客创意的原创性更高，体现于其独特的需求特性、对顾客问题的卓越解决方案以及相较于竞争对手的卓越品质等方面（Li et al.，2019）。顾客的奇思妙想历经顾客网络中的交互和碰撞，能为企业提供源源不断的创意，激发颠覆式创新的产生。最后，契合的顾客更易于接纳自己参与创新过程的新产品，并能协助创新成果扩散，使新产品获得更大的市场认可度和市场价值（李卫红，2015）。因此，本章认为顾客契合对质量创新有重要的推动作用，为质量创新的成功实施提供重要支持。

在本章中，质量创新主要指体验质量创新，是企业以打造卓越的顾客体验为导向，通过整合内外部创新资源，对顾客体验质量特性进行确定、分析、开发、提升和优化组合，以更好满足顾客需求的系统化创新活动。为表述清晰，后续将体验质量创新的结果称为新产品（即创新的体验产品）。在质量创新过程中，顾客契合的价值属性与质量创新的阶段密切相关。质量创新的阶段划分尚未有明确统一的界定，学者们根据研究情境和研究问题的需要对质量创新阶段进行有差别的划分和定义。对于产品创新而言，新产品开发过程可包括创意产生、业务分析、产品设计、产品测试和市场推出等阶段。对于服务创新而言，新服务开发过程可分为设计、分析、开发和发布四个阶段。Rautela 等（2021）分析了顾客参与创新的影响，将创新过程划分为初始阶段或想法产生阶段、设计或产品开发阶段、商业化或上市阶段。为深入分析顾客契合与质量创新的演化机理，本章根据顾客契合的作用特征、强度、范围将质量创新过程划分为质量创新立项阶段、质量创新实施阶段、质量创新市场推出阶段。

在质量创新立项阶段，顾客决定是否表达质量期望（即契合或不契合），企业决定是否针对顾客需求进行质量创新（即主动质量创新）。在质量创新实施阶段，顾客决定是否共享质量创新资源（即契合或不契合），企业决定进行积极质量创新抑或消极质量创新。在质量创新市场推出阶段，顾客决定是否向其他顾客推荐企业创新的新产品（即契合或不契合），企业决定全面推广创新的新产品抑或部分推广创新的新产品。顾客与企业在质量创新三阶段中的行为策略和关键影响因素如图5-1所示。需明确的是，在质量创新过程中，顾客实际进行的顾客契合行为是多类型、跨阶段的，其具体表现形式和发生阶段并非严格符合上述阶段划分。因此，依据上述质量创新阶段划分的不同顾客契合行为不代表此阶段仅发生此类顾客契合行为，而是此阶段中发挥作用最明显、对质量创新影响最大的顾客契合行为。

一、质量创新立项阶段博弈情境分析

企业开展质量创新的内外部动机来源广泛，内部动机如企业愿景、文化、组织架构、创新模式、技术期望等，外部动机如国家政策、社会价值导向、市场竞争、产业链升级、顾客呼声等。为顾客创造价值是企业进行质量创新的根本出发点和落脚点，因此顾客契合对推动企业质量创新的作用不容忽视。质量创新是一

创新阶段	顾客			企业		
	参与方	行为策略	影响因素	影响因素	行为策略	参与方
立项阶段	正向和负向契合的顾客	表达质量期望	奖励		主动质量创新	企业
			表达成本	创新收益		
			创新收益	创新成本		
			社交及影响能力	基础收益		
			基础收益	顾客流失损失和声誉损失		
			正向/负向契合顾客比例	额外顾客流失和声誉损失		
				信息鉴别成本		
		不表达质量期望	创新收益分配系数	创新收益分配系数	被动质量创新	
实施阶段	顾客	共享创新资源	奖励		积极质量创新	企业
			创新收益系数			
			共享成本	创新成本		
			基础收益	基础收益		
			顾客契合程度	质量创新资源		
			质量创新资源	资源吸纳能力		
			创新收益分配系数	创新收益分配系数		
		不共享创新资源	社交及影响能力	顾客流失和声誉损失	消极质量创新	
市场推出阶段	顾客	推荐新产品	奖励		全面推广新产品	企业
			推荐成本	老产品需求量		
			老产品需求量	新产品需求量		
			新产品需求量	推荐效应系数		
				老产品单位市场收益		
		不推荐新产品	基础收益	新产品单位市场收益	部分推广新产品	

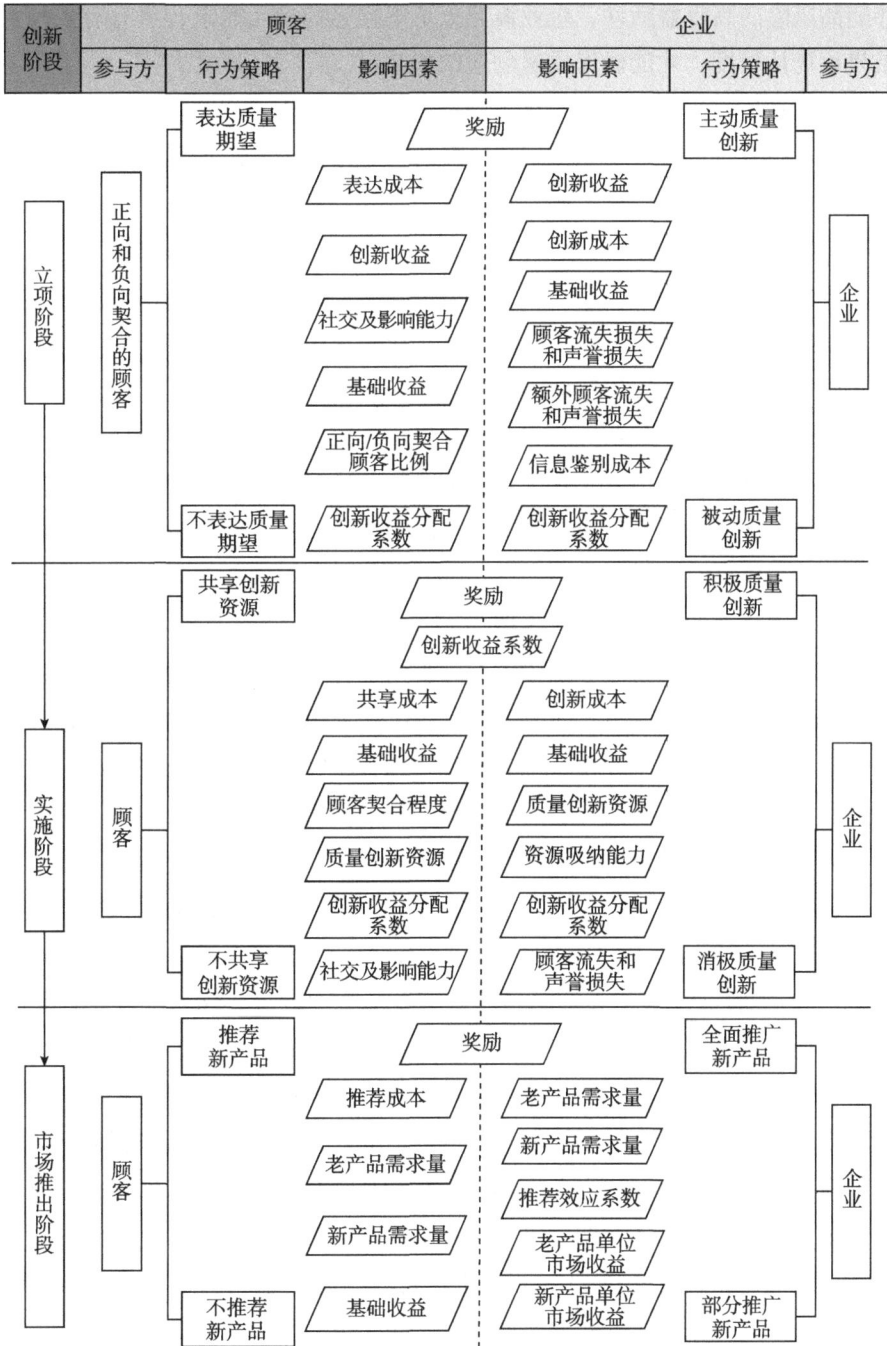

图5-1　顾客契合与质量创新三阶段行为策略及影响因素

项伴随高风险的高收益活动，企业需充分了解顾客的多元需求，只有有效预判创新结果市场认可度，才能确保质量创新的成功。

质量创新过程的早期阶段对整体质量创新管理的成功至关重要，创新机会识别、体验定义、创意产生等质量创新的关键问题皆在此阶段提出和明确（Kärkkäinen and Elfvengren，2002）。顾客契合作为重要的外部刺激对企业质量创新与否、创新的目标和方向等关键问题具有重要影响（Rautela et al.，2021）。如果在质量创新的早期阶段忽视顾客契合的作用，则企业在质量创新的后期阶段会面临延迟、成本增加、市场排斥、体验劣化等重大问题。

在质量创新立项阶段，正向顾客契合行为和负向顾客契合行为在企业质量创新过程中的行为表现方式不同。在此阶段发挥作用的正向顾客契合行为主要有顾客通过线上或线下的渠道分享对于现有体验的看法，表达自己对体验质量的需求及对未来体验的期望、偏好等；负向顾客契合主要有顾客对现有体验批评、抱怨、诋毁等，传播有关体验的负面信息等。正向和负向契合顾客的行为可以归纳为通过正面或负面的方式表达质量期望。

为清晰描述质量创新立项阶段正向和负向契合顾客与企业的交互关系，情境分析部分将两类顾客契合行为分开讨论；为综合考虑正向和负向顾客契合行为对企业创新决策的影响，博弈模型构建部分将两类顾客契合行为合并讨论。

在质量创新阶段，正向契合的顾客的行为选择为是否正向表达质量期望，企业的行为选择为是否针对顾客需求开展质量创新。这一阶段企业与顾客互动的形式呈现多元化，如讨论小组、顾客调查、深入访谈、社交媒体信息收集、在线社区交流等（Kärkkäinen and Elfvengren，2002；Boon et al.，2015；Rautela et al.，2021）。正向顾客契合的主要价值是通过顾客与企业频繁、深入的互动，尽可能准确高效地将顾客对质量创新的未来需求传递至企业，并表达有价值的、原创的、新颖的和可行的创意，促进企业明确正确的质量创新方向，制定科学适当的质量创新解决方案，最大限度缩短质量创新周期，消除不必要的创新成本，降低创新失败风险，获得更好的创新市场反馈和创新收益（刘琳和王玖河，2022）。

顾客是否正向表达质量期望主要依赖于对收益和成本的权衡。为引导顾客正向表达质量期望，企业在进行质量创新时会为正向表达质量期望的顾客提供奖励，奖励的形式包括直接的物质奖励（如小额红包等）、间接的物质奖励（如优惠券、服务升级等）和精神奖励（如公开鸣谢、在线社区用户身份升级等）。此外，顾客正向表达质量期望时会对质量创新产生创新收益预期，即顾客正向表达质量期望的重要原因是推动企业精准满足自身质量需求、共享质量创新收益。同时，顾客正向表达质量期望需投入时间、金钱、精力等资源，即需要付出表达成本。

企业决定进行主动质量创新抑或被动质量创新主要依赖于对收益和成本的权衡。企业主动质量创新即针对顾客需求进行创新，需要开展行业信息收集与分析、顾客需求收集与分析、创意筛选、创新项目可行性论证、跨职能创新团队建立等一系列活动，本章将这些活动所耗费的人力、物力、财力资源归纳为创新立项成本。同时，企业进行质量创新会创造创新收益。因为创新收益与质量创新和市场需求的匹配程度呈正相关，所以创新收益高低与顾客表达质量期望与否相关。此外，创新收益由企业和顾客按一定分配比例共享。

企业进行被动质量创新需承担潜在损失。顾客正向表达质量期望即表明顾客对企业进行质量创新存有期待，若企业进行被动质量创新，则顾客对体验质量的未来需求得不到响应和满足，由此引发的顾客负面情绪会致使企业顾客资源流失，进而招致直接市场损失和声誉损失。顾客的社交及影响能力越大，顾客负面情绪的传播速度和影响越大，由此引发的企业损失越大。

在质量创新立项阶段，负向契合的顾客的行为选择为是否负向表达质量期望，企业的行为选择为进行主动质量创新抑或被动质量创新。顾客负向表达质量期望的具体形式为通过线上渠道（在线品牌社区、在线购物网站评论区、官方网站意见反馈渠道、社交媒体等）或线下渠道（顾客间的口耳相传、客服热线、线下品牌体验店等）对品牌体验进行抱怨、批评、诋毁，劝阻他人消费以及传播这些负面信息等。负向顾客契合的主要价值体现在通过顾客负向表达质量期望，给企业造成一定负面影响，引发企业充分关注，倒逼企业对现有体验进行创新和改进（而不是仅通过营销手段掩盖问题），防止不良影响继续扩大，及时弥补给企业造成的顾客流失和声誉损失，同时，通过对负面信息的挖掘和分析，发现急需创新和改进的关键质量特性，通过质量创新解决当前顾客体验的"痛点"。

顾客是否负向表达质量期望主要依赖于对收益和成本的权衡。顾客负向表达质量期望可敦促企业创新，与企业共享质量创新收益。同时，顾客负向表达质量期望需投入时间、金钱、精力等资源，即需要付出表达成本。

企业决定进行主动质量创新或被动质量创新主要依赖于对收益和成本的权衡。因为来自顾客的负面信息中包含较多的负面情绪甚至包含谣言、诋毁等不实信息，企业需对负面信息进行鉴别、分析，挖掘合理内容以有效发挥顾客负面信息的价值，所以企业针对顾客需求进行质量创新除需付出创新立项成本外，还需承担信息鉴别成本。同时，企业创新会为企业和顾客创造创新收益，创新收益与利用的顾客信息有关。此外，顾客负向表达质量期望会给企业造成顾客流失和声誉损失，若企业仍进行被动质量创新，企业还将承担额外的顾客流失和声誉损失。

在质量创新实施阶段，顾客与企业的行为选择是对上述因素及彼此行为综合考虑的结果。

二、质量创新实施阶段博弈情境分析

在质量创新实施阶段，顾客的行为选择为是否共享质量创新资源，企业的行为选择为积极质量创新抑或消极质量创新。顾客共享质量创新资源的具体形式包括为质量创新提供与解决方案相关的知识，分享技术和设计技能，表达对质量特性的洞见，频繁、深入地测试新产品并反馈信息，参与具体的体验设计和创造等（刘琳和王玖河，2022）。需要明确的是，负向顾客契合也可能在质量创新实施阶段发挥作用，原因在于：负向契合的顾客出于对现有体验的不满，可能对未来体验创新和改进进展保持持续关注，期望其能更好地满足质量需求。如果企业能够通过质量创新优化原有体验中顾客所关注的质量特性，则质量创新的结果会为负向契合的顾客创造出比原有体验更大的收益。因此，负向契合的顾客同样可能在此阶段共享质量创新资源，以期获得质量创新收益。本章在探讨顾客契合在质量创新实施阶段的作用时，不对正向和负向顾客契合进行区分。

顾客共享创新资源的一个重要特征是，顾客共享创新资源的对象不仅针对企业，还包括其他顾客。社会化网络的高速发展使绝大部分顾客身处其中，并通过多种类型的互惠关系（如友谊、亲属关系、共同利益、共同信仰、知识或声望等）联系在一起（Ozkan-Canbolat and Beraha，2016）。来自不同顾客的各类创新资源也伴随着社会化网络的演化而交织、产生、强化或趋于湮灭（宁连举等，2017）。这一特征使企业获取和利用顾客创新资源时需面临高度复杂性和不确定性，企业积极质量创新策略抑或消极质量创新策略的选择对顾客创新资源价值的发挥产生巨大影响（Carbonell and Rodriguez-Escudero，2014）。在本章中，企业积极质量创新是指企业投入充足的资源，一方面建立信任机制和激励机制，搭建高效、便捷的创新资源共享渠道，发展互惠规范的活动，充分获取、吸纳、利用、共享和更新顾客共享的质量创新资源，另一方面通过营销、研发、制造和高层管理等人员的跨职能机制和活动，将顾客质量创新资源与内部质量创新资源有机整合，进行质量创新。与之相对，企业消极创新是指企业忽略内外部质量创新资源的重要价值，不进行有价值的质量创新。

顾客共享质量创新资源与否依赖于对收益和成本的权衡。为引导顾客共享质量创新资源，企业在积极质量创新时会为共享质量创新资源的顾客提供奖励，包括直接的物质奖励、间接的物质奖励和精神奖励。此外，顾客共享质量创新资源会对质量创新产生创新收益预期，即顾客共享创新资源的一个重要原因是为了能够共同创造出高质量的体验并满足自己对质量的更高需求，获得质量创新收益。同时，顾客共享质量创新资源需投入时间、金钱、精力等资源，即需要付出共享成本（如机会成本、沟通和传递成本）（李从东等，2021），共享成本与顾客共享的质量创新资源水平正相关（刘琳和王玖河，2022）。

创新资源共享要求创新资源的接受者能够整合不同的创新资源元素，对创新资源的高效获取和有效利用均需要具备足够高的专业水平。在整个交互过程中接受者和来源者之间的资源、管理时间、注意力和努力的承诺是创新资源共享的重要条件（Chen et al.，2014），创新资源共享的成功取决于来源者的共享意愿和影响力以及接受者的吸收能力和学习意愿（Ozkan-Canbolat and Beraha，2016）。在质量创新实施阶段的顾企互动中，顾客共享的质量创新资源水平与顾客掌握的质量创新资源（即顾客所能共享的最大质量创新资源水平）、顾客契合的程度（顾客共享创新资源的投入程度）、社交及影响能力（顾客共享创新资源的传递效率和影响程度）等因素呈正相关（李强等，2021；刘琳和王玖河，2022），具体而言，顾客掌握的质量创新资源越多，社交及影响能力越强，顾客契合程度越高，则顾客共享的质量创新资源水平越高。企业最终掌握的质量创新资源水平是企业内部质量创新资源与所吸纳的顾客质量创新资源的总和，企业吸纳的顾客质量创新资源与顾客共享的质量创新资源和企业吸纳能力呈正相关（白小明和李纲，2020；李从东等，2021）。

企业选择积极质量创新会为企业和顾客带来质量创新收益。因为质量创新结果来自对质量创新资源的有效整合利用，所以质量创新收益由企业和顾客共享。双方总质量创新收益除与总质量创新资源水平呈正相关外，还受企业质量创新能力、创新市场形势、供应链管理水平等诸多内外部因素影响（何炳华和宋国防，2010）。如果企业选择积极质量创新，即便顾客不共享质量创新资源，其同样会得到质量创新收益，存在"搭便车"情况。此外，企业积极创新需付出创新成本，该创新成本与所整合的质量创新资源呈正相关，即与企业拥有的内部质量创新资源、顾客共享的质量创新资源、资源吸纳能力呈正相关。

企业选择消极质量创新需承担潜在损失。顾客共享质量创新资源表明顾客对企业进行积极质量创新存有期待，若企业选择消极质量创新，则顾客对体验质量的未来需求得不到响应和满足，顾客共享资源并未实现其预期价值，由此引发的顾客负面情绪会致使企业顾客资源流失，进而招致声誉损失和市场损失。顾客的社交及影响能力越大，顾客负面情绪的传播速度和影响越大，引起的企业损失越大。

在质量创新实施阶段，顾客与企业的行为选择是对上述因素及彼此行为综合考虑的结果。

三、质量创新市场推出阶段博弈情境分析

质量创新成功的重要判断标准是质量创新成果在市场上被有效商业化和接受的程度，这也是当今商业环境中企业核心竞争优势的重要源泉。在创新成果商业化阶段，新产品的成功除取决于新产品本身的创新性外，还取决于整个营销组合与不断变化的商业环境的契合程度（Mitręga，2020）。在质量创新市场推出阶段，企业的行为选择为全面推广新产品抑或部分推广新产品，顾客的行为选择为是否向其他顾客推荐企业创新的新产品。深刻的顾客体验可以明显刺激创新顾客的口碑传播（Zhang et al.，2020）。顾客推荐企业创新的新产品具体包括顾客通过自己的亲身体验，从顾客视角发表对新产品的评价和赞扬，为其他顾客介绍新产品，建议其他顾客购买新产品，传播有关新产品的正面信息等顾客契合行为。顾客推荐新产品的价值在于提高新产品的知名度、正面口碑和市场接受度，扩大新产品的顾客群体，提升质量创新的市场收益。

顾客推荐新产品与否依赖于对收益和成本的权衡。为激励顾客推荐新产品，企业为有效推荐的顾客提供奖励，奖励水平与有效推荐的数量呈正相关。此外，顾客推荐新产品需投入时间、金钱、精力等资源，即需要付出推荐成本。顾客推荐对新产品的市场需求量具有放大效应。具体而言，若企业选择全面推广新产品，则顾客推荐将放大新产品的市场需求；若企业选择部分推广新产品，则顾客推荐在放大新产品市场需求的同时，还将促进部分原本选择老产品的顾客转而选择新产品。

已有研究探讨了企业在质量创新的市场推出阶段的两种营销策略：单一滚动

策略和双重滚动策略（Liang et al.，2014）。这两种新产品营销策略分别对应全面推广新产品和部分推广新产品两种策略。全面推广新产品指企业在市场上仅保留新产品而快速将老产品淘汰。例如，美国苹果手机 iPhone 在推出新的 iOS 软件更新之后即在短时间内封堵旧版本系统的验证通道，致使自动更新的用户在升级系统后无法退回原版本。再如，移动电信运营商在推出新一代 5G 套餐后，便不再向用户提供自主办理 4G 套餐的选项。部分推广新产品指企业在市场上推出新产品的同时保留老产品，两种体验同时销售。例如，畅销车型的新老车型同堂销售的现象在汽车行业屡见不鲜。东风日产旗下的轩逸系列在推出"第 14 代轩逸"的同时还保留了"新轩逸·经典"，并明显降低后者的终端售价，以获取更大的市场份额和收益。一汽大众旗下的"宝来"和"宝来·传奇"亦是如此。

企业对新产品的全面推广和部分推广两种策略在条件不确定时并无严格占优的情形。表面上看，部分推广策略可以更好地发挥老产品的市场价值，但也面临延迟风险和同类蚕食风险（Liang et al.，2014）。延迟风险是指顾客可能为获取更大优惠而延迟购买新产品，所谓"等等党终将胜利"，致使企业的新产品难达创新市场预期。同类蚕食风险是指老产品在市场上继续销售会蚕食新产品本应获得的市场份额，此类风险在新产品的创新性不明显（相较于老产品）时尤甚。例如，美国苹果公司 2020 年发布 iPhone 12 系列初期，业界反响平平，认为其创新性不足，致使旧款机型 iPhone 11 系列在有折扣的情况下销量不降反升，iPhone 12 系列未达该阶段的销售预期。

企业的创新市场收益与新产品的单位市场收益和需求量、老产品的单位市场收益和需求量以及顾客的推荐效应相关，顾客推荐效应是顾客推荐能力的价值体现（李强等，2021）。具体而言，企业选择全面推广新产品的市场收益与新产品单位市场收益和需求量以及顾客推荐效应呈正相关，企业选择部分推广新产品的市场收益与新产品单位市场收益和需求量、老产品的单位市场收益和需求量以及顾客推荐效应呈正相关。

在质量创新市场推出阶段，顾客与企业的行为选择是对上述因素及彼此行为综合考虑的结果。

第二节 质量创新立项阶段顾客契合与 质量创新演化博弈分析

一、基本假设

假设 5-1：质量创新立项阶段顾客契合与质量创新博弈共有两个参与群体：顾客和企业。博弈双方具备有限理性。因为企业行为选择是对正向顾客契合和负向顾客契合的综合考虑，且假设正向契合顾客与负向契合顾客两个群体间不存在博弈关系，所以不将正向契合顾客与负向契合顾客作为两个独立的参与群体进行博弈，而是通过设置比例参数考虑正向顾客契合和负向顾客契合在此阶段博弈中的不同作用。契合顾客中正向契合顾客比例为 ω（$0<\omega<1$），负向契合顾客比例为 $1-\omega$。

假设 5-2：顾客的基础收益为 B_{C1}（$B_{C1}>0$）。在质量创新立项阶段，顾客可以选择表达质量期望或不表达质量期望，即顾客的策略集合为 $S_{C1}=$（表达期望，不表达期望）。正向契合顾客向企业表达质量期望是指顾客通过在线社区、购物网站在线评论、品牌官方网站反馈渠道、客服热线、线下品牌店等多种渠道直接或间接地将自己对质量创新的期望及对体验的积极评价等正面信息传递给企业，称为正向表达质量期望；负向契合顾客表达质量期望是指顾客通过上述渠道直接或间接地发表、传播有关品牌体验的明确的或模糊的负面信息，以此表达质量期望，称为负向表达质量期望。当决定表达质量期望时，顾客需为此付出一定成本即时间和精力等，用 C_{C1}（$C_{C1}>0$）表示。此外，顾客负向表达质量期望会给企业造成顾客流失和声誉损失 $(1-\omega)\,\alpha_1 L_{P1}$，其中 α_1（$0<\alpha_1<1$）表示顾客社交及影响能力的影响系数，L_{P1}（$L_{P1}>0$）为顾客负向表达质量期望给企业造成的最大顾客流失和声誉损失。

假设 5-3：企业的基础收益为 B_{P1}（$B_{P1}>0$）。在质量创新立项阶段，企业可以选择主动质量创新和被动质量创新，即企业的策略集合为 $S_{P1}=$（主动质量创新，被动质量创新）。质量创新具体指顾客体验质量创新，是以创造和提升顾客体验质量为导向，通过整合内外部创新资源，对顾客体验质量特性进行确定、分析、开发、提升和优化组合的系统化创新活动。在此过程中，企业需了解顾客对体验质量的需求、评价等质量信息以最大化创造体验的价值。主动质量创新是指企业主动地从顾客处识别、获取质量创新的机会，能够综合利用来自正向契合顾客和负向契合顾客的质量期望信息；被动质量创新是指企业被动地从顾客处识别、获取质量创新的机会，是仅在顾客负向表达质量期望时被动做出的补救性创新。企业进行质量创新，需付出一定的创新立项成本，包括行业信息收集与分析、顾客需求收集与分析、创新项目可行性论证等活动产生的费用，主动质量创新的创新成本为 C_{P1}（$C_{P1}>0$），被动质量创新的创新成本为 C_{P2}（$C_{P1}>C_{P2}>0$）。此外，企业为向其正向表达质量期望的顾客提供奖励，以 A_1（$A_1>0$）表示。若负向契合顾客表达质量期望，则企业进行主动质量创新时还需付出对顾客负面信息的鉴别成本 C_I，以对负面信息的真实性和有用性进行分析和鉴定。

假设 5-4：质量创新会创造创新收益，创新收益由顾客和企业双方共享，企业的创新收益分配系数为 λ_1（$0<\lambda_1<1$），顾客的创新收益分配系数为 $1-\lambda_1$。企业进行质量创新的创新收益取决于创新成果的市场接受程度，创新成果的市场匹配程度取决于顾客表达质量期望与否。若顾客表达质量期望，则质量创新创造的创新收益为 R_1（$R_1>0$）。此时，若企业进行主动质量创新，则企业的创新收益为 $\lambda_1 R_1$，顾客的创新收益为（$1-\lambda_1$）R_1；若企业进行被动质量创新，由于被动质量创新仅关注负向契合的顾客所表达的质量期望，因此企业获得的创新收益为（$1-\omega$）$\lambda_1 R_1$，顾客获得的创新收益为（$1-\omega$）（$1-\lambda_1$）R_1。若顾客不表达质量期望，则企业需通过自身的市场调查能力和顾客关系资源等挖掘顾客的期望信息，识别创新机会，此时质量创新创造的创新收益为 R_2（$R_1>R_2>0$）。此时，若企业进行主动质量创新，则企业获得的创新收益为 $\lambda_1 R_2$，顾客获得的创新收益为（$1-\lambda_1$）R_2；若企业进行被动质量创新，由于此时顾客不主动表达质量期望（正面的或负面的），则质量创新将不能为企业和顾客双方创造创新收益。

假设 5-5：若顾客表达质量期望，而企业被动质量创新，则企业将因此承担额外顾客流失和声誉损失，以 $\alpha_1 \Delta L_{P1}$ 表示，其中 ΔL_{P1}（$\Delta L_{P1}>0$）为顾客表达质量期望而企业进行被动质量创新给企业额外造成的最大顾客流失和声誉损失。顾客的社交及影响能力越大，顾客表达质量期望而企业进行被动质量创新给企业带来的额外顾客流失和声誉损失越大。

二、参数设定

质量创新立项阶段顾客契合与质量创新演化博弈模型记为模型 I，其参数设定如表 5-1 所示。

表 5-1　模型 I 参数设定

参数	描述
B_{C1}	顾客的基础收益，$B_{C1}>0$
C_{C1}	顾客表达质量期望所需投入的成本，$C_{C1}>0$
R_1	质量创新与市场需求完全匹配时顾客双方共享的创新收益，$R_1>0$
R_2	顾客不表达质量期望而企业进行主动质量创新时顾企双方共享的创新收益，$R_1>R_2>0$
A_1	企业对顾客正向表达质量期望的奖励，$A_1>0$
B_{P1}	企业的基础收益，$B_{P1}>0$
C_{P1}	企业主动质量创新所需投入的成本，$C_{P1}>0$
C_{P2}	企业被动质量创新所需投入的成本，$C_{P2}>0$
C_I	企业进行主动质量创新时需付出针对顾客负面信息的鉴别成本，$C_I>0$
L_{P1}	顾客负向表达质量期望给企业造成的最大顾客流失和声誉损失，$L_{P1}>0$
ΔL_{P1}	顾客表达质量期望而企业进行被动质量创新给企业额外造成的最大顾客流失和声誉损失，$\Delta L_{P1}>0$
λ_1	企业的创新收益分配系数，$0<\lambda_1<1$
ω	顾客群体中正向契合顾客所占比例，$0<\omega<1$
α_1	顾客社交及影响能力的影响系数，$0<\alpha_1<1$

三、演化博弈模型构建

质量创新立项阶段顾客与企业的博弈收益矩阵如表 5-2 所示。

表 5-2　模型 I 收益矩阵

顾客	企业	
	主动质量创新	被动质量创新
表达期望	$\begin{pmatrix} B_{C1}-C_{C1}+\omega A_1+(1-\lambda_1)R_1, \\ B_{P1}-C_{P1}-\omega A_1+\lambda_1 R_1-(1-\omega)C_I- \\ (1-\omega)\alpha_1 L_{P1} \end{pmatrix}$	$\begin{pmatrix} B_{C1}-C_{C1}+(1-\omega)(1-\lambda_1)R_1, \\ B_{P1}-C_{P2}+(1-\omega)\lambda_1 R_1-\alpha_1\Delta L_{P1} \\ (1-\omega)C_I-(1-\omega)\alpha_1 L_{P1} \end{pmatrix}$
不表达期望	$(B_{C1}+(1-\lambda_1)R_2,\ B_{P1}-C_{P1}+\lambda_1 R_2)$	$(B_{C1},\ B_{P1}-C_{P2})$

根据表 5-2 中的收益矩阵，可以得出企业进行主动质量创新的期望收益为：

$$E_{P1}=B_{P1}-C_{P1}-y_1\omega A_1+y_1\lambda_1 R_1-y_1(1-\omega)(C_I+\alpha_1 L_{P1})+(1-y_1)\lambda_1 R_2 \tag{5-1}$$

企业进行被动质量创新的期望收益为：

$$E_{P2}=B_{P1}-C_{P2}+y_1(1-\omega)\lambda_1 R_1-y_1(1-\omega)C_I-y_1(1-\omega)\alpha_1 L_{P1}-y_1\alpha_1\Delta L_{P1} \tag{5-2}$$

则企业的期望收益为：

$$\overline{E}_P=B_{P1}-y_1(1-\omega)C_I-y_1(1-\omega)\alpha_1 L_{P1}-x_1 C_{P1}-(1-x_1)C_{P2}-$$
$$x_1 y_1\omega A_1+(1-\omega+\omega x_1)y_1\lambda_1 R_1+x_1(1-y_1)\lambda_1 R_2-(1-x_1)y_1\alpha_1\Delta L_{P1} \tag{5-3}$$

据此，计算企业的复制者动态方程为：

$$\frac{dx_1}{dt}=x_1(1-x_1)(2-C_{P1}+C_{P2}+\lambda_1 R_2-y_1\omega A_1+y_1\omega\lambda_1 R_1-y_1\lambda_1 R_2+y_1\alpha_1\Delta L_{P1}) \tag{5-4}$$

同样，可以得出顾客表达质量期望的期望收益为：

$$E_{C1}=B_{C1}-C_{C_1}+x_1\omega A_1+(1-\omega)(1-\lambda_1)R_1+x_1\omega(1-\lambda_1)R_1 \tag{5-5}$$

顾客不表达质量期望的期望收益为：

$$E_{C2}=B_{C1}+x_1(1-\lambda_1)R_2 \tag{5-6}$$

则顾客的期望收益为：

$$\overline{E}_C=B_{C1}-y_1 C_{C1}+x_1 y_1\omega A_1+(1-\omega+x_1\omega)y_1(1-\lambda_1)R_1+(1-y_1)x_1(1-\lambda_1)R_2 \tag{5-7}$$

据此，计算顾客的复制者动态方程为：

$$\frac{dy_1}{dt}=y_1(1-y_1)[(1-\omega+x_1\omega)(1-\lambda_1)R_1-C_{C1}+x_1\omega A_1-x_1(1-\lambda_1)R_2] \tag{5-8}$$

四、演化博弈稳定策略分析

为求演化博弈系统的演化稳定策略（ESS），令$\frac{dx_1}{dt}=0$和$\frac{dy_1}{dt}=0$，得到五个平衡点，分别为（0，0）、（0，1）、（1，0）、（1，1）、(x_1^*,y_1^*)，其中$x_1^*=\dfrac{C_{C1}-(1-\omega)(1-\lambda_1)R_1}{\omega A_1+\omega(1-\lambda_1)R_1-(1-\lambda_1)R_2}$，$y_1^*=\dfrac{-C_{P1}+C_{P2}+\lambda_1 R_2}{\omega A_1-\omega\lambda_1 R_1+\lambda_1 R_2-\alpha_1\Delta L_{P1}}$。

借鉴 Friedman（1991）提供的方法，可由博弈双方的复制者动态方程得到二维演化动力系统的雅克比矩阵为：

$$J_1=\begin{bmatrix}\dfrac{\partial(dx_1/dt)}{\partial x_1}&\dfrac{\partial(dx_1/dt)}{\partial y_1}\\[3mm]\dfrac{\partial(dy_1/dt)}{\partial x_1}&\dfrac{\partial(dy_1/dt)}{\partial y_1}\end{bmatrix}=\begin{bmatrix}H_1&I_1\\M_1&N_1\end{bmatrix} \tag{5-9}$$

其中，$H_1 = (1-2x_1)(-C_{P1}+C_{P2}+\lambda_1 R_2-y_1\omega A_1+y_1\omega\lambda_1 R_1-y_1\lambda_1 R_2+y_1\alpha_1\Delta L_{P1})$，$I_1 = x_1(1-x_1)(-\omega A_1+\omega\lambda_1 R_1-\lambda_1 R_2+\alpha_1\Delta L_{P1})$，$M_1 = y_1(1-y_1)[\omega A_1+\omega(1-\lambda_1)R_1-(1-\lambda_1)R_2]$，$N_1 = (1-2y_1)[-C_{C1}+(1-\omega+x_1\omega)(1-\lambda_1)R_1+x_1\omega A_1-x_1(1-\lambda_1)R_2]$。

雅克比矩阵的行列式为：

$$\det J_1 = H_1 N_1 - M_1 I_1 \tag{5-10}$$

雅克比矩阵的迹为：

$$\mathrm{tr}J_1 = H_1 + N_1 \tag{5-11}$$

只有当 $\det J_1>0$ 且 $\mathrm{tr}J_1<0$ 同时满足时，演化动力系统才会在复制者动态方程的均衡点处得到演化稳定策略。由于当 $x_1=x_1^*$，$y_1=y_1^*$ 时，$\mathrm{tr}J_1=0$，因此局部均衡点（x_1^*，y_1^*）不可能为演化动力系统的稳定点。接下来只讨论（0，0）、（0，1）、（1，0）、（1，1）四点的稳定性。模型 I 局部均衡点处的关键参数值如表 5-3 所示。

表5-3　模型 I 局部均衡点处的关键参数值

均衡点	H_1	I_1	M_1	N_1
（0，0）	$\lambda_1 R_2-C_{P1}+C_{P2}$	0	0	$(1-\omega)(1-\lambda_1)R_1-C_{C1}$
（0，1）	$\omega\lambda_1 R_1-\omega A_1+\alpha\Delta L_{P1}-C_{P1}+C_{P2}$	0	0	$-(1-\omega)(1-\lambda_1)R_1+C_{C1}$
（1，0）	$C_{P1}-C_{P2}-\lambda_1 R_2$	0	0	$-C_{C1}+(1-\lambda_1)(R_1-R_2)+\omega A_1$
（1，1）	$C_{P1}-C_{P2}-\omega\lambda_1 R_1+\omega A_1-\alpha\Delta L_{P1}$	0	0	$C_{C1}-(1-\lambda_1)(R_1-R_2)-\omega A_1$

情形 A：当 $C_{P1}-C_{P2}>\lambda_1 R_2$ 和 $C_{C1}>(1-\omega)(1-\lambda_1)R_1$ 同时满足时，演化动态系统存在演化稳定点（0，0）。当企业进行主动质量创新和被动质量创新的创新成本差 $C_{P1}-C_{P2}$ 大于企业进行被动质量创新时获得的创新收益 $\lambda_1 R_2$，且负向契合顾客表达质量期望为顾客创造的创新价值 $(1-\omega)(1-\lambda_1)R_1$ 小于顾客表达期望的成本 C_{C1} 时，经演化后企业将进行被动质量创新，顾客将不表达质量期望。

情形 B：当 $C_{P1}-C_{P2}>\omega\lambda_1 R_1-\omega A_1+\alpha_1\Delta L_{P1}$ 和 $C_{C1}<(1-\omega)(1-\lambda_1)R_1$ 同时满足时，演化动态系统存在演化稳定点（0，1）。当正向顾客契合表达期望为企业创造的创新收益 $\omega\lambda_1 R_1$ 与顾客表达质量期望而企业进行被动质量创新时额外的顾客流失和声誉损失 $\alpha_1\Delta L_{P1}$ 之和小于企业进行主动质量创新和被动质量创新的创新成本差 $C_{P1}-C_{P2}$ 与顾客表达期望获得的企业奖励 ωA_1 之和，且负向契合顾客表达

质量期望为顾客创造的创新价值 $(1-\omega)(1-\lambda_1)R_1$ 大于顾客表达期望的成本 C_{C1} 时，经演化后企业将被动质量创新，顾客将表达质量期望。

情形 C： 当 $C_{P1}-C_{P2}<\lambda_1 R_2$ 和 $C_{C1}>(1-\lambda_1)(R_1-R_2)+\omega A_1$ 同时满足时，演化动态系统存在演化稳定点 $(1,0)$。当企业进行主动质量创新和被动质量创新的创新成本差 $C_{P1}-C_{P2}$ 小于企业进行被动质量创新时获得的创新收益 $\lambda_1 R_2$，且顾客表达期望和不表达期望所获的创新收益差 $(1-\lambda_1)(R_1-R_2)$ 与顾客表达期望获得的企业奖励 ωA_1 之和小于顾客表达期望的成本 C_{C1} 时，经演化后企业将主动质量创新，顾客将不表达质量期望。

情形 D： 当 $C_{P1}-C_{P2}<\omega\lambda_1 R_1-\omega A_1+\alpha_1\Delta L_{P1}$ 和 $C_{C1}<(1-\lambda_1)(R_1-R_2)+\omega A_1$ 同时满足时，演化动态系统存在演化稳定点 $(1,1)$。当正向顾客契合表达期望为企业创造的创新收益 $\omega\lambda_1 R_1$ 与顾客表达质量期望而企业进行被动质量创新时额外的顾客流失和声誉损失 $\alpha_1\Delta L_{P1}$ 之和大于企业进行主动质量创新和被动质量创新的创新成本差 $C_{P1}-C_{P2}$ 与顾客表达期望获得的企业奖励 ωA_1 之和，且顾客表达期望和不表达期望所获的创新收益差 $(1-\lambda_1)(R_1-R_2)$ 与顾客表达期望获得的企业奖励 ωA_1 之和大于顾客表达质量期望的成本 C_{C1} 时，经演化后企业将进行主动质量创新，顾客将表达质量期望。

情形 E： 除满足以上四类情形的条件外，演化动态系统不存在演化稳定点。

由于 $\lambda_1 R_2$ 与 $\omega\lambda_1 R_1-\omega A_1+\alpha_1\Delta L_{P1}$，$(1-\omega)(1-\lambda_1)R_1$ 与 $(1-\lambda_1)(R_1-R_2)+\omega A_1$ 的大小关系不确定，因此上述情形 E 可能不存在，情形 A 至情形 D 成立条件可能存在交集。因此，进一步分情况讨论演化稳定点的存在条件。

（1）假设 $\lambda_1 R_2<\omega\lambda_1 R_1-\omega A_1+\alpha_1\Delta L_{P1}$ 且 $(1-\omega)(1-\lambda_1)R_1<(1-\lambda_1)(R_1-R_2)+\omega A_1$。

情形 A-1-1： 如表 5-4 所示，当 $C_{P1}-C_{P2}>\lambda_1 R_2$ 和 $C_{C1}>(1-\lambda_1)(R_1-R_2)+\omega A_1$ 同时满足时，即当企业进行主动质量创新和被动质量创新的创新成本差 $C_{P1}-C_{P2}$ 大于企业进行被动质量创新时获得的创新收益 $\lambda_1 R_2$，且顾客表达期望和不表达期望所获的创新收益差 $(1-\lambda_1)(R_1-R_2)$ 与顾客表达期望获得的企业奖励 ωA_1 之和小于顾客表达期望的成本 C_{C1} 时，演化动态系统存在演化稳定点 $(0,0)$。此时，$(1,0)$ 为演化动态系统的鞍点，$(0,1)$ 和 $(1,1)$ 为演化动态系统的不稳定点。

表 5-4　情形 A-1-1 下各均衡点稳定性

均衡点	H_1	I_1	M_1	N_1	$\mathrm{tr}J_1$	$\det J_1$	稳定性
(0, 0)	−	0	0	−	−	+	ESS
(0, 1)	不确定	0	0	+	不确定	不确定	不稳定点
(1, 0)	+	0	0	−	不确定	−	鞍点
(1, 1)	不确定	0	0	+	不确定	不确定	不稳定点

情形 A-1-2： 如表 5-5 所示，当 $C_{P1}-C_{P2}>\omega\lambda_1 R_1-\omega A_1+\alpha_1\Delta L_{P1}$ 和 $(1-\omega)(1-\lambda_1)$ $R_1<C_{C1}$ 同时满足时，即当正向顾客契合表达期望为企业创造的创新收益 $\omega\lambda_1 R_1$ 与顾客表达质量期望而企业进行被动质量创新时额外的顾客流失和声誉损失 $\alpha_1\Delta L_{P1}$ 之和小于企业进行主动质量创新和被动质量创新的创新成本差 $C_{P1}-C_{P2}$ 与顾客表达期望获得的企业奖励 ωA_1 之和，且负向契合顾客表达质量期望为顾客创造的创新价值 $(1-\omega)(1-\lambda_1)R_1$ 小于顾客表达期望的成本 C_{C1} 时，演化动态系统存在演化稳定点 (0, 0)。此时，(0, 1) 为演化动态系统的鞍点，(1, 0) 和 (1, 1) 为演化动态系统的不稳定点。

表 5-5　情形 A-1-2 下各均衡点稳定性

均衡点	H_1	I_1	M_1	N_1	$\mathrm{tr}J_1$	$\det J_1$	稳定性
(0, 0)	−	0	0	−	−	+	ESS
(0, 1)	−	0	0	+	不确定	−	鞍点
(1, 0)	+	0	0	不确定	不确定	不确定	不稳定点
(1, 1)	+	0	0	不确定	不确定	不确定	不稳定点

情形 B-1： 如表 5-6 所示，当 $C_{P1}-C_{P2}>\omega\lambda_1 R_1-\omega A_1+\alpha_1\Delta L_{P1}$ 和 $(1-\omega)(1-\lambda_1)$ $R_1>C_{C1}$ 同时满足时，即当正向顾客契合表达期望为企业创造的创新收益 $\omega\lambda_1 R_1$ 与顾客表达质量期望而企业进行被动质量创新时额外的顾客流失和声誉损失 $\alpha_1\Delta L_{P1}$ 之和小于企业进行主动质量创新和被动质量创新的创新成本差 $C_{P1}-C_{P2}$ 与顾客表达期望获得的企业奖励 ωA_1 之和，且负向契合顾客表达质量期望为顾客创造的创新价值 $(1-\omega)(1-\lambda_1)R_1$ 大于顾客表达期望的成本 C_{C1} 时，演化动态系统存在演化稳定点 (0, 1)。此时，(0, 0) 和 (1, 1) 为演化动力系统的鞍点，(1, 0) 为演化动态系统的不稳定点。

表 5-6 情形 B-1 下各均衡点稳定性

均衡点	H_1	I_1	M_1	N_1	$\mathrm{tr}J_1$	$\det J_1$	稳定性
(0, 0)	−	0	0	+	不确定	−	鞍点
(0, 1)	−	0	0	−	−	+	ESS
(1, 0)	+	0	0	+	+	+	不稳定点
(1, 1)	+	0	0		不确定	−	鞍点

情形 C-1： 如表 5-7 所示，当 $C_{P1}-C_{P2}<\lambda_1 R_2$ 和 $C_{C1}>(1-\lambda_1)(R_1-R_2)+\omega A_1$ 同时满足时，即当企业进行主动质量创新和被动质量创新的创新成本差 $C_{P1}-C_{P2}$ 小于企业进行被动质量创新时获得的创新收益 $\lambda_1 R_2$，且顾客表达期望和不表达期望所获得的创新收益差 $(1-\lambda_1)(R_1-R_2)$ 与顾客表达期望获得的企业奖励 ωA_1 之和小于顾客表达期望的成本 C_{C1} 时，演化动态系统存在演化稳定点（1，0）。此时，（0，0）和（1，1）为演化动力系统的鞍点，（0，1）为演化动态系统的不稳定点。

表 5-7 情形 C-1 下各均衡点稳定性

均衡点	H_1	I_1	M_1	N_1	$\mathrm{tr}J_1$	$\det J_1$	稳定性
(0, 0)	+	0	0	−	不确定	−	鞍点
(0, 1)	+	0	0	+	+	+	不稳定点
(1, 0)	−	0	0	−	−	+	ESS
(1, 1)	−	0	0	+	不确定	−	鞍点

情形 D-1-1： 如表 5-8 所示，当 $C_{P1}-C_{P2}<\lambda_1 R_2$ 和 $C_{C1}<(1-\lambda_1)(R_1-R_2)+\omega A_1$ 同时满足时，即当企业进行主动质量创新和被动质量创新的创新成本差 $C_{P1}-C_{P2}$ 小于企业进行被动质量创新时获得的创新收益 $\lambda_1 R_2$，且顾客表达期望和不表达期望所获得的创新收益差 $(1-\lambda_1)(R_1-R_2)$ 与顾客表达期望获得的企业奖励 ωA_1 之和大于顾客表达质量期望的成本 C_{C1} 时，演化动态系统存在演化稳定点（1，1）。此时，（1，0）为演化动态系统的鞍点，（0，0）和（0，1）为演化动态系统的不稳定点。

表5-8 情形 D-1-1 下各均衡点稳定性

均衡点	H_1	I_1	M_1	N_1	$\mathrm{tr}J_1$	$\det J_1$	稳定性
(0, 0)	+	0	0	不确定	不确定	不确定	不稳定点
(0, 1)	+	0	0	不确定	不确定	不确定	不稳定点
(1, 0)	−	0	0	+	不确定	−	鞍点
(1, 1)	−	0	0	−		+	ESS

情形 D-1-2：如表5-9所示，当 $\lambda_1 R_2 < C_{P1} - C_{P2} < \omega\lambda_1 R_1 - \omega A_1 + \alpha_1 \Delta L_{P1}$ 和 $C_{C1} < (1-\omega)(1-\lambda_1)R_1$ 同时满足时，即当正向顾客契合表达期望为企业创造的创新收益 $\omega\lambda_1 R_1$ 与顾客表达质量期望而企业进行被动质量创新时额外的顾客流失和声誉损失 $\alpha_1 \Delta L_{P1}$ 之和大于企业进行主动质量创新和被动质量创新的创新成本差 $C_{P1}-C_{P2}$ 与顾客表达期望获得的企业奖励 ωA_1 之和，且企业进行主动质量创新和被动质量创新的创新成本差 $C_{P1}-C_{P2}$ 大于企业进行被动质量创新时获得的创新收益 $\lambda_1 R_2$，且负向契合顾客表达质量期望为顾客创造的创新价值 $(1-\omega)(1-\lambda_1)R_1$ 大于顾客表达期望的成本 C_{C1} 时，演化动态系统存在演化稳定点（1，1）。此时，（0，0）和（0，1）为演化动态系统的鞍点，（1，0）为演化动态系统的不稳定点。

表5-9 情形 D-1-2 下各均衡点稳定性

均衡点	H_1	I_1	M_1	N_1	$\mathrm{tr}J_1$	$\det J_1$	稳定性
(0, 0)	−	0	0	+	不确定	−	鞍点
(0, 1)	+	0	0	−	不确定	−	鞍点
(1, 0)	+	0	0	+	+	+	不稳定点
(1, 1)	−	0	0	−	−	+	ESS

情形 E-1：如表5-10所示，当 $\lambda_1 R_2 < C_{P1} - C_{P2} < \omega\lambda_1 R_1 - \omega A_1 + \alpha_1 \Delta L_{P1}$ 和 $(1-\omega)(1-\lambda_1)R_1 < C_{C1} < (1-\lambda_1)(R_1 - R_2) + \omega A_1$ 同时满足时，即当正向顾客契合表达期望为企业创造的创新收益 $\omega\lambda_1 R_1$ 与顾客表达质量期望而企业进行被动质量创新时额外的顾客流失和声誉损失 $\alpha_1 \Delta L_{P1}$ 之和大于企业进行主动质量创新和被动质量创新的创新成本差 $C_{P1}-C_{P2}$ 与顾客表达期望获得的企业奖励 ωA_1 之和，且企业进行主动质量创新和被动质量创新的创新成本差 $C_{P1}-C_{P2}$ 大于企业进行被动质量创新

时获得的创新收益 $\lambda_1 R_2$，且顾客表达质量期望的成本 C_{C1} 大于负向契合顾客表达质量期望为顾客创造的创新价值 $(1-\omega)(1-\lambda_1)R_1$ 且小于顾客表达期望和不表达期望所获得的创新收益差 $(1-\lambda_1)(R_1-R_2)$ 与顾客表达期望获得的企业奖励 ωA_1 之和时，演化动态系统存在演化稳定点 $(0，0)$ 和 $(1，1)$。此时，$(0，1)$ 和 $(1，0)$ 为演化动态系统的不稳定点。

表 5-10　情形 E-1 下各均衡点稳定性

均衡点	H_1	I_1	M_1	N_1	$\mathrm{tr}J_1$	$\det J_1$	稳定性
$(0，0)$	−	0	0	−	−	+	ESS
$(0，1)$	+	0	0	+	+	+	不稳定点
$(1，0)$	+	0	0	+	+	+	不稳定点
$(1，1)$	−	0	0	−	−	+	ESS

（2）假设 $\lambda_1 R_2 > \omega\lambda_1 R_1 - \omega A_1 + \alpha_1\Delta L_{P1}$ 且 $(1-\omega)(1-\lambda_1)R_1 > (1-\lambda_1)(R_1-R_2)+\omega A_1$。

情形 A-2： 如表 5-11 所示，当 $C_{P1}-C_{P2}>\lambda_1 R_2$ 和 $C_{C1}>(1-\omega)(1-\lambda_1)R_1$ 同时满足时，即当企业进行主动质量创新和被动质量创新的创新成本差 $C_{P1}-C_{P2}$ 大于企业进行被动质量创新时获得的创新收益 $\lambda_1 R_2$，且负向契合顾客表达质量期望为顾客创造的创新价值 $(1-\omega)(1-\lambda_1)R_1$ 小于顾客表达期望的成本 C_{C1} 时，演化动态系统存在演化稳定点 $(0，0)$。此时，$(0，1)$ 和 $(1，0)$ 为演化动态系统的鞍点，$(1，1)$ 为演化动态系统的不稳定点。

表 5-11　情形 A-2 下各均衡点稳定性

均衡点	H_1	I_1	M_1	N_1	$\mathrm{tr}J_1$	$\det J_1$	稳定性
$(0，0)$	−	0	0	−	−	+	ESS 点
$(0，1)$	−	0	0	+	不确定	−	鞍点
$(1，0)$	+	0	0	−	不确定	−	鞍点
$(1，1)$	+	0	0	+	+	+	不稳定点

情形 B-2-1： 如表 5-12 所示，当 $C_{P1}-C_{P2}>\lambda_1 R_2$ 和 $C_{C1}<(1-\omega)(1-\lambda_1)R_1$ 同时满足时，即当企业进行主动质量创新和被动质量创新的创新成本差 $C_{P1}-C_{P2}$ 大

于企业进行被动质量创新时获得的创新收益 $\lambda_1 R_2$，且负向契合顾客表达质量期望为顾客创造的创新价值 $(1-\omega)(1-\lambda_1)R_1$ 大于顾客表达期望的成本 C_{C1} 时，演化动态系统存在演化稳定点（0，1）。此时，（0，0）为演化动态系统的鞍点，（1，0）和（1，1）为演化动态系统的不稳定点。

表 5-12　情形 B-2-1 下各均衡点稳定性

均衡点	H_1	I_1	M_1	N_1	$\mathrm{tr}J_1$	$\det J_1$	稳定性
（0，0）	−	0	0	+	不确定	−	鞍点
（0，1）	−	0	0	−	−	+	ESS
（1，0）	+	0	0	不确定	不确定	不确定	不稳定点
（1，1）	+	0	0	不确定	不确定	不确定	不稳定点

情形 B-2-2：如表 5-13 所示，当 $\omega\lambda_1 R_1 - \omega A_1 + \alpha_1\Delta L_{P1} < C_{P1} - C_{P2} < \lambda_1 R_2$ 和 $C_{C1} <(1-\lambda_1)(R_1-R_2)+\omega A_1$ 同时满足时，即当正向顾客契合表达期望为企业创造的创新收益 $\omega\lambda_1 R_1$ 与顾客表达质量期望而企业进行被动质量创新时额外的顾客流失和声誉损失 $\alpha_1\Delta L_{P1}$ 之和小于企业进行主动质量创新和被动质量创新的创新成本差 $C_{P1} - C_{P2}$ 与顾客表达期望获得的企业奖励 ωA_1 之和，且企业进行主动质量创新和被动质量创新的创新成本差 $C_{P1} - C_{P2}$ 小于企业进行被动质量创新时获得的创新收益 $\lambda_1 R_2$，且顾客表达质量期望的成本 C_{C1} 小于顾客表达期望和不表达期望所获得的创新收益差 $(1-\lambda_1)(R_1-R_2)$ 与顾客表达期望获得的企业奖励 ωA_1 之和时，演化动态系统存在演化稳定点（0，1）。此时，（1，0）和（1，1）为演化动态系统的鞍点，（0，0）为演化动态系统的不稳定点。

表 5-13　情形 B-2-2 下各均衡点稳定性

均衡点	H_1	I_1	M_1	N_1	$\mathrm{tr}J_1$	$\det J_1$	稳定性
（0，0）	+	0	0	+	+	+	不稳定点
（0，1）	−	0	0	−	−	+	ESS
（1，0）	−	0	0	+	不确定	−	鞍点
（1，1）	+	0	0	−	不确定	−	鞍点

情形 C-2-1：如表 5-14 所示，当 $C_{P1} - C_{P2} < \lambda_1 R_2$ 和 $C_{C1} > (1-\omega)(1-\lambda_1)R_1$ 同

时满足时，即当企业进行主动质量创新和被动质量创新的创新成本差 $C_{P1}-C_{P2}$ 小于企业进行被动质量创新时获得的创新收益 $\lambda_1 R_2$，且负向契合顾客表达质量期望为顾客创造的创新价值 $(1-\omega)(1-\lambda_1)R_1$ 小于顾客表达期望的成本 C_{C1} 时，演化动态系统存在演化稳定点 $(1，0)$。此时，$(0，0)$ 为演化动态系统的鞍点，$(0，1)$ 和 $(1，1)$ 为演化动态系统的不稳定点。

表 5-14　情形 C-2-1 下各均衡点稳定性

均衡点	H_1	I_1	M_1	N_1	$\text{tr}J_1$	$\det J_1$	稳定性
$(0，0)$	+	0	0	−	不确定	−	鞍点
$(0，1)$	不确定	0	0	+	不确定	不确定	不稳定点
$(1，0)$	−	0	0	−	−	+	ESS
$(1，1)$	不确定	0	0	+	不确定	不确定	不稳定点

情形 C-2-2：如表 5-15 所示，当 $C_{P1}-C_{P2}<\omega\lambda_1 R_1-\omega A_1+\alpha_1\Delta L_{P1}$ 和 $\omega A_1+(1-\lambda_1)(R_1-R_2)<C_{C1}<(1-\omega)(1-\lambda_1)R_1$ 同时满足时，即当正向顾客契合表达期望为企业创造的创新收益 $\omega\lambda_1 R_1$ 与顾客表达质量期望而企业进行被动质量创新时额外的顾客流失和声誉损失 $\alpha_1\Delta L_{P1}$ 之和大于企业进行主动质量创新和被动质量创新的创新成本差 $C_{P1}-C_{P2}$ 与顾客表达期望获得的企业奖励 ωA_1 之和，且顾客表达质量期望的成本 C_{C1} 小于负向契合顾客表达质量期望为顾客创造的创新价值 $(1-\omega)(1-\lambda_1)R_1$ 且大于顾客表达期望和不表达期望所获得的创新收益差 $(1-\lambda_1)(R_1-R_2)$ 与顾客表达期望获得的企业奖励 ωA_1 之和时，演化动态系统存在演化稳定点 $(1，0)$。此时，$(0，1)$ 和 $(1，1)$ 为演化动态系统的鞍点，$(0，0)$ 为演化动态系统不稳定点。

表 5-15　情形 C-2-2 下各均衡点稳定性

均衡点	H_1	I_1	M_1	N_1	$\text{tr}J_1$	$\det J_1$	稳定性
$(0，0)$	+	0	0	+	+	+	不稳定点
$(0，1)$	+	0	0	−	不确定	−	鞍点
$(1，0)$	−	0	0	−	−	+	ESS
$(1，1)$	−	0	0	+	不确定	−	鞍点

情形 D-2：如表 5-16 所示，当 $C_{P1}-C_{P2}<\omega\lambda_1 R_1-\omega A_1+\alpha_1\Delta L_{P1}$ 和 $(1-\lambda_1)(R_1-R_2)>C_{C1}-\omega A_1$ 同时满足时，即当正向顾客契合表达期望为企业创造的创新收益 $\omega\lambda_1 R_1$ 与顾客表达质量期望而企业进行被动质量创新时额外的顾客流失和声誉损失 $\alpha_1\Delta L_{P1}$ 之和大于企业进行主动质量创新和被动质量创新的创新成本差 $C_{P1}-C_{P2}$ 与顾客表达期望获得的企业奖励 ωA_1 之和，且顾客表达质量期望的成本 C_{C1} 小于顾客表达期望和不表达期望所获得的创新收益差 $(1-\lambda_1)(R_1-R_2)$ 与顾客表达期望获得的企业奖励 ωA_1 之和时，演化动态系统存在演化稳定点（1，1）。此时，（0，1）和（1，0）为演化动态系统的鞍点，（0，0）为演化动态系统的不稳定点。

表 5-16　情形 D-2 下各均衡点稳定性

均衡点	H_1	I_1	M_1	N_1	$\mathrm{tr}J_1$	$\det J_1$	稳定性
（0，0）	+	0	0	+	+	+	不稳定点
（0，1）	+	0	0	−	不确定	−	鞍点
（1，0）	−	0	0	+	不确定	−	鞍点
（1，1）	−	0	0	−	−	+	ESS

情形 E-2：如表 5-17 所示，当 $\omega\lambda_1 R_1-\omega A_1+\alpha_1\Delta L_{P1}<C_{P1}-C_{P2}<\lambda_1 R_2$ 和 $\omega A_1+(1-\lambda_1)(R_1-R_2)<C_{C1}<(1-\omega)(1-\lambda_1)R_1$ 同时满足时，即当正向顾客契合表达期望为企业创造的创新收益 $\omega\lambda_1 R_1$ 与顾客表达质量期望而企业进行被动质量创新时额外的顾客流失和声誉损失 $\alpha_1\Delta L_{P1}$ 之和小于企业进行主动质量创新和被动质量创新的创新成本差 $C_{P1}-C_{P2}$ 与顾客表达期望获得的企业奖励 ωA_1 之和，且企业进行主动质量创新和被动质量创新的创新成本差 $C_{P1}-C_{P2}$ 小于企业进行被动质量创新时获得的创新收益 $\lambda_1 R_2$，且顾客表达质量期望的成本 C_{C1} 小于负向契合顾客表达质量期望为顾客创造的创新价值 $(1-\omega)(1-\lambda_1)R_1$ 且大于顾客表达期望和不表达期望所获得的创新收益差 $(1-\lambda_1)(R_1-R_2)$ 与顾客表达期望获得的企业奖励 ωA_1 之和时，演化动态系统存在演化稳定点（0，1）和（1，0）。此时，（0，0）和（1，1）为演化动态系统的不稳定点。

表 5-17　情形 E-2 下各均衡点稳定性

均衡点	H_1	I_1	M_1	N_1	$\mathrm{tr}J_1$	$\det J_1$	稳定性
(0, 0)	+	0	0	+	+	+	不稳定点
(0, 1)	−	0	0	−	−	+	ESS
(1, 0)	−	0	0	−	−	+	ESS
(1, 1)	+	0	0	+	+	+	不稳定点

（3）假设 $\lambda_1 R_2 > \omega\lambda_1 R_1 - \omega A_1 + \alpha_1 \Delta L_{P1}$ 且 $(1-\omega)(1-\lambda_1)R_1 < (1-\lambda_1)(R_1 - R_2) + \omega A_1$。

情形 A-3：如表 5-18 所示，当 $C_{P1} - C_{P2} > \lambda_1 R_2$ 和 $C_{C1} > (1-\omega)(1-\lambda_1)R_1$ 同时满足时，即当企业进行主动质量创新和被动质量创新的创新成本差 $C_{P1} - C_{P2}$ 大于企业进行被动质量创新时获得的创新收益 $\lambda_1 R_2$，且负向契合顾客表达质量期望为顾客创造的创新价值 $(1-\omega)(1-\lambda_1)R_1$ 小于顾客表达期望的成本 C_{C1} 时，演化动态系统存在演化稳定点（0, 0）。此时，（0, 1）为演化动态系统的鞍点，（1, 0）和（1, 1）为演化动态系统的不稳定点。

表 5-18　情形 A-3 下各均衡点稳定性

均衡点	H_1	I_1	M_1	N_1	$\mathrm{tr}J_1$	$\det J_1$	稳定性
(0, 0)	−	0	0	−	−	+	ESS
(0, 1)	−	0	0	+	不确定	−	鞍点
(1, 0)	+	0	0	不确定	不确定	不确定	不稳定点
(1, 1)	+	0	0	不确定	不确定	不确定	不稳定点

情形 B-3：如表 5-19 所示，当 $C_{P1} - C_{P2} > \omega\lambda_1 R_1 - \omega A_1 + \alpha_1 \Delta L_{P1}$ 和 $(1-\omega)(1-\lambda_1)R_1 > C_{C1}$ 同时满足时，即当正向顾客契合表达期望为企业创造的创新收益 $\omega\lambda_1 R_1$ 与顾客表达质量期望而企业进行被动质量创新时额外的顾客流失和声誉损失 $\alpha_1 \Delta L_{P1}$ 之和小于企业进行主动质量创新和被动质量创新的创新成本差 $C_{P1} - C_{P2}$ 与顾客表达期望获得的企业奖励 ωA_1 之和，且负向契合顾客表达质量期望为顾客创造的创新价值 $(1-\omega)(1-\lambda_1)R_1$ 大于顾客表达期望的成本 C_{C1} 时，演化动态系统存在演化稳定点（0, 1）。此时，（1, 1）为演化动态系统的鞍点，（0, 0）和（1, 0）为演化动态系统的不稳定点。

表 5-19　情形 B-3 下各均衡点稳定性

均衡点	H_1	I_1	M_1	N_1	$\mathrm{tr}J_1$	$\det J_1$	稳定性
(0, 0)	不确定	0	0	+	不确定	不确定	不稳定点
(0, 1)	−	0	0	−	−	+	ESS
(1, 0)	不确定	0	0	+	不确定	不确定	不稳定点
(1, 1)	+	0	0	−	不确定	−	鞍点

情形 C-3：如表 5-20 所示，当 $C_{P1}-C_{P2}<\lambda_1 R_2$ 和 $C_{C1}>(1-\lambda_1)(R_1-R_2)+\omega A_1$ 同时满足时，即当企业进行主动质量创新和被动质量创新的创新成本差 $C_{P1}-C_{P2}$ 小于企业进行被动质量创新时获得的创新收益 $\lambda_1 R_2$，且顾客表达期望和不表达期望所获得的创新收益差 $(1-\lambda_1)(R_1-R_2)$ 与顾客表达期望获得的企业奖励 ωA_1 之和小于顾客表达期望的成本 C_{C1} 时，演化动态系统存在演化稳定点（1，0）。此时，（0，0）为演化动态系统的鞍点，（0，1）和（1，1）为演化动态系统的不稳定点。

表 5-20　情形 C-3 下各均衡点稳定性

均衡点	H_1	I_1	M_1	N_1	$\mathrm{tr}J_1$	$\det J_1$	稳定性
(0, 0)	+	0	0	−	不确定	−	鞍点
(0, 1)	不确定	0	0	+	不确定	不确定	不稳定点
(1, 0)	−	0	0	−	−	+	ESS
(1, 1)	不确定	0	0	+	不确定	不确定	不稳定点

情形 D-3：如表 5-21 所示，当 $C_{P1}-C_{P2}<\omega\lambda_1 R_1-\omega A_1+\alpha_1\Delta L_{P1}$ 和 $(1-\lambda_1)(R_1-R_2)>C_{C1}-\omega A_1$ 同时满足时，即当正向顾客契合表达期望为企业创造的创新收益 $\omega\lambda_1 R_1$ 与顾客表达质量期望而企业进行被动质量创新时额外的顾客流失和声誉损失 $\alpha_1\Delta L_{P1}$ 之和大于企业进行主动质量创新和被动质量创新的创新成本差 $C_{P1}-C_{P2}$ 与顾客表达期望获得的企业奖励 ωA_1 之和，且顾客表达期望和不表达期望所获得的创新收益差 $(1-\lambda_1)(R_1-R_2)$ 与顾客表达期望获得的企业奖励 ωA_1 之和大于顾客表达质量期望的成本 C_{C1} 时，演化动态系统存在演化稳定点（1，1）。此时，（1，0）为演化动态系统的鞍点，（0，0）和（0，1）为演化动态系统的不稳定点。

表5-21　情形 D-3 下各均衡点稳定性

均衡点	H_1	I_1	M_1	N_1	trJ_1	$detJ_1$	稳定性
(0, 0)	+	0	0	不确定	不确定	不确定	不稳定点
(0, 1)	+	0	0	不确定	不确定	不确定	不稳定点
(1, 0)	−	0	0	+	不确定	−	鞍点
(1, 1)	−	0	0	−	−	+	ESS

情形 E-3：如表5-22所示，当 $\omega\lambda_1R_1-\omega A_1+\alpha_1\Delta L_{P1}<C_{P1}-C_{P2}<\lambda_1R_2$ 和 $(1-\omega)(1-\lambda_1)R_1<C_{C1}<(1-\lambda_1)(R_1-R_2)+\omega A_1$ 同时满足时，即当正向顾客契合表达期望为企业创造的创新收益 $\omega\lambda_1R_1$ 与顾客表达质量期望而企业进行被动质量创新时额外的顾客流失和声誉损失 $\alpha_1\Delta L_{P1}$ 之和小于企业进行主动质量创新和被动质量创新的创新成本差 $C_{P1}-C_{P2}$ 与顾客表达期望获得的企业奖励 ωA_1 之和，且企业进行主动质量创新和被动质量创新的创新成本差 $C_{P1}-C_{P2}$ 小于企业进行被动质量创新时获得的创新收益 λ_1R_2，且顾客表达质量期望的成本 C_{C1} 大于负向契合顾客表达质量期望为顾客创造的创新价值 $(1-\omega)(1-\lambda_1)R_1$ 且小于顾客表达期望和不表达期望所获得的创新收益差 $(1-\lambda_1)(R_1-R_2)$ 与顾客表达期望获得的企业奖励 ωA_1 之和时，演化动态系统不存在演化稳定点。此时，（0，0）、（0，1）、（1，0）、（1，1）均为演化动态系统的鞍点。

表5-22　情形 E-3 下各均衡点稳定性

均衡点	H_1	I_1	M_1	N_1	trJ_1	$detJ_1$	稳定性
(0, 0)	+	0	0	−	不确定	−	鞍点
(0, 1)	−	0	0	+	不确定	−	鞍点
(1, 0)	−	0	0	+	不确定	−	鞍点
(1, 1)	+	0	0	−	不确定	−	鞍点

（4）假设 $\lambda_1R_2<\omega\lambda_1R_1-\omega A_1+\alpha_1\Delta L_{P1}$ 且 $(1-\omega)(1-\lambda_1)R_1>(1-\lambda_1)(R_1-R_2)+\omega A_1$。

情形 A-4：如表5-23所示，当 $C_{P1}-C_{P2}>\lambda_1R_2$ 和 $C_{C1}>(1-\omega)(1-\lambda_1)R_1$ 同时满足时，即当企业进行主动质量创新和被动质量创新的创新成本差 $C_{P1}-C_{P2}$ 大于企业进行被动质量创新时获得的创新收益 λ_1R_2，且负向契合顾客表达质量期望为顾客创造的创新价值 $(1-\omega)(1-\lambda_1)R_1$ 小于顾客表达期望的成本 C_{C1} 时，演化动态系统存在演化稳定点 $(0,0)$。此时，$(1,0)$ 为演化动态系统的鞍点，$(0,1)$ 和 $(1,1)$ 为演化动态系统的不稳定点。

表 5-23　情形 A-4 下各均衡点稳定性

均衡点	H_1	I_1	M_1	N_1	trJ_1	$detJ_1$	稳定性
$(0,0)$	−	0	0	−	−	+	ESS
$(0,1)$	不确定	0	0	+	不确定	不确定	不稳定点
$(1,0)$	+	0	0	−	不确定	−	鞍点
$(1,1)$	不确定	0	0	+	不确定	不确定	不稳定点

情形 B-4： 如表 5-24 所示，当 $C_{P1}-C_{P2}>\omega\lambda_1 R_1-\omega A_1+\alpha_1\Delta L_{P1}$ 和 $(1-\omega)(1-\lambda_1)R_1>C_{C1}$ 同时满足时，即当正向顾客契合表达期望为企业创造的创新收益 $\omega\lambda_1 R_1$ 与顾客表达质量期望而企业进行被动质量创新时额外的顾客流失和声誉损失 $\alpha_1\Delta L_{P1}$ 之和小于企业进行主动质量创新和被动质量创新的创新成本差 $C_{P1}-C_{P2}$ 与顾客表达期望获得的企业奖励 ωA_1 之和，且负向契合顾客表达质量期望为顾客创造的创新价值 $(1-\omega)(1-\lambda_1)R_1$ 大于顾客表达期望的成本 C_{C1} 时，演化动态系统存在演化稳定点 $(0,1)$。此时，$(0,0)$ 为演化动态系统的鞍点，$(1,0)$ 和 $(1,1)$ 为演化动态系统的不稳定点。

表 5-24　情形 B-4 下各均衡点稳定性

均衡点	H_1	I_1	M_1	N_1	trJ_1	$detJ_1$	稳定性
$(0,0)$	−	0	0	+	不确定	−	鞍点
$(0,1)$	−	0	0	−	−	+	ESS
$(1,0)$	+	0	0	不确定	不确定	不确定	不稳定点
$(1,1)$	+	0	0	不确定	不确定	不确定	不稳定点

情形 C-4： 如表 5-25 所示，当 $C_{P1}-C_{P2}<\lambda_1 R_2$ 和 $C_{C1}>(1-\lambda_1)(R_1-R_2)+\omega A_1$ 同时满足时，即当企业进行主动质量创新和被动质量创新的创新成本差 $C_{P1}-C_{P2}$ 小于企业进行被动质量创新时获得的创新收益 $\lambda_1 R_2$，且顾客表达期望和不表达期望所获得的创新收益差 $(1-\lambda_1)(R_1-R_2)$ 与顾客表达期望获得的企业奖励 ωA_1 之

和小于顾客表达期望的成本 C_{C1} 时，演化动态系统存在演化稳定点（1，0）。此时，（1，1）为演化动态系统的鞍点，（0，0）和（0，1）为演化动态系统的不稳定点。

表 5-25　情形 C-4 下各均衡点稳定性

均衡点	H_1	I_1	M_1	N_1	$\mathrm{tr}J_1$	$\det J_1$	稳定性
（0，0）	+	0	0	不确定	不确定	不确定	不稳定点
（0，1）	+	0	0	不确定	不确定	不确定	不稳定点
（1，0）	-	0	0	-	-	+	ESS
（1，1）	-	0	0	+	不确定	-	鞍点

情形 D-4： 如表 5-26 所示，当 $C_{P1}-C_{P2}<\omega\lambda_1 R_1-\omega A_1+\alpha_1\Delta L_{P1}$ 和 $(1-\lambda_1)(R_1-R_2)>\omega A_1-C_{C1}$ 同时满足时，即当正向顾客契合表达期望为企业创造的创新收益 $\omega\lambda_1 R_1$ 与顾客表达质量期望而企业进行被动质量创新时额外的顾客流失和声誉损失 $\alpha_1\Delta L_{P1}$ 之和大于企业进行主动质量创新和被动质量创新的创新成本差 $C_{P1}-C_{P2}$ 与顾客表达期望获得的企业奖励 ωA_1 之和，且顾客表达期望和不表达期望所获得的创新收益差 $(1-\lambda_1)(R_1-R_2)$ 与顾客表达质量期望的成本 C_{C1} 之和大于顾客表达期望获得的企业奖励 ωA_1 时，演化动态系统存在演化稳定点（1，1）。此时，（0，1）为演化动态系统的鞍点，（0，0）和（1，0）为演化动态系统的不稳定点。

表 5-26　情形 D-4 下各均衡点稳定性

均衡点	H_1	I_1	M_1	N_1	$\mathrm{tr}J_1$	$\det J_1$	稳定性
（0，0）	不确定	0	0	+	不确定	不确定	不稳定点
（0，1）	+	0	0		不确定	-	鞍点
（1，0）	不确定	0	0	+	不确定	不确定	不稳定点
（1，1）	-	0	0		-	+	ESS

情形 E-4： 如表 5-27 所示，当 $\lambda_1 R_2<C_{P1}-C_{P2}<\omega\lambda_1 R_1-\omega A_1+\alpha_1\Delta L_{P1}$ 和 $\omega A_1+(1-\lambda_1)(R_1-R_2)<C_{C1}<(1-\omega)(1-\lambda_1)R_1$ 同时满足时，即当正向顾客契合表达期望为企业创造的创新收益 $\omega\lambda_1 R_1$ 与顾客表达质量期望而企业进行被动质量创新时额

外的顾客流失和声誉损失 $\alpha_1 \Delta L_{P1}$ 之和大于企业进行主动质量创新和被动质量创新的创新成本差 $C_{P1}-C_{P2}$ 与顾客表达期望获得的企业奖励 ωA_1 之和，且企业进行主动质量创新和被动质量创新的创新成本差 $C_{P1}-C_{P2}$ 大于企业进行被动质量创新时获得的创新收益 $\lambda_1 R_2$，且顾客表达质量期望的成本 C_{C1} 小于负向契合顾客表达质量期望为顾客创造的创新价值 $(1-\omega)(1-\lambda_1)R_1$ 且大于顾客表达期望和不表达期望所获得的创新收益差 $(1-\lambda_1)(R_1-R_2)$ 与顾客表达期望获得的企业奖励 ωA_1 之和时，演化动态系统不存在演化稳定点。此时，（0，0）、（0，1）、（1，0）、（1，1）均为演化动态系统的鞍点。

表 5-27   情形 E-4 下各均衡点稳定性

均衡点	H_1	I_1	M_1	N_1	trJ_1	detJ_1	稳定性
（0，0）	−	0	0	+	不确定	−	鞍点
（0，1）	+	0	0	−	不确定	−	鞍点
（1，0）	+	0	0	−	不确定	−	鞍点
（1，1）	−	0	0	+	不确定	−	鞍点

五、演化博弈仿真验证

本部分利用 MATLAB 对以上五种情形的演化稳定状态进行验证。首先，设定博弈模型参数的初始值，将企业主动质量创新的成本 C_{P1} 的范围设置为 10～18，企业被动质量创新的成本 C_{P2} 设置为 5，企业创新收益分配系数 λ_1 的范围设置为 0.2～0.8，顾客表达质量期望为顾企双方创造的创新收益 R_1 设置为 30，顾客不表达质量期望时顾企双方共享的创新收益 R_2 设置为 10，正向顾客契合比例 ω 设置为 0.45（Fournier and Alvarez，2012），企业主动质量创新时为表达质量期望的顾客提供奖励 A_1 设置为 0～20，顾客社交及影响能力 α_1 的范围设置为 0.1～0.9，顾客表达质量期望而企业进行被动质量创新时企业额外的顾客流失和声誉损失 ΔL_{P1} 设置为 6，顾客表达质量期望的成本 C_{C1} 的范围设置为 2～8。模型 I 演化仿真初始参数值如表 5-28 所示。

表 5-28　模型 I 演化仿真初始参数值

情形	C_{P1}	C_{P2}	λ_1	R_1	R_2	ω	A_1	α_1	ΔL_{P1}	C_{C1}
A-1-1	15	5	0.8	30	10	0.45	5	0.5	6	8
A-1-2	18	5	0.8	30	10	0.45	5	0.5	6	5
B-1	18	5	0.8	30	10	0.45	5	0.5	6	2
C-1	10	5	0.8	30	10	0.45	5	0.5	6	8
D-1-1	10	5	0.8	30	10	0.45	5	0.5	6	5
D-1-2	15	5	0.8	30	10	0.45	5	0.5	6	2
E-1	15	5	0.8	30	10	0.45	5	0.5	6	5

情形 A-1-1 和情形 A-1-2 的演化仿真结果分别如图 5-2 和图 5-3 所示。在此情形下，行为选择的演化动态系统有（0，0）一个演化稳定点。当满足：①企业进行主动质量创新和被动质量创新的创新成本差 $C_{P1}-C_{P2}$ 大于企业进行被动质量创新时获得的创新收益 $\lambda_1 R_2$，且顾客表达期望和不表达期望所获得的创新收益差 $(1-\lambda_1)(R_1-R_2)$ 与顾客表达期望获得的企业奖励 ωA_1 之和小于顾客表达期望的成本 C_{C1} 时；或满足：②正向顾客契合表达期望为企业创造的创新收益 $\omega\lambda_1 R_1$ 与顾客表达质量期望而企业进行被动质量创新时额外的顾客流失和声誉损失 $\alpha_1 \Delta L_{P1}$ 之和小于企业进行主动质量创新和被动质量创新的创新成本差 $C_{P1}-C_{P2}$ 与顾客表达期望获得的企业奖励 ωA_1 之和，且负向契合顾客表达质量期望为顾客创造的创新价值 $(1-\omega)(1-\lambda_1)R_1$ 小于顾客表达期望的成本 C_{C1} 时，经演化后企业将进行被动质量创新，顾客将不表达质量期望。特别地，当满足①时，顾客表达期望的概率 y_1 先于企业主动质量创新的概率 x_1 演化至 0；当满足②时，企业主动质量创新的概率 x_1 先于顾客表达期望的概率 y_1 演化至 0。

情形 B-1 的演化仿真结果如图 5-4 所示。在此情形下，行为选择的演化动态系统有（0，1）一个稳定点。当满足正向顾客契合表达期望为企业创造的创新收益 $\omega\lambda_1 R_1$ 与顾客表达质量期望而企业进行被动质量创新时额外的顾客流失和声誉损失 $\alpha_1 \Delta L_{P1}$ 之和小于企业进行主动质量创新和被动质量创新的创新成本差 $C_{P1}-C_{P2}$ 与顾客表达期望获得的企业奖励 ωA_1 之和，且负向契合顾客表达质量期望为顾客创造的创新价值 $(1-\omega)(1-\lambda_1)R_1$ 大于顾客表达期望的成本 C_{C1} 时，经演化后企业将被动质量创新，顾客将表达质量期望。

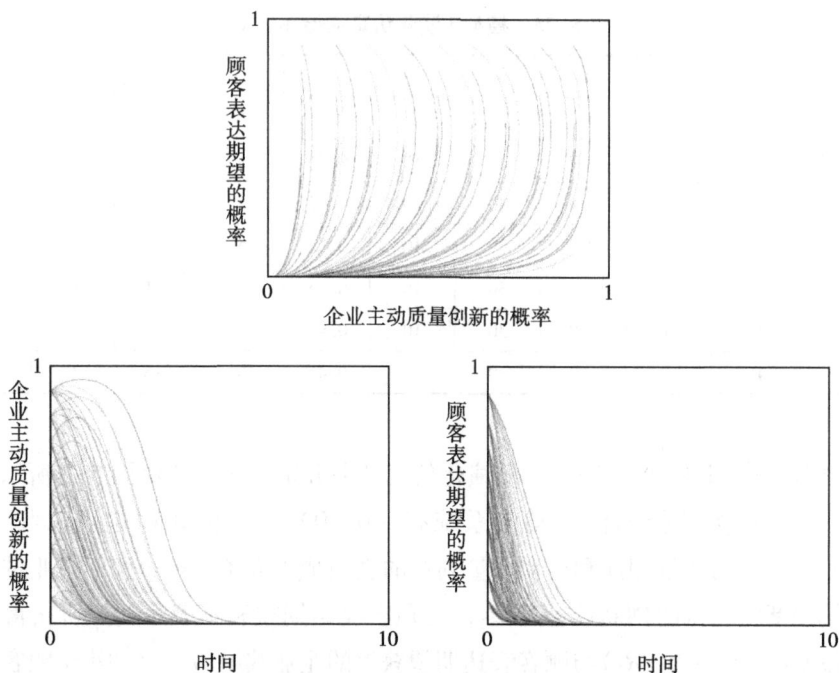

图 5-2　情形 A-1-1 演化仿真结果

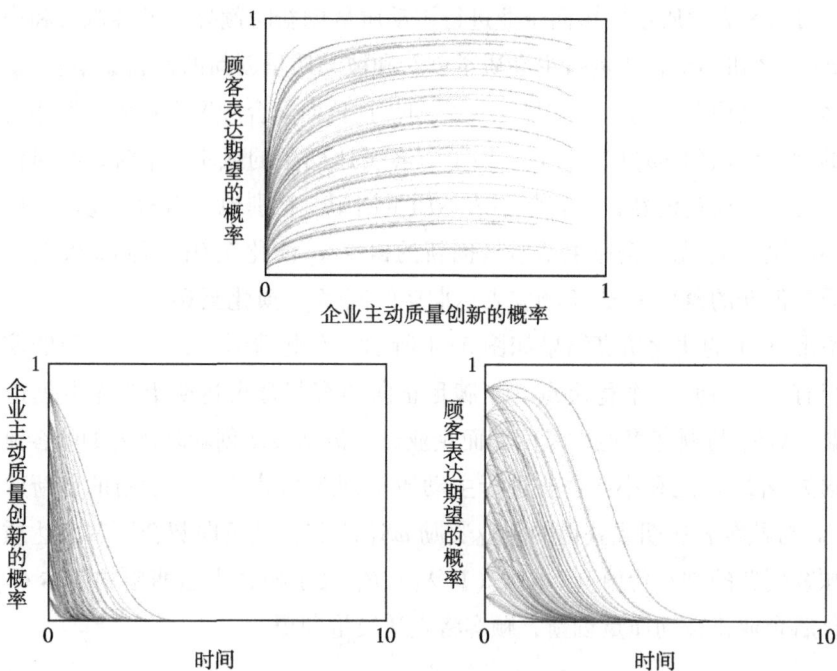

图 5-3　情形 A-1-2 演化仿真结果

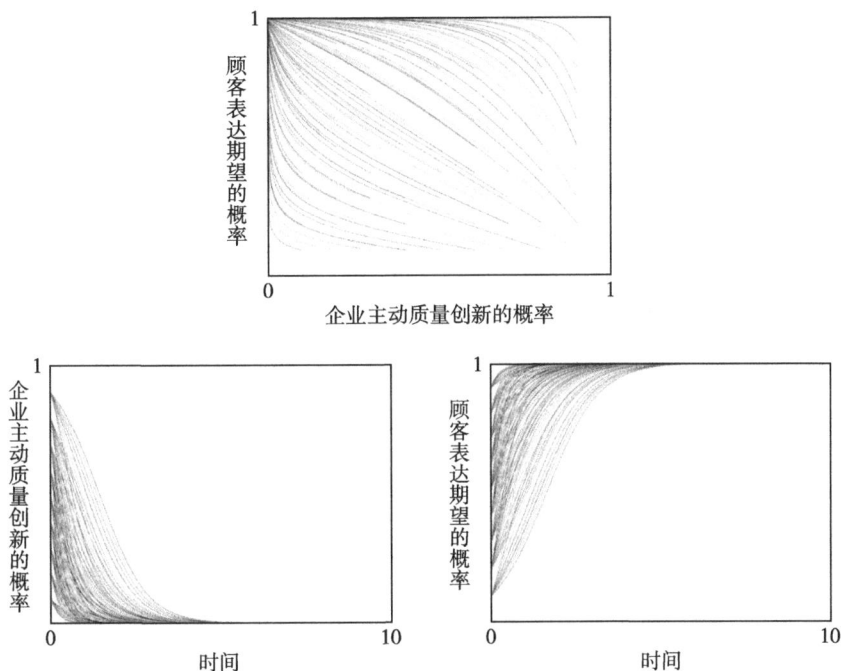

图 5-4　情形 B-1 演化仿真结果

情形 C-1 的演化仿真结果如图 5-5 所示。在此情形下，行为选择的演化动态系统有（1，0）一个稳定点。当满足企业进行主动质量创新和被动质量创新的创新成本差 $C_{P1}-C_{P2}$ 小于企业进行被动质量创新时获得的创新收益 $\lambda_1 R_2$，且顾客表达期望和不表达期望所获得的创新收益差$(1-\lambda_1)(R_1-R_2)$ 与顾客表达期望获得的企业奖励 ωA_1 之和小于顾客表达期望的成本 C_{C1} 时，经演化后企业将主动质量创新，顾客将不表达质量期望。此时顾客表达期望的概率 y_1 先于企业主动质量创新的概率 x_1 演化至 0。

情形 D-1-1 和情形 D-1-2 的演化仿真结果分别如图 5-6 和图 5-7 所示。在此情形下，行为选择的演化动态系统有（1，1）一个演化稳定点。当满足：①企业进行主动质量创新和被动质量创新的创新成本差 $C_{P1}-C_{P2}$ 小于企业进行被动质量创新时获得的创新收益 $\lambda_1 R_2$，且顾客表达期望和不表达期望所获得的创新收益差$(1-\lambda_1)(R_1-R_2)$ 与顾客表达期望获得的企业奖励 ωA_1 之和大于顾客表达质量期望的成本 C_{C1} 时；或满足：②正向顾客契合表达期望为企业创造的创新收益 $\omega \lambda_1 R_1$ 与顾客表达质量期望而企业进行被动质量创新时额外的顾客流失和声

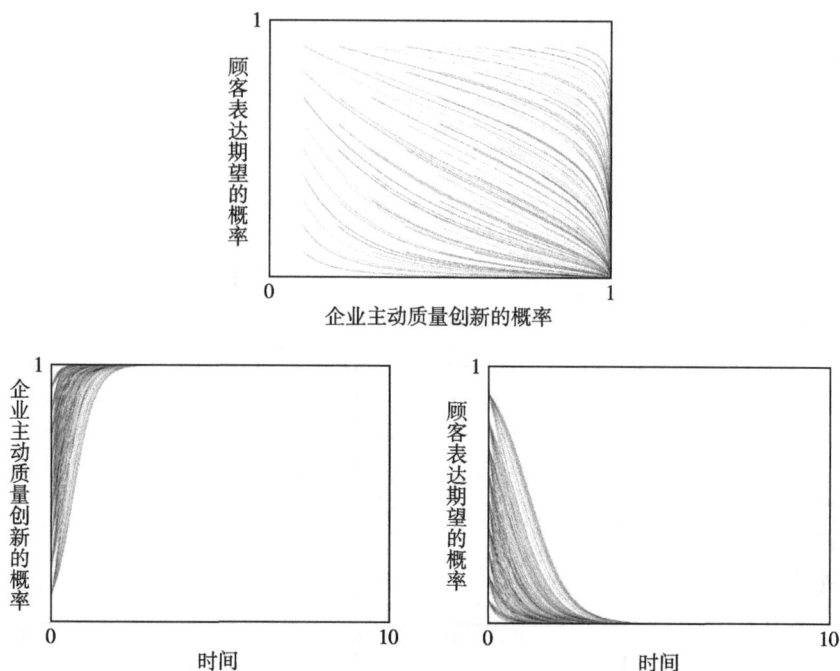

图 5-5　情形 C-1 演化仿真结果

誉损失 $\alpha_1 \Delta L_{P1}$ 之和大于企业进行主动质量创新和被动质量创新的创新成本差 $C_{P1} - C_{P2}$ 与顾客表达期望获得的企业奖励 ωA_1 之和，且企业进行主动质量创新和被动质量创新的创新成本差 $C_{P1} - C_{P2}$ 大于企业进行被动质量创新时获得的创新收益 $\lambda_1 R_2$，且负向契合顾客表达质量期望为顾客创造的创新价值 $(1-\omega)(1-\lambda_1) R_1$ 大于顾客表达期望的成本 C_{C1} 时，经演化后企业将进行主动质量创新，顾客将表达质量期望。特别地，当满足①时，企业主动质量创新的概率 x_1 先于顾客表达期望的概率 y_1 演化至 0；当满足②时，顾客表达期望的概率 y_1 先于企业主动质量创新的概率 x_1 演化至 0。

　　情形 E-1 的演化仿真结果如图 5-8 所示。在此情形下，行为选择的演化动态系统有（0，0）和（1，1）两个稳定点。当满足正向顾客契合表达期望为企业创造的创新收益 $\omega \lambda_1 R_1$ 与顾客表达质量期望而企业进行被动质量创新时额外的顾客流失和声誉损失 $\alpha_1 \Delta L_{P1}$ 之和大于企业进行主动质量创新和被动质量创新的创新成本差 $C_{P1} - C_{P2}$ 与顾客表达期望获得的企业奖励 ωA_1 之和，且企业进行主动质量创新和被动质量创新的创新成本差 $C_{P1} - C_{P2}$ 大于企业进行被动质量创新时

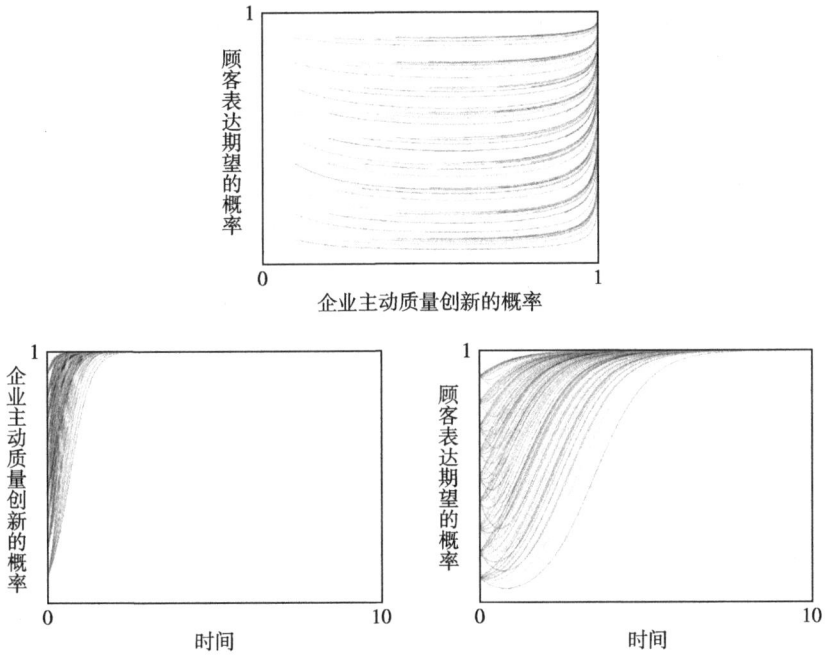

图 5-6　情形 D-1-1 演化仿真结果

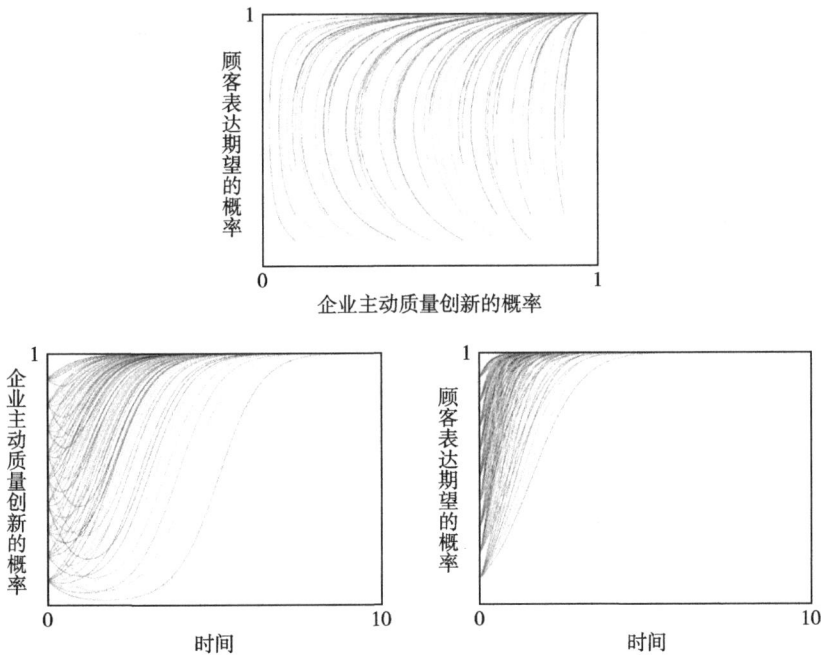

图 5-7　情形 D-1-2 演化仿真结果

获得的创新收益 $\lambda_1 R_2$，且顾客表达质量期望的成本 C_{C1} 大于负向契合顾客表达质量期望为顾客创造的创新价值 $(1-\omega)(1-\lambda_1)R_1$ 且小于顾客表达期望和不表达期望所获得的创新收益差 $(1-\lambda_1)(R_1-R_2)$ 与顾客表达期望获得的企业奖励 ωA_1 之和时，经演化后企业主动质量创新，顾客表达质量期望；或企业被动质量创新，顾客不表达质量期望。此时，二维动态系统演化为（0，0）还是（1，1）取决于企业主动质量创新和顾客表达质量期望的初始概率，总体呈现就近效应，即初始概率在右上方，则二维动态系统向（1，1）演化，初始概率在左下方，则二维动态系统向（0，0）演化。

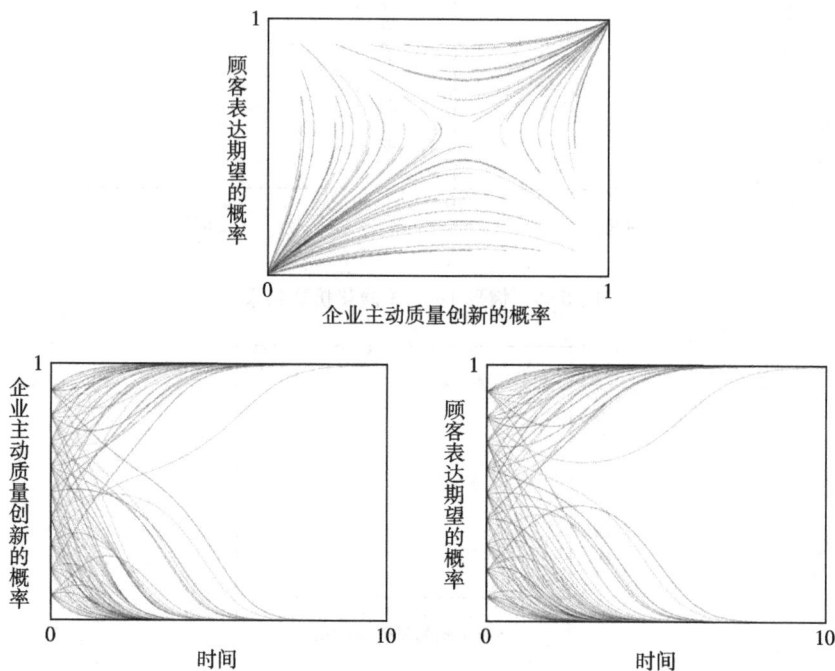

图 5-8　情形 E-1 演化仿真结果

六、影响因素变化的仿真分析

本部分通过仿真分析讨论企业主动质量创新对顾客表达质量期望的奖励 A_1、收益分配系数 λ_1、顾客社交及影响能力 α_1 对二维动态系统演化结果的影响。鉴于情形 A-4，企业与顾客的行为选择已演化为理想状态，即企业主动质量创新，顾客表达质量期望，因此本节对其余四类情形下三个关键影响因素的作用进行讨论。首先，将企业主动质量创新和顾客表达质量期望的初始概率设置为 $x_1 = 0.5$，$y_1 = 0.5$。其次，将顾客表达质量期望的奖励 A_1 的取值范围设置为 $0 \sim 20$，分别为 0、5、10、15、20；将收益分配系数 λ_1 的取值范围设置为 $0.2 \sim 0.8$，分别为 0.2、0.4、0.6、0.8；将顾客社交及影响能力 α_1 的取值范围设置为 $0.1 \sim 0.9$，分别为 0.1、0.3、0.5、0.7、0.9。最后，分别在以上四类情形下，对三个关键参数的不同取值进行仿真，呈现演化轨迹。

1. 企业主动质量创新对顾客表达质量期望的奖励的影响

如图 5-9 所示，对于情形 A-1 而言，企业奖励的变化仅影响二维动态系统的演化速度，演化稳定状态不发生变化，均为（0，0）。这表明，当演化稳定状态为（0，0），即企业选择被动质量创新，顾客选择不表达质量期望时，企业加大或减小对顾客表达质量期望的奖励并不会使演化稳定结果发生明显改善。

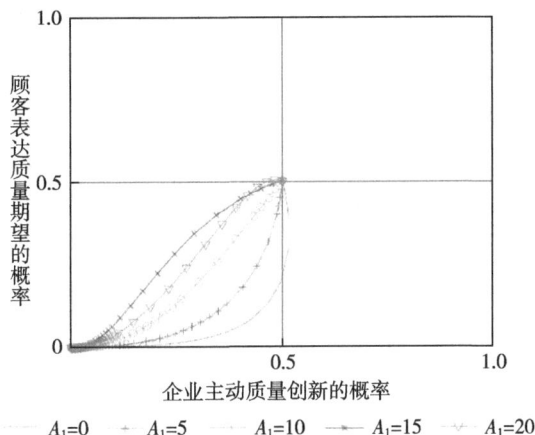

图 5-9　情形 A-1 中企业奖励变化的演化仿真结果

如图 5-10 所示，对于情形 A-2 而言，企业奖励的升高仅影响二维动态系统的演化速度，演化稳定状态不发生变化，均为（0，1）；而企业奖励降低使二维动态系统的演化稳定状态由（0，1）变为（1，1）。这表明，当演化稳定状态为（0，1）时，即顾客表达质量期望而企业进行被动质量创新，企业适当降低对顾客表达质量期望的奖励将使企业行为选择演化为主动质量创新，二维动态系统向着良性方向演化；而企业加大对顾客表达质量期望的奖励并不会使演化稳定结果发生明显改善。

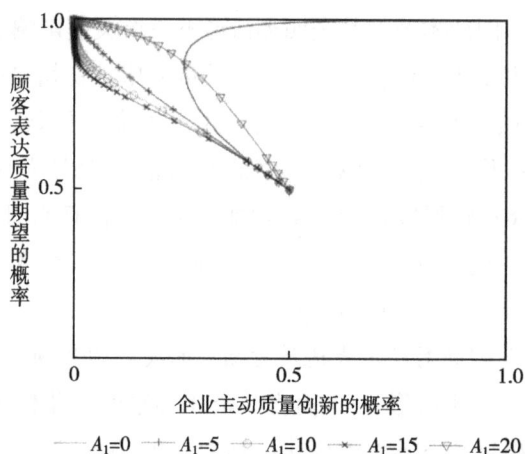

图 5-10   情形 A-2 中企业奖励变化的演化仿真结果

如图 5-11 所示，对于情形 A-3 而言，企业奖励的升高使二维动态系统的演化稳定状态由（1，0）变为（1，1）。这表明，当演化稳定状态为（1，0）时，即顾客不表达质量期望而企业进行主动质量创新，企业适当提高对顾客表达质量期望的奖励将使顾客选择表达质量期望，二维动态系统向着良性方向演化；而企业降低对顾客表达质量期望的奖励并不会使演化稳定结果发生明显改善。

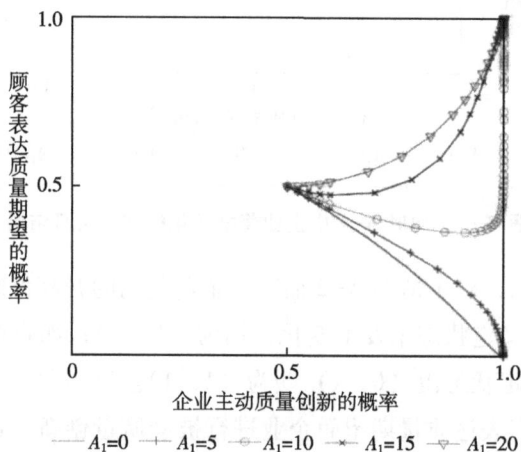

图 5-11   情形 A-3 中企业奖励变化的演化仿真结果

如图 5-12 所示，对于情形 A-5 而言，仅当企业奖励足够大时，二维动态系统的演化稳定状态可由（0，0）和（1，1）两个稳定点变为（1，1）一个稳定点，即本来靠近左下方的初始概率的演化方向由（0，0）转为（1，1）。这表明，当演化稳定状态为（0，0）和（1，1）两个时，企业提供足够高的奖励将使顾客选择表达质量期望，企业选择主动质量创新，二维动态系统向着良性方向演化。

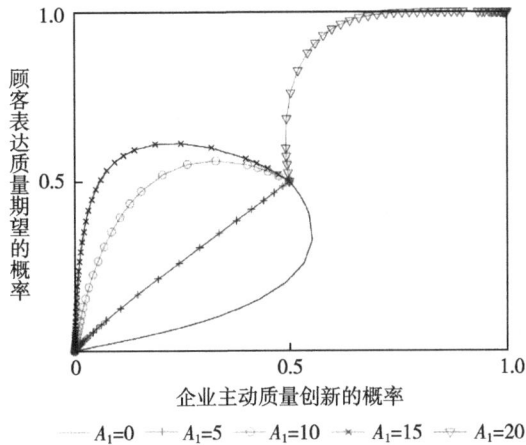

图 5-12　情形 A-5 中企业奖励变化的演化仿真结果

2. 收益分配系数的影响

如图 5-13 所示，对于情形 5-1-1 而言，随着企业收益分配系数的降低，二维动态系统逐渐由（0，0）向（0，1）演化。这表明，当演化稳定状态为（0，0），即企业选择被动质量创新，顾客选择不表达质量期望时，如果企业加大对顾客参与创新的创新收益回报，随着时间的推移，顾客将逐渐选择表达质量期望。

如图 5-14 所示，对于情形 A-2 而言，随着企业收益分配系数的降低，二维动态系统逐渐由（0，0）向（0，1）演化。这表明，当演化稳定状态为（0，1），即企业选择被动质量创新，顾客选择表达质量期望时，企业加大对顾客参与创新的创新收益回报不会对演化稳定结果产生明显影响。

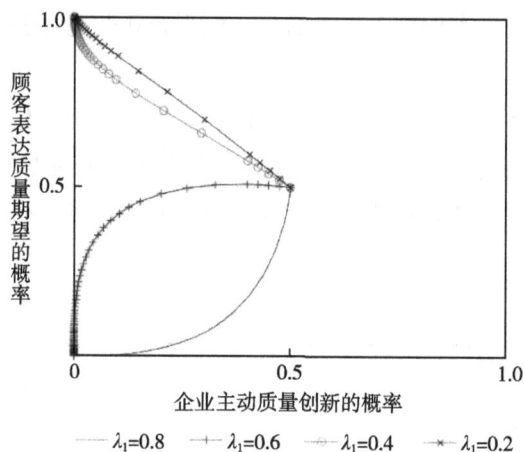

图 5-13　情形 A-1 中收益分配系数变化的演化仿真结果

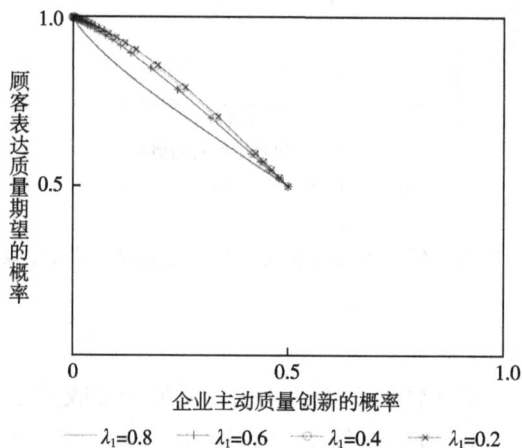

图 5-14　情形 A-2 中收益分配系数变化的演化仿真结果

如图 5-15 所示，对于情形 A-3 而言，随着企业收益分配系数的降低，二维动态系统逐渐沿着 (1, 0) → (1, 1) → (0, 1) 路径演化。这表明，当演化稳定状态为 (1, 0)，即企业选择主动质量创新，顾客选择不表达质量期望时，如果企业适当加大对顾客参与创新的创新收益回报可以使顾客转而表达质量期望，二维动态系统向良性方向演化；如果企业过多向顾客让渡创新收益，则使企业由主动质量创新转而选择被动质量创新。

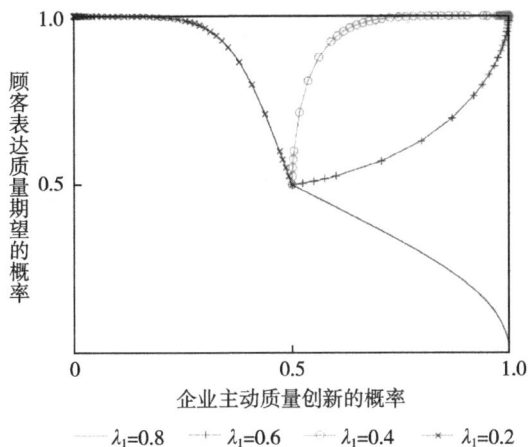

图 5-15   情形 A-3 中收益分配系数变化的演化仿真结果

如图 5-16 所示，对于情形 A-5 而言，随着企业收益分配系数的降低，二维动态系统逐渐由（0，0）向（0，1）演化。这表明，当演化稳定状态为（0，0）或（0，1）时，如果企业加大对顾客参与创新的创新收益回报，随着时间的推移，顾客将逐渐选择表达质量期望。

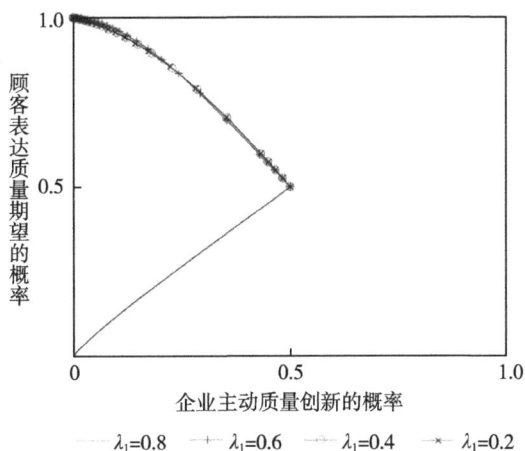

图 5-16   情形 A-5 中收益分配系数变化的演化仿真结果

3. 顾客社交及影响能力的影响

如图 5-17 所示，对于情形 A-1 而言，顾客社交及影响能力的变化仅影响二维动态系统的演化速度，演化稳定状态不发生变化，均为（0，0）。这表明，当演化稳定状态为（0，0），即企业选择被动质量创新，顾客选择不表达质量期望时，顾客社交及影响能力的增强或减弱并不会使演化稳定结果发生明显改善。

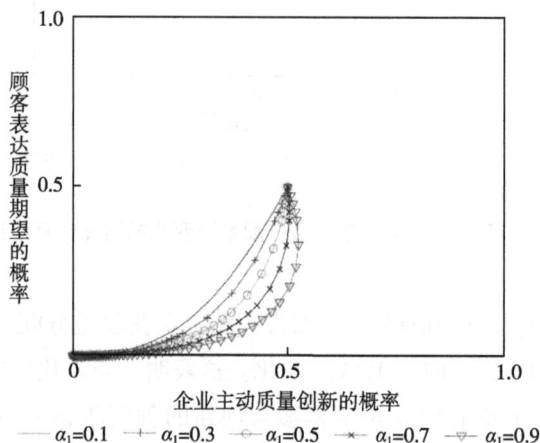

图 5-17 情形 A-1 中顾客社交及影响能力变化的演化仿真结果

如图 5-18 所示，对于情形 A-2 而言，随着顾客社交及影响能力的提升，二维动态系统逐渐由（0，1）向（1，1）演化。这表明，当演化稳定状态为（0，1），即企业选择被动质量创新，顾客选择表达质量期望时，如果顾客社交及影响能力足够大，随着时间的推移，企业将逐渐由被动质量创新转而进行主动质量创新。

如图 5-19 所示，对于情形 A-3 而言，顾客社交及影响能力的变化仅影响二维动态系统的演化速度，演化稳定状态不发生变化，均为（1，0）。这表明，当企业选择主动质量创新，顾客选择不表达质量期望时，顾客社交及影响能力的增强或减弱并不会使演化稳定结果发生明显改善。

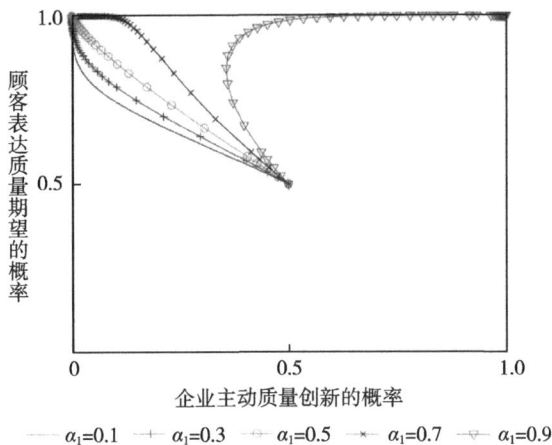

图 5-18 情形 A-2 中顾客社交及影响能力变化的演化仿真结果

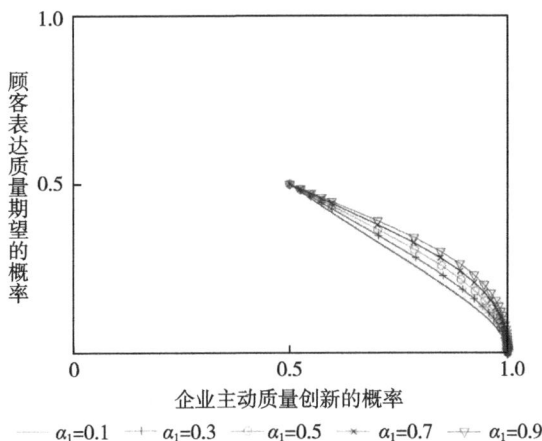

图 5-19 情形 A-3 中顾客社交及影响能力变化的演化仿真结果

如图 5-20 所示，对于情形 A-5 而言，随着顾客社交及影响能力的提升，二维动态系统的演化稳定状态可由（0，0）和（1，1）两个稳定点变为（1，1）一个稳定点，即本来靠近左下方的初始概率的演化方向由（0，0）转为（1，1）。这表明，当演化稳定状态为（0，0）和（1，1）时，顾客社交及影响能力足够大将使顾客选择表达质量期望，企业选择主动质量创新，二维动态系统向着良性方向演化。

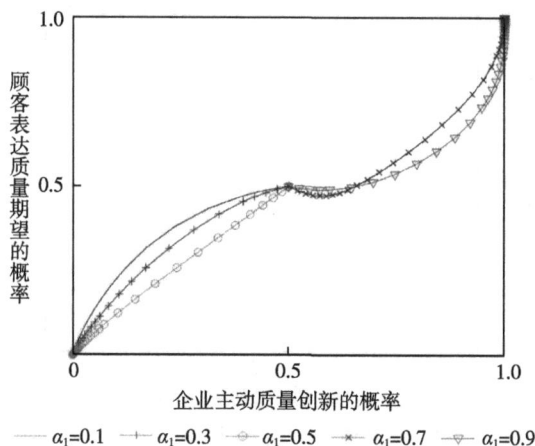

图 5-20 情形 A-5 中顾客社交及影响能力变化的演化仿真结果

七、关键因素的影响

根据演化仿真分析，质量创新立项阶段各关键因素对演化结果的影响归纳如下：

企业奖励变化在某些情形下可使顾客或企业的演化稳定策略发生改善。当企业选择被动质量创新，顾客选择不表达质量期望时，企业加大或减小对顾客表达质量期望的奖励并不会使演化稳定结果发生明显改善；当顾客表达质量期望而企业进行被动质量创新时，企业适当降低对顾客表达质量期望的奖励将使企业行为选择演化为主动质量创新；当顾客不表达质量期望而企业进行主动质量创新时，企业适当提高对顾客表达质量期望的奖励将使顾客选择表达质量期望；当演化稳定状态为（0，0）和（1，1）两个时，企业提供足够高的奖励将使顾客选择表达质量期望，企业选择主动质量创新，动态博弈结果向良性方向演化。

企业收益分配系数的降低在不同情形下可使顾客或企业的演化稳定策略发生不同程度的改善。当企业选择被动质量创新，顾客选择不表达质量期望时，企业加大对顾客参与创新的创新收益回报将使顾客逐渐转向表达质量期望；当企业选择被动质量创新，顾客选择表达质量期望时，企业加大对顾客参与创新的创新收益回报不会对演化稳定结果产生明显影响；当企业选择主动质量创新，顾客选择不表达质量期望时，企业适当让渡对顾客参与创新的创新收益回报可以使顾客转而表达质量期望，但企业过多向顾客让渡创新收益将使企业由主动质量创新转而被动质量创新；当演化稳定状态为（0，0）或（1，1）时，企业加大对顾客参与创新的创新收益回报将使顾客逐渐选择表达质量期望。

顾客社交及影响能力的提升仅可使企业的稳定策略发生明显改善。当顾客选择不表达质量期望时，无论企业选择主动质量创新还是被动质量创新，顾客社交及影响能力的增强或减弱并不会使演化稳定结果发生明显改善；当企业选择被动质量创新，顾客选择表达质量期望时，如果顾客社交及影响能力足够大，随着时间的推移，企业将逐渐由被动质量创新转而进行主动质量创新；当演化稳定状态为（0，0）和（1，1）时，顾客社交及影响能力足够大将使得顾客选择表达质量期望，企业选择主动质量创新。

第三节　质量创新实施阶段顾客契合与质量创新演化博弈分析

一、基本假设

假设 5-6：质量创新实施阶段顾客契合与质量创新博弈共有两个参与群体：顾客和企业。博弈双方具备有限理性。

假设 5-7：顾客的基础收益为 $B_{C2}(B_{C2}>0)$。在质量创新实施阶段，顾客可以选择共享自己拥有的创新资源或不共享自己的创新资源，即顾客的策略集合为 $S_{C2}=$（共享，不共享）。顾客共享创新资源包括提出创意、贡献创新建议、提供行业技术信息、进行创新设计等顾客契合行为。同时，顾客共享创新资源需付出一定成本，该成本与顾客掌握的创新资源、顾客契合程度和社交及影响能力有关，为 $c_{c2}(\alpha_2\theta G)^2/2$。其中 $\alpha_2(0<\alpha_2<1)$ 为顾客的社交及影响能力系数，$\theta(0<\theta<1)$表示顾客契合程度，$G(G>0)$表示顾客掌握的质量创新资源，$\alpha_2\theta G$ 为顾客贡献的资源。顾客的社交及影响能力越强，顾客契合程度越高，则顾客贡献的创新资源越多。$c_{c2}(c_{c2}>0)$是共享成本系数。

假设 5-8：企业的基础收益为 $B_{P2}(B_{P2}>0)$。在质量创新实施阶段，企业可以选择积极质量创新或消极质量创新，即企业的策略集合为 $S_{P2}=$（积极质量创新，消极质量创新）。积极质量创新是指企业以打造卓越的顾客体验为目标，广泛吸纳顾客质量创新资源，协调整合内外部创新资源，实现协同质量创新的过程。企业若决定进行积极质量创新，则需付出一定的质量创新成本，主要为吸纳顾客创新资源，以及将之与企业内部质量创新资源进行协调所需的成本。企业积极质量创新的成本与企业拥有的内部质量创新资源、顾客共享的创新资源、资源吸纳能力有关，为 $c_{p3}(\alpha_2\beta\theta G+Q)^2/2$。其中，$c_{p3}(c_{p3}>0)$ 为创新成本系数，$Q(Q>0)$ 为企业拥有的内部质量创新资源，$\beta(0<\beta<1)$ 为企业资源吸纳能力。企业资源吸纳能力越强，将顾客贡献的创新资源转化为企业可利用的创新资源的程度越高。此外，企业为向共享创新资源的顾客提供奖励，以 $A_2(A_2>0)$ 表示。当企业选择积极质量创新而顾客不共享质量创新资源时，企业需付出创新成本 $c_{p3}Q^2/2$。

假设 5-9：企业选择积极质量创新会为企业和顾客带来共同的质量创新收益。创新收益由企业和顾客两方共享。当企业选择积极质量创新，顾客选择共享创新资源时，双方共同的质量创新收益与顾客共享的创新资源、企业资源吸纳能力、企业内部创新资源有关。引入创新收益系数 $k(k>0)$，则双方共同的质量创新收益为 $k(\alpha_2\beta\theta G+Q)$，创新收益系数受企业质量创新能力、创新市场形势、供应链创新水平等内外部因素影响。企业的质量创新收益分配系数为 $\lambda_2(0<\lambda_2<1)$，顾客的质量创新收益分配系数为 $1-\lambda_2$。因此，企业的质量创新收益为 $\lambda_2 k(\alpha_2\beta\theta G+Q)$，顾客的质量创新收益为 $(1-\lambda_2)k(\alpha_2\beta\theta G+Q)$。若企业选择积极质量创新而顾客不共享创新资源，则双方共同的质量创新收益仅与企业内部质量创新资源有关而与顾客掌握的质量创新资源无关，为 kQ。此时，企业的质量创新收益为 $\lambda_2 kQ$，顾客的质量创新收益为 $(1-\lambda_2)kQ$。若企业选择消极质量创新，则双方仅保有基础收益，均无额外的质量创新收益。

假设 5-10：若顾客共享质量创新资源而企业选择消极质量创新，则企业将因此承担顾客流失和声誉损失，以 $\alpha_2\Delta L_{P2}$ 表示，其中 $\Delta L_{P2}(\Delta L_{P2}>0)$ 为顾客共享质量创新资源而企业消极创新给企业造成的最大顾客流失和声誉损失。顾客的社交及影响能力越大，顾客共享质量资源而企业消极质量创新给企业带来的顾客流失和声誉损失越大。

二、参数设定

质量创新实施阶段顾客契合与质量创新演化博弈模型记为模型 Ⅱ，其参数设定如表 5-29 所示。

表 5-29　模型 Ⅱ 参数设定

参数	描述
B_{C2}	顾客的基础收益，$B_{C2}>0$
θ	顾客契合程度，$0<\theta<1$
G	顾客掌握的质量创新资源，$G>0$
c_{c2}	顾客的共享成本系数，$c_{c2}>0$
c_{p3}	企业的创新成本系数，$c_{p3}>0$
Q	企业拥有的内部质量创新资源，$Q>0$
β	企业资源吸纳能力，$0<\beta<1$
k	创新收益系数，$k>0$
λ_2	企业的质量创新收益分配系数，$0<\lambda_2<1$
$1-\lambda_2$	顾客的质量创新收益分配系数
A_2	企业积极创新对顾客共享创新资源的奖励，$A_2>0$
B_{P2}	企业的基础收益，$B_{P2}>0$
α_2	顾客的社交及影响能力系数，$0<\alpha_2<1$
ΔL_{P2}	顾客共享质量创新资源而企业消极创新给企业造成的最大顾客流失损失和声誉损失，$\Delta L_{P2}>0$

三、演化博弈模型构建

质量创新实施阶段顾客与企业的博弈收益矩阵如表 5-30 所示。

表 5-30　模型 Ⅱ 收益矩阵

顾客	企业	
	积极质量创新	消极质量创新
共享	$\begin{pmatrix} B_{C2}+(1-\lambda_2)k(\alpha_2\beta\theta G+Q)-\dfrac{1}{2}c_{c2}(\alpha_2\theta G)^2+A_2, \\ B_{P2}+\lambda_2 k(\alpha_2\beta\theta G+Q)-\dfrac{1}{2}c_{P3}(\alpha_2\beta\theta G+Q)^2-A_2 \end{pmatrix}$	$\begin{pmatrix} B_{C2}-\dfrac{1}{2}c_{c2}(\alpha_2\theta G)^2, \\ B_{P2}-\alpha_2\Delta L_{P2} \end{pmatrix}$
不共享	$\begin{pmatrix} B_{C2}+(1-\lambda_2)kQ, \\ B_{P2}+\lambda_2 kQ-\dfrac{1}{2}c_{p3}Q^2 \end{pmatrix}$	$(B_{C2},\ B_{P2})$

根据表 5-30 中的收益矩阵，可以得出企业选择积极质量创新的期望收益为：

$$E'_{P1}=B_{P2}+\lambda_2 kQ-\frac{1}{2}c_{p3}Q^2+y_2\lambda_2 k\alpha_2\beta\theta G-\frac{1}{2}y_2 c_{p3}[(\alpha_2\beta\theta G)^2+2\alpha_2\beta\theta GQ]-y_2 A_2$$

$$(5-12)$$

企业选择消极质量创新的期望收益为：

$$E'_{P2}=B_{P2}-y_2\alpha_2\Delta L_{P2} \tag{5-13}$$

则企业的期望收益为：

$$\overline{E_P}'=B_{P2}+x_2\lambda_2 kQ-\frac{1}{2}x_2 c_{p3}Q^2-\frac{1}{2}x_2 y_2 c_{p3}[(\alpha_2\beta\theta G)^2+2\alpha_2\beta\theta GQ]+x_2 y_2\lambda_2 k\alpha_2\beta\theta G-$$

$$x_2 y_2 A_2+(1-x_2)y_2\alpha_2\Delta L_{P2} \tag{5-14}$$

据此，计算企业的复制者动态方程为：

$$\frac{dx_2}{dt}=x_2(1-x_2)\left[\begin{array}{l}\lambda_2 kQ-\frac{1}{2}c_{p3}Q^2+y_2\lambda_2 k\alpha_2\beta\theta G-\frac{1}{2}y_2 c_{p3}(\alpha_2\beta\theta G)^2-\\ y_2 c_{p3}\alpha_2\beta\theta GQ-y_2 A_2+y_2\alpha_2\Delta L_{P2}\end{array}\right] \tag{5-15}$$

同样，可以得出顾客选择共享质量创新资源的期望收益为：

$$E'_{C1}=B_{C2}+x_2(1-\lambda_2)k(\alpha_2\beta\theta G+Q)-\frac{1}{2}c_{c2}(\alpha_2\theta G)^2+x_2 A_2 \tag{5-16}$$

顾客选择不共享质量创新资源的期望收益为：

$$E'_{C2}=B_{C2}+x_2(1-\lambda_2)kQ \tag{5-17}$$

则顾客的期望收益为：

$$\overline{E_C}'=B_{C2}+x_2(1-\lambda_2)kQ+y_2 x_2(1-\lambda_2)k\alpha_2\beta\theta G-y_2 c_{c2}(\alpha_2\theta G)^2/2+y_2 x_2 A_2$$

$$(5-18)$$

据此，计算顾客的复制者动态方程为：

$$\frac{dy_2}{dt}=y_2(1-y_2)\left[x_2(1-\lambda_2)k\alpha_2\beta\theta G-\frac{1}{2}c_{c2}(\alpha_2\theta G)^2+x_2 A_2\right] \tag{5-19}$$

四、演化博弈稳定策略分析

为求演化博弈系统的演化稳定策略（ESS），令$\frac{dx_2}{dt}=0$和$\frac{dy_2}{dt}=0$，得到五个平

衡点，分别为$(0,0)$、$(0,1)$、$(1,0)$、$(1,1)$、(x_2^*,y_2^*)。

其中，$x_2^*=\dfrac{c_{c2}(\alpha_2\theta G)^2/2}{(1-\lambda_2)k\alpha_2\beta\theta G+A_2}$，

$$y_2^* = \frac{\lambda_2 kQ - c_{p3}Q^2/2}{c_{p3}[(\alpha_2\beta\theta G)^2 + 2\alpha_2\beta\theta GQ]/2 + A_2 - \alpha_2\Delta L_{P2} - \lambda_2 k\alpha_2\beta\theta G}。$$

借鉴 Friedman（1991）提供的方法，可由博弈双方的复制者动态方程得到二维演化动力系统的雅克比矩阵为：

$$J_2 = \begin{bmatrix} \dfrac{\partial(\mathrm{d}x_2/\mathrm{d}t)}{\partial x_2} & \dfrac{\partial(\mathrm{d}x_2/\mathrm{d}t)}{\partial y_2} \\[3mm] \dfrac{\partial(\mathrm{d}y_2/\mathrm{d}t)}{\partial x_2} & \dfrac{\partial(\mathrm{d}y_2/\mathrm{d}t)}{\partial y_2} \end{bmatrix} = \begin{bmatrix} H_2 & I_2 \\ M_2 & N_2 \end{bmatrix} \tag{5-20}$$

其中，

$$H_2 = (1-2x_2)$$

$$\left[\lambda_2 kQ - \frac{1}{2}c_{p3}Q^2 + y_2\lambda_2 k\alpha_2\beta\theta G - \frac{1}{2}y_2 c_{p3}(\alpha_2\beta\theta G)^2 - y_2 c_{p3}\alpha_2\beta\theta GQ - y_2 A_2 + y_2\alpha_2\Delta L_{P2}\right],$$

$$I_2 = x_2(1-x_2)\left[\lambda_2 k\alpha_2\beta\theta G - \frac{1}{2}c_{p3}(\alpha_2\beta\theta G)^2 - c_{p3}\alpha_2\beta\theta GQ - A_2 + \alpha_2\Delta L_{P2}\right],$$

$$M_2 = y_2(1-y_2)\left[(1-\lambda_2)k\alpha_2\beta\theta G + A_2\right],$$

$$N_2 = (1-2y_2)\left[x_2(1-\lambda_2)k\alpha_2\beta\theta G - \frac{1}{2}c_{c2}(\alpha_2\theta G)^2 + x_2 A_2\right]。$$

雅克比矩阵的行列式为：

$$\det J_2 = H_2 N_2 - M_2 I_2 \tag{5-21}$$

雅克比矩阵的迹为：

$$\mathrm{tr}J_2 = H_2 + N_2 \tag{5-22}$$

只有当 $\det J_2 > 0$ 且 $\mathrm{tr}J_2 < 0$ 同时满足时，演化动力系统才会在复制者动态方程的均衡点处得到演化稳定策略。由于当 $x_2 = x_2^*$，$y_2 = y_2^*$ 时 $\mathrm{tr}J_2 = 0$，因此局部均衡点 (x_2^*, y_2^*) 不可能为演化动力系统的稳定点。接下来只需讨论 $(0, 0)$、$(0, 1)$、$(1, 0)$、$(1, 1)$ 四点的稳定性。

情形 F： 当 $\lambda_2 kQ < c_{p3}Q^2/2$ 时，演化动态系统存在演化稳定点 $(0, 0)$。当企业仅利用自身质量创新资源进行积极质量创新的创新成本 $c_{p3}Q^2/2$ 大于企业仅利用自身质量创新资源进行积极质量创新的创新收益 $\lambda_2 kQ$ 时，经演化后企业将进行消极质量创新，顾客将不共享质量创新资源。

情形 G： 当 $\lambda_2 kQ > c_{p3}Q^2/2$ 和 $(1-\lambda_2)k\alpha_2\beta\theta G + A_2 < c_{c2}(\alpha_2\theta G)^2/2$ 同时满足时，演化动态系统存在演化稳定点 $(1, 0)$。当企业仅利用自身质量创新资源进

行积极质量创新的创新成本 $c_{p3}Q^2/2$ 小于企业仅利用自身质量创新资源进行积极质量创新的创新收益 $\lambda_2 kQ$，且顾客共享创新的资源为顾客创造的创新收益（1-λ_2）$k\alpha_2\beta\theta G$ 和企业积极质量创新对顾客共享创新资源的奖励 A_2 之和小于顾客共享质量创新资源的共享成本 c_{c2}（$\alpha_2\theta G$）$^2/2$ 时，经演化后企业将进行积极质量创新，顾客将不共享质量创新资源。

情形 H： 当 $\lambda_2 k$（$\alpha_2\beta\theta G+Q$）+$\alpha_2\Delta L_{P2}$>c_P（$\alpha_2\beta\theta G+Q$）$^2/2$+A_2 和 c_{c2}（$\alpha_2\theta G$）$^2/$ 2<（1-λ_2）$k\alpha_2\beta\theta G$+A_2 同时满足时，演化动态系统存在演化稳定点（1，1）。当顾客共享质量创新资源、企业进行积极质量创新时企业获得的创新收益 $\lambda_2 k$（$\alpha_2\beta\theta G+Q$）与顾客共享质量创新资源、企业进行消极质量创新的顾客流失和声誉损失 $\alpha_2\Delta L_{P2}$ 之和大于企业利用给顾客共享的质量创新资源进行积极质量创新的成本 c_{p3}（$\alpha_2\beta\theta G+Q$）$^2/2$ 和企业积极质量创新对顾客共享创新资源的奖励 A_2 之和，且顾客共享创新的资源为顾客创造的创新收益（1-λ_2）$k\alpha_2\beta\theta G$ 与企业积极质量创新对顾客共享创新资源的奖励 A_2 之和大于顾客共享质量创新资源的共享成本 c_{c2}（$\alpha_2\theta G$）$^2/2$ 时，经演化后企业将进行积极质量创新，顾客将共享质量创新资源。

情形 I： 除满足以上三种情形的条件外，演化动态系统不存在演化稳定点。

由于 $\alpha_2\beta\theta G$（$c_{p3}\alpha_2\beta\theta G/2+c_{p3}Q-\lambda_2 k$）+$A_2$ 与 $\alpha_2\Delta L_{P2}$ 的大小关系不确定，因此上述情形 I 可能不存在，情形 F 和情形 H 成立的条件可能存在交集。因此，进一步分情况讨论演化稳定点的存在条件。

（1）假设 $\alpha_2\beta\theta G$（$c_{p3}\alpha_2\beta\theta G/2+c_{p3}Q-\lambda_2 k$）+$A_2$>$\alpha_2\Delta L_{P2}$。

情形 F-1： 如表 5-31 所示，当 $\lambda_2 kQ$<$c_{p3}Q^2/2$ 时，即当企业仅利用自身质量创新资源进行积极质量创新的创新成本 $c_{p3}Q^2/2$ 大于企业仅利用自身质量创新资源进行积极质量创新的创新收益 $\lambda_2 kQ$ 时，演化动态系统存在演化稳定点（0，0）。此时，（0，1）为演化动态系统的鞍点，（1，0）和（1，1）为演化动态系统的不稳定点。

表 5-31　情形 F-1 下各均衡点稳定性

均衡点	H_2	I_2	M_2	N_2	trJ_2	detJ_2	稳定性
（0，0）	-	0	0	-	-	+	ESS
（0，1）	-	0	0	+	不确定	-	鞍点

均衡点	H_2	I_2	M_2	N_2	$\mathrm{tr}J_2$	$\det J_2$	稳定性
$(1, 0)$	+	0	0	不确定	不确定	不确定	不稳定点
$(1, 1)$	+	0	0	不确定	不确定	不确定	不稳定点

情形 G-1：如表 5-32 所示，当 $\lambda_2 kQ > c_{p3}Q^2/2$ 和 $c_{c2}(\alpha_2\theta G)^2/2 > (1-\lambda_2)k\alpha_2\beta\theta G + A_2$ 同时满足时，即当企业仅利用自身质量创新资源进行积极质量创新的创新成本 $c_{p3}Q^2/2$ 小于企业仅利用自身质量创新资源进行积极质量创新的创新收益 $\lambda_2 kQ$，且顾客共享创新的资源为顾客创造的创新收益 $(1-\lambda_2)k\alpha_2\beta\theta G$ 和企业积极质量创新对顾客共享创新资源的奖励 A_2 之和小于顾客共享质量创新资源的共享成本 $c_{c2}(\alpha_2\theta G)^2/2$ 时，演化动态系统存在演化稳定点 $(1, 0)$。此时，$(0, 0)$ 为演化动态系统的鞍点，$(0, 1)$ 和 $(1, 1)$ 为演化动态系统的不稳定点。

表 5-32　情形 G-1 下各均衡点稳定性

均衡点	H_2	I_2	M_2	N_2	$\mathrm{tr}J_2$	$\det J_2$	稳定性
$(0, 0)$	+	0	0	−	不确定	−	鞍点
$(0, 1)$	不确定	0	0	+	不确定	不确定	不稳定点
$(1, 0)$	−	0	0	−	−	+	ESS
$(1, 1)$	不确定	0	0	+	不确定	不确定	不稳定点

情形 H-1：如表 5-33 所示，当 $\lambda_2 k(\alpha_2\beta\theta G + Q) + \alpha_2\Delta L_{P2} > c_{p3}(\alpha_2\beta\theta G + Q)^2/2 + A_2$ 和 $c_{c2}(\alpha_2\theta G)^2/2 < (1-\lambda_2)k\alpha_2\beta\theta G + A_2$ 同时满足时，即当顾客共享质量创新资源、企业进行积极质量创新时企业获得的创新收益 $\lambda_2 k(\alpha_2\beta\theta G + Q)$ 与顾客共享质量创新资源、企业进行消极质量创新的顾客流失和声誉损失 $\alpha_2\Delta L_{P2}$ 之和大于企业利用给顾客共享的质量创新资源进行积极质量创新的成本 $c_{p3}(\alpha_2\beta\theta G + Q)^2/2$ 和企业积极质量创新对顾客共享创新资源的奖励 A_2 之和，且顾客共享创新的资源为顾客创造的创新收益 $(1-\lambda_2)k\alpha_2\beta\theta G$ 与企业积极质量创新对顾客共享创新资源的奖励 A_2 之和大于顾客共享质量创新资源的共享成本 $c_{c2}(\alpha_2\theta G)^2/2$ 时，演化动态系统存在演化稳定点 $(1, 1)$。此时，$(0, 0)$ 和 $(1, 0)$ 为演化动力系统的鞍点，$(0, 1)$ 为演化动态系统的不稳定点。

表 5-33　情形 H-1 下各均衡点稳定性

均衡点	H_2	I_2	M_2	N_2	$\mathrm{tr}J_2$	$\det J_2$	稳定性
(0, 0)	+	0	0	−	不确定	−	鞍点
(0, 1)	+	0	0	+	+	+	不稳定点
(1, 0)	−	0	0	+	不确定	−	鞍点
(1, 1)	−	0	0	−	−	+	ESS

情形 I-1：如表 5-34 所示，$c_{p3}Q^2/2<\lambda_2kQ<c_{p3}(\alpha_2\beta\theta G+Q)^2/2+A_2-\alpha_2\Delta L_{P2}-\lambda_2k\alpha_2\beta\theta G$ 和 $c_{c2}(\alpha_2\theta G)^2/2<(1-\lambda_2)k\alpha_2\beta\theta G+A_2$ 同时满足时，即当企业仅利用自身质量创新资源进行积极质量创新的创新收益 λ_2kQ 大于企业仅利用自身质量创新资源进行积极质量创新的创新成本 $c_{p3}Q^2/2$，且顾客共享质量创新资源、企业进行积极质量创新时企业获得的创新收益 $\lambda_2k(\alpha_2\beta\theta G+Q)$ 与顾客共享质量创新资源、企业进行消极质量创新的顾客流失和声誉损失 $\alpha_2\Delta L_{P2}$ 之和小于企业利用给顾客共享的质量创新资源进行积极质量创新的成本 $c_{p3}(\alpha_2\beta\theta G+Q)^2/2$ 和企业积极质量创新对顾客共享创新资源的奖励 A_2 之和，且顾客共享创新的资源为顾客创造的创新收益 $(1-\lambda_2)k\alpha_2\beta\theta G$ 与企业积极质量创新对顾客共享创新资源的奖励 A_2 之和大于顾客共享质量创新资源的共享成本 $c_{c2}(\alpha_2\theta G)^2/2$ 时，演化动态系统不存在演化稳定点。此时，(0，0)、(0，1)、(1，0) 和（1，1）均为演化动力系统的鞍点。

表 5-34　情形 I-1 下各均衡点稳定性

均衡点	H_2	I_2	M_2	N_2	$\mathrm{tr}J_2$	$\det J_2$	稳定性
(0, 0)	+	0	0	−	不确定	−	鞍点
(0, 1)	−	0	0	+	不确定	−	鞍点
(1, 0)	−	0	0	+	不确定	−	鞍点
(1, 1)	+	0	0	−	不确定	−	鞍点

（2）假设 $\alpha_2\beta\theta G(c_{p3}\alpha_2\beta\theta G/2+c_{p3}Q-\lambda_2k)+A_2<\alpha_2\Delta L_{P2}$。

情形 F-2：如表 5-35 所示，当 $c_{p3}(\alpha_2\beta\theta G+Q)^2/2+A_2-\lambda_2k\alpha_2\beta\theta G-\alpha_2\Delta L_{P2}>\lambda_2kQ$ 和 $c_{c2}(\alpha_2\theta G)^2/2<(1-\lambda_2)k\alpha_2\beta\theta G+A_2$ 同时满足时，或 $\lambda_2kQ<c_{p3}Q^2/2$ 和 $c_{c2}(\alpha_2\theta G)^2/2>(1-\lambda_2)k\alpha_2\beta\theta G+A_2$ 同时满足时，即当：①顾客共享质量创新资

源、企业进行积极质量创新时企业获得的创新收益 $\lambda_2 k(\alpha_2\beta\theta G+Q)$ 与顾客共享质量创新资源、企业进行消极质量创新的顾客流失和声誉损失 $\alpha_2\Delta L_{P2}$ 之和小于企业利用给顾客共享的质量创新资源进行积极质量创新的成本 $c_{p3}(\alpha_2\beta\theta G+Q)^2/2$ 和企业积极质量创新对顾客共享创新资源的奖励 A_2 之和，且顾客共享创新的资源为顾客创造的创新收益 $(1-\lambda_2)k\alpha_2\beta\theta G$ 与企业积极质量创新对顾客共享创新资源的奖励 A_2 之和大于顾客共享质量创新资源的共享成本 $c_{c2}(\alpha_2\theta G)^2/2$ 时，或：
②企业仅利用自身质量创新资源进行积极质量创新的创新成本 $c_{p3}Q^2/2$ 大于企业仅利用自身质量创新资源进行积极质量创新的创新收益 $\lambda_2 kQ$，且顾客共享创新的资源为顾客创造的创新收益 $(1-\lambda_2)k\alpha_2\beta\theta G$ 与企业积极质量创新对顾客共享创新资源的奖励 A_2 之和小于顾客共享质量创新资源的共享成本 $c_{c2}(\alpha_2\theta G)^2/2$ 时，演化动态系统存在演化稳定点（0，0）。此时，（0，1）和（1，0）为演化动态系统的鞍点，（1，1）为演化动态系统的不稳定点。

表 5-35　情形 F-2 下各均衡点稳定性

均衡点	H_2	I_2	M_2	N_2	$\mathrm{tr}J_2$	$\det J_2$	稳定性
(0, 0)	−	0	0	−	−	+	ESS
(0, 1)	−	0	0	+	不确定	−	鞍点
(1, 0)	+	0	0	−	不确定	−	鞍点
(1, 1)	+	0	0	+	+	+	不稳定点

情形 G-2： 如表 5-36 所示，当 $\lambda_2 kQ>c_{p3}Q^2/2$ 和 $(1-\lambda_2)k\alpha_2\beta\theta G+A_2<c_{c2}(\alpha_2\theta G)^2/2$ 同时满足时，即当企业仅利用自身质量创新资源进行积极质量创新的创新成本 $c_{p3}Q^2/2$ 小于企业仅利用自身质量创新资源进行积极质量创新的创新收益 $\lambda_2 kQ$，且顾客共享创新的资源为顾客创造的创新收益 $(1-\lambda_2)k\alpha_2\beta\theta G$ 与企业积极质量创新对顾客共享创新资源的奖励 A_2 之和小于顾客共享质量创新资源的共享成本 $c_{c2}(\alpha_2\theta G)^2/2$ 时，演化动态系统存在演化稳定点（1，0）。此时，（0，0）和（1，1）为演化动态系统的鞍点，（0，1）为演化动态系统的不稳定点。

表 5-36　情形 G-2 下各均衡点稳定性

均衡点	H_2	I_2	M_2	N_2	$\mathrm{tr}J_2$	$\det J_2$	稳定性
(0, 0)	+	0	0	−	不确定	−	鞍点
(0, 1)	+	0	0	+	+	+	不稳定点
(1, 0)	−	0	0	−	−	+	ESS
(1, 1)	−	0	0	+	不确定	−	鞍点

情形 H-2：如表 5-37 所示，$\lambda_2 kQ > c_{p3}Q^2/2$ 和 $c_{c2}(\alpha_2\theta G)^2/2 < (1-\lambda_2)k\alpha_2\beta\theta G + A_2$ 同时满足时，即当企业仅利用自身质量创新资源进行积极质量创新的创新成本 $c_{p3}Q^2/2$ 小于企业仅利用自身质量创新资源进行积极质量创新的创新收益 $\lambda_2 kQ$，且顾客共享创新的资源为顾客创造的创新收益 $(1-\lambda_2)k\alpha_2\beta\theta G$ 与企业积极质量创新对顾客共享创新资源的奖励 A_2 之和大于顾客共享质量创新资源的共享成本 $c_{c2}(\alpha_2\theta G)^2/2$ 时，演化动态系统存在演化稳定点（1，1）。此时，（0，0）和（1，0）为演化动力系统的鞍点，（0，1）为演化动态系统的不稳定点。

表 5-37　情形 H-2 下各均衡点稳定性

均衡点	H_2	I_2	M_2	N_2	$\mathrm{tr}J_2$	$\det J_2$	稳定性
(0, 0)	+	0	0	−	不确定	−	鞍点
(0, 1)	+	0	0	+	+	+	不稳定点
(1, 0)	−	0	0	+	不确定	−	鞍点
(1, 1)	−	0	0	−	−	+	ESS

情形 I-2：如表 5-38 所示，$c_{p3}(\alpha_2\beta\theta G+Q)^2/2+A_2-\lambda_2 k\alpha_2\beta\theta G-\alpha_2\Delta L_{P2} < \lambda_2 kQ < c_{p3}Q^2/2$ 和 $c_{c2}(\alpha_2\theta G)^2/2 < (1-\lambda_2)k\alpha_2\beta\theta G + A_2$ 同时满足时，即当顾客共享质量创新资源、企业进行积极质量创新时企业获得的创新收益 $\lambda_2 k(\alpha_2\beta\theta G+Q)$ 与顾客共享质量创新资源、企业进行消极质量创新的顾客流失和声誉损失 $\alpha_2\Delta L_{P2}$ 之和大于企业利用给顾客共享的质量创新资源进行积极质量创新的成本 $c_{p3}(\alpha_2\beta\theta G+Q)^2/2$ 和企业积极质量创新对顾客共享创新资源的奖励 A_2 之和且企业仅利用自身质量创新资源进行积极质量创新的创新成本 $c_{p3}Q^2/2$ 大于企业仅利用自身质量创新资源进行积极质量创新的创新收益 $\lambda_2 kQ$，且顾客共享创新的资源为顾客创造的创新收益 $(1-\lambda_2)k\alpha_2\beta\theta G$ 与企业积极质量创新对顾客共享创新资源的奖励 A_2 之和大

于顾客共享质量创新资源的共享成本 $c_{c2}(\alpha_2\theta G)^2/2$ 时，演化动态系统存在演化稳定点（0，0）和（1，1）。此时，（0，1）和（1，0）为演化动态系统的不稳定点。

表 5-38　情形 I-2 下各均衡点稳定性

均衡点	H_2	I_2	M_2	N_2	$\mathrm{tr}J_2$	$\det J_2$	稳定性
（0，0）	－	0	0	－	－	+	ESS
（0，1）	+	0	0	+	+	+	不稳定点
（1，0）	+	0	0	+	+	+	不稳定点
（1，1）	－	0	0	－	－	+	ESS

五、演化博弈仿真验证

本节利用 MATLAB 对以上四种情形的演化稳定状态进行验证。首先，设定博弈模型参数的初始值。为充分反映各类情形下二维动态系统的演化规律，探讨关键影响因素对演化结果的影响，将企业质量创新成本的成本系数 c_{p3} 范围设置为 1~2，顾客共享创新资源的共享成本系数 c_{c2} 范围设置为 2~3，企业创新收益分配系数 λ_2 的范围设置为 0.2~0.8，创新收益系数 k 的范围设置为 9~13，顾客掌握的质量创新资源 G 设置为 10，企业拥有的内部质量创新资源 Q 设置为 8，顾客社交及影响能力 α_2 的范围设置为 0.1~0.9，顾客的契合程度 θ 的范围设置为 0.1~0.9，企业创新资源吸纳能力 β 范围设置为 0.1~0.9，企业积极质量创新时为共享质量创新资源的顾客提供奖励 A_2 设置为 0~20，顾客共享质量创新资源而企业进行消极质量创新时企业额外的顾客流失和声誉损失 ΔL_{P2} 设置为 6。模型 II 演化仿真初始参数值如表 5-39 所示。

表 5-39　模型 II 演化仿真初始参数值

情形	Q	k_0	λ_2	G	ΔL_{P2}	c_{p3}	c_{c2}	α_2	β	θ	A_2
F-1	8	9	0.8	10	6	2	2	0.5	0.5	0.5	5
G-1	8	11	0.8	10	6	2	2	0.5	0.5	0.5	5
H-1	8	13	0.8	10	6	2	2	0.5	0.5	0.5	5
I-1	8	11	0.8	10	6	2	2	0.5	0.5	0.5	5

情形 F-1 的演化仿真结果如图 5-21 所示。在此情形下，行为选择的演化动态系统有一个演化稳定点（0，0）。当满足企业仅利用自身质量创新资源进行积极质量创新的创新成本 $c_{p3}Q^2/2$ 大于企业仅利用自身质量创新资源进行积极质量创新的创新收益 $\lambda_2 kQ$ 时，经演化后企业将进行消极质量创新，顾客将不共享质量创新资源，且企业积极质量创新的概率先于顾客共享质量创新资源的概率演化至 0。

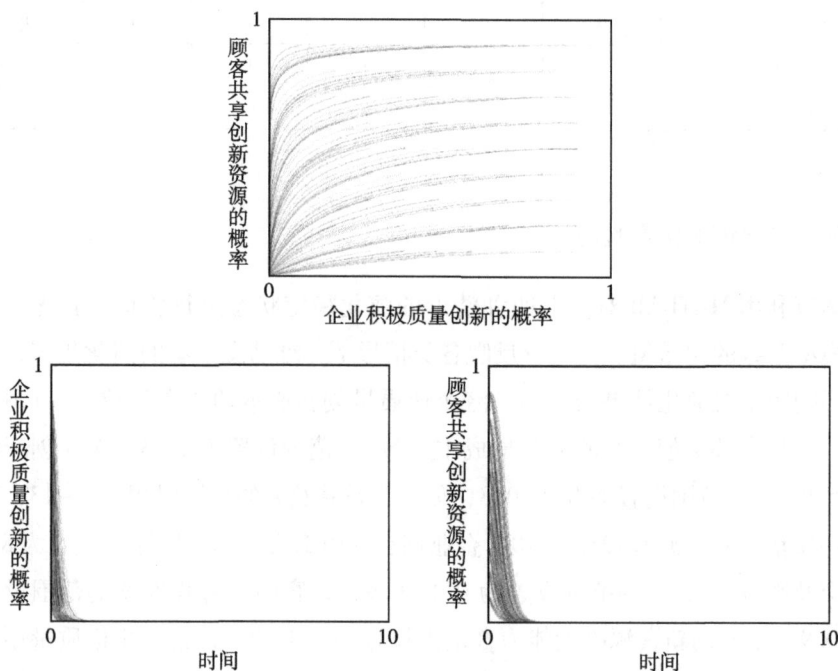

图 5-21　情形 F-1 演化仿真结果

情形 G-1 的演化仿真结果如图 5-22 所示。在此情形下，行为选择的演化动态系统有一个演化稳定点（1，0）。当企业仅利用自身质量创新资源进行积极质量创新的创新成本 $c_{p3}Q^2/2$ 小于企业仅利用自身质量创新资源进行积极质量创新的创新收益 $\lambda_2 kQ$，以及顾客共享创新的资源为顾客创造的创新收益 $(1-\lambda_2)k\alpha_2\beta\theta G$ 和企业积极质量创新对顾客共享创新资源的奖励 A_2 之和小于顾客共享质量创新资源的共享成本 $c_{c2}(\alpha_2\theta G)^2/2$ 同时满足时，经演化后企业将进行积极质量创新，顾客将不共享质量创新资源。

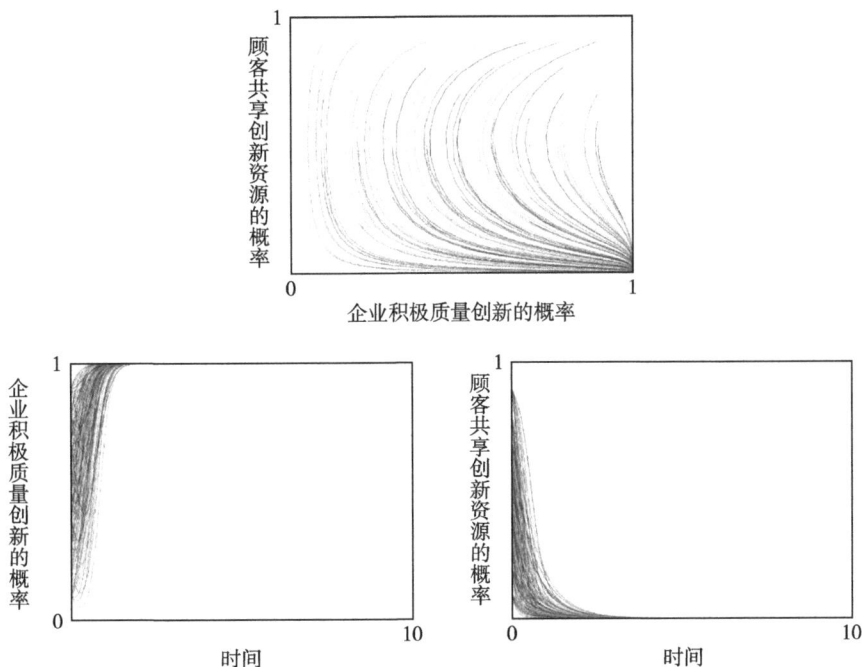

图 5-22 情形 G-1 演化仿真结果

情形 H-1 的演化仿真结果如图 5-23 所示。在此情形下，行为选择的演化动态系统有一个演化稳定点（1，1）。当顾客共享质量创新资源、企业进行积极质量创新时企业获得的创新收益 $\lambda_2 k(\alpha_2\beta\theta G+Q)$ 与顾客共享质量创新资源、企业进行消极质量创新的顾客流失和声誉损失 $\alpha_2\Delta L_{P2}$ 之和大于企业利用给顾客共享的质量创新资源进行积极质量创新的成本 $c_{p3}(\alpha_2\beta\theta G+Q)^2/2$ 和企业积极质量创新对顾客共享创新资源的奖励 A_2 之和，以及顾客共享创新的资源为顾客创造的创新收益 $(1-\lambda_2)k\alpha_2\beta\theta G$ 与企业积极质量创新对顾客共享创新资源的奖励 A_2 之和大于顾客共享质量创新资源的共享成本 $c_{c2}(\alpha_2\theta G+Q)^2/2$ 同时满足时，经演化后企业将进行积极质量创新，顾客将共享质量创新资源。

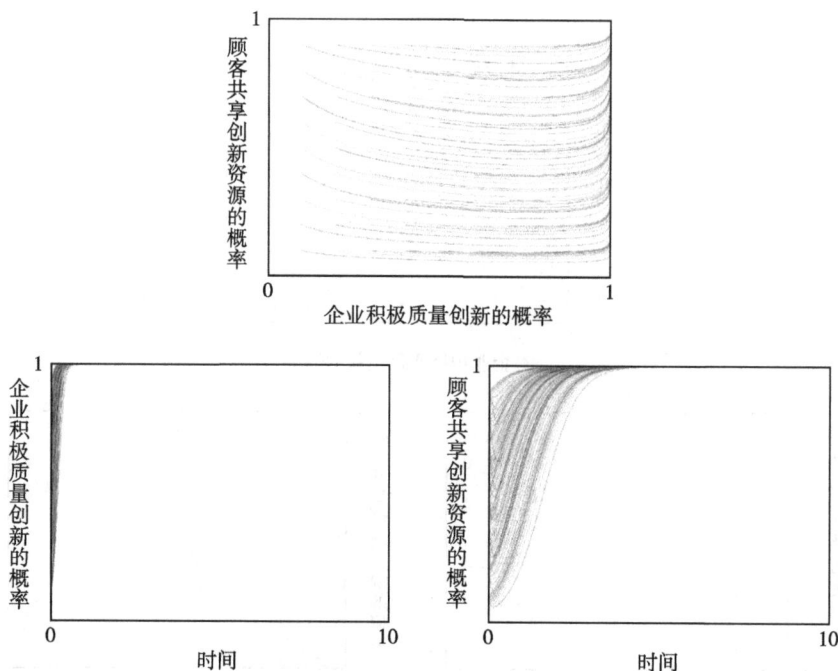

图 5-23 情形 H-1 演化仿真结果

情形 I-1 的演化仿真结果如图 5-24 所示。在此情形下，行为选择的演化动态系统不存在演化稳定点。当企业仅利用自身质量创新资源进行积极质量创新的创新收益 $\lambda_2 kQ$ 大于企业仅利用自身质量创新资源进行积极质量创新的创新成本 $c_{p3}Q^2/2$，以及顾客共享质量创新资源、企业进行积极质量创新时企业获得的创新收益 $\lambda_2 k(\alpha_2\beta\theta G+Q)$ 与顾客共享质量创新资源、企业进行消极质量创新的顾客流失和声誉损失 $\alpha_2\Delta L_{P2}$ 之和小于企业利用给顾客共享的质量创新资源进行积极质量创新的成本 $c_{p3}(\alpha_2\beta\theta G+Q)^2/2$ 和企业积极质量创新对顾客共享创新资源的奖励 A_2 之和，以及顾客共享创新的资源为顾客创造的创新收益 $(1-\lambda_2)k\alpha_2\beta\theta G$ 与企业积极质量创新对顾客共享创新资源的奖励 A_2 之和大于顾客共享质量创新资源的共享成本 $c_{c2}(\alpha_2\theta G)^2/2$ 同时满足时，经演化后企业和顾客的行为选择将不断变化。

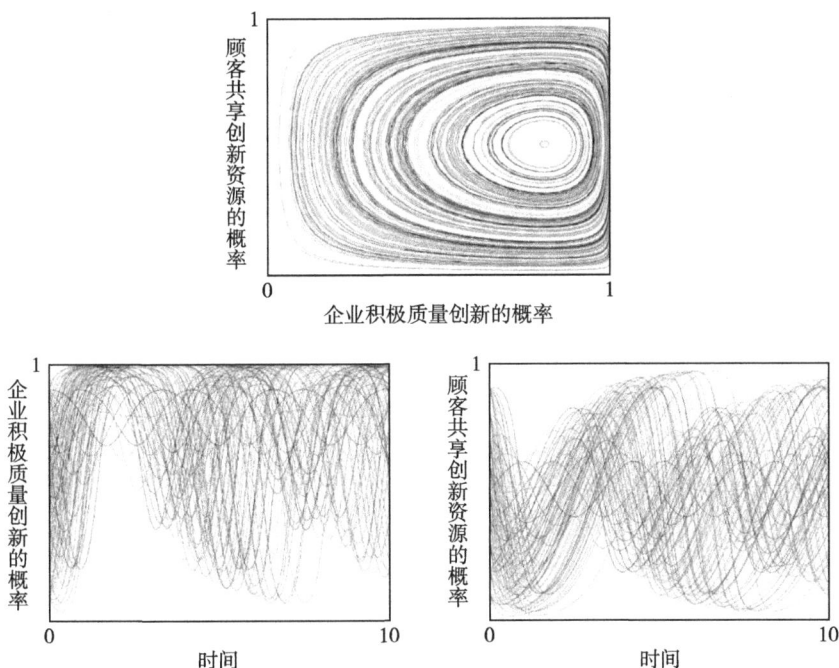

图5-24　情形 I-1 演化仿真结果

六、影响因素变化的仿真分析

本节通过仿真分析讨论顾客契合度 θ、顾客社交及影响能力 α_2、企业资源吸收能力 β、企业质量创新收益分配系数 λ_2、企业积极质量创新对顾客共享创新资源的奖励 A_2、企业创新成本系数 c_{p3} 对二维动态系统演化结果的影响。鉴于情形 H-1，企业和顾客的最优行为选择已演化为理想状态，即企业积极质量创新，顾客共享质量创新资源，因此本节对其余三类情形下六个关键因素的作用进行讨论。首先，将企业积极质量创新和顾客共享创新资源的初始概率设置为 $x_2 = 0.5$、$y_2 = 0.5$。其次，将顾客契合度 θ、顾客社交及影响能力 α_2、企业资源吸收能力 β 三个参数的取值范围设置为 $0.1 \sim 0.9$，分别为 0.1、0.3、0.5、0.7、0.9；将企业创新收益分配系数 λ_2 的取值范围设置为 $0.2 \sim 0.8$，分别为 0.2、0.4、0.6、0.8；将企业积极质量创新对顾客共享创新资源的奖励 A_2 的取值范围设置为 $0 \sim 20$，分别为 0、5、10、15、20；将企业创新成本系数 c_{p3} 的取值范围设为 $1 \sim 2$，分别为 1、1.4、1.7、2。最后，分别在以上三类情形下，对六个关键参数的不同取值进行仿真，呈现演化轨迹。

1. 顾客契合度变化的影响

如图 5-25 所示，对于情形 F-1 而言，顾客契合度的变化仅影响二维动态系统的演化速度，演化稳定状态不发生变化，均为（0，0）。这表明，当演化稳定状态为（0，0），即企业选择消极质量创新，顾客选择不共享质量创新资源时，顾客契合度强弱并不会使演化稳定结果发生明显改善。

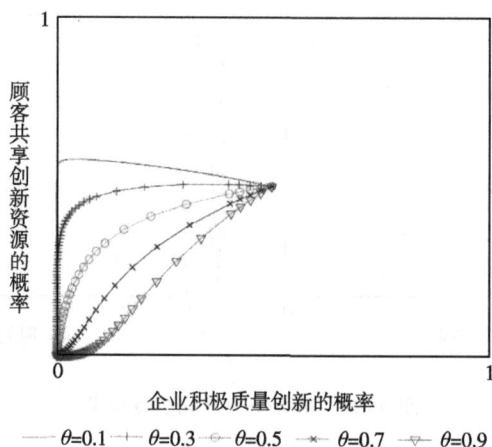

图 5-25　情形 F-1 中顾客契合度变化的演化仿真结果

如图 5-26 所示，对于情形 G-1 而言，顾客契合度的升高仅影响二维动态系统的演化速度，演化稳定状态不发生变化，均为（1，0）；顾客契合度降低使二维动态系统由稳定于（1，0）到无演化稳定状态再到稳定于（1，1）。这表明，当演化稳定状态为（1，0），即企业积极质量创新，顾客不共享质量创新资源时，顾客群体中契合度较低的顾客将逐渐选择共享质量创新资源，而契合度较高的顾客仍不共享质量创新资源。

如图 5-27 所示，对于情形 I-1 而言，顾客契合度升高使二维演化系统由无演化稳定状态转变为稳定于（1，0）；顾客契合度降低使二维演化系统由无演化稳定状态转变为稳定于（1，1）。这表明，当企业和顾客无法明确最优策略时，若顾客群体的契合程度足够高，则企业逐渐选择积极质量创新，若顾客群体的契合程度足够低，则低契合度的顾客逐渐选择共享质量创新资源，企业逐渐选择积极质量创新。

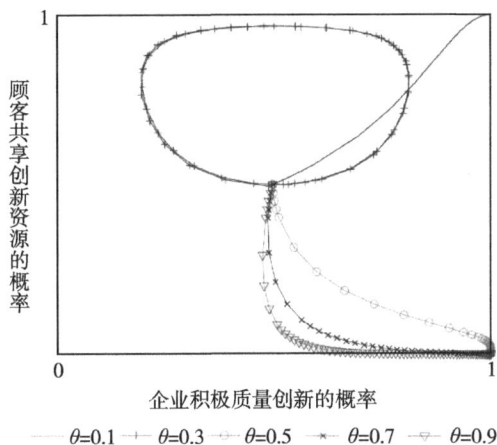

图 5-26　情形 G-1 中顾客契合度变化的演化仿真结果

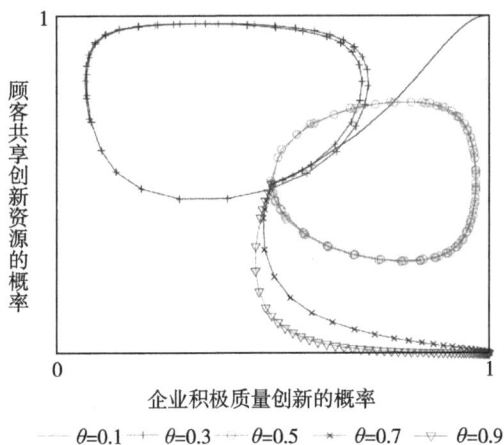

图 5-27　情形 I-1 中顾客契合度变化的演化仿真结果

2. 顾客社交及影响能力变化的影响

如图 5-28 所示，对于情形 F-1 而言，顾客社交及影响能力的变化仅影响二维动态系统的演化速度，演化稳定状态不发生变化，均为（0，0）。这表明，当演化稳定状态为（0，0），即企业选择消极质量创新，顾客选择不共享质量创新资源时，顾客社交及影响能力的提升或降低并不会使演化稳定结果发生明显改善。

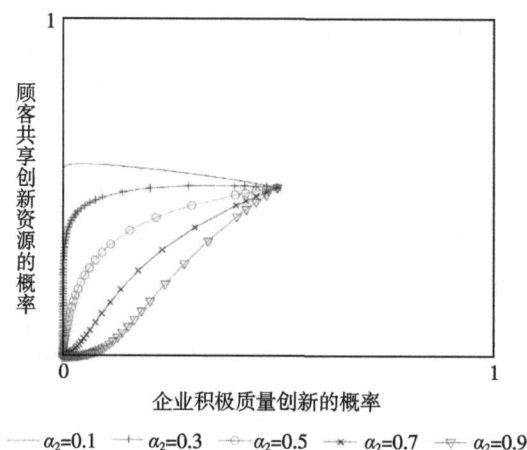

图 5-28　情形 F-1 中顾客社交及影响能力变化的演化仿真结果

如图 5-29 所示，对于情形 G-1 而言，顾客社交及影响能力的升高仅影响二维动态系统的演化速度，演化稳定状态不发生变化，均为（1，0）；顾客社交及影响能力的降低使二维动态系统由稳定于（1，0）转变为无演化稳定状态再转变为稳定于（1，1）。这表明，当演化稳定状态为（1，0），即企业积极质量创新，顾客不共享质量创新资源时，顾客群体中社交及影响能力较低的顾客逐渐转为共享质量创新资源；而社交及影响能力较高的顾客仍不共享质量创新资源。

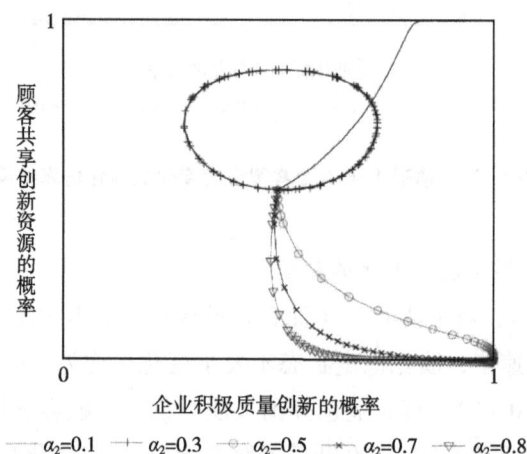

图 5-29　情形 G-1 中顾客社交及影响能力变化的演化仿真结果

如图 5-30 所示，对于情形 I-1 而言，顾客社交及影响能力升高使二维演化系统由无演化稳定状态转变为稳定于（1，0）；顾客社交及影响能力降低使二维演化系统由无演化稳定状态转变为稳定于（1，1）。这表明，当企业和顾客无法明确最优策略时，若顾客群体社交及影响能力足够高，企业逐渐选择积极质量创新，若顾客群体社交及影响能力足够低，则低社交及影响能力顾客逐渐选择共享创新资源，企业逐渐选择积极质量创新。

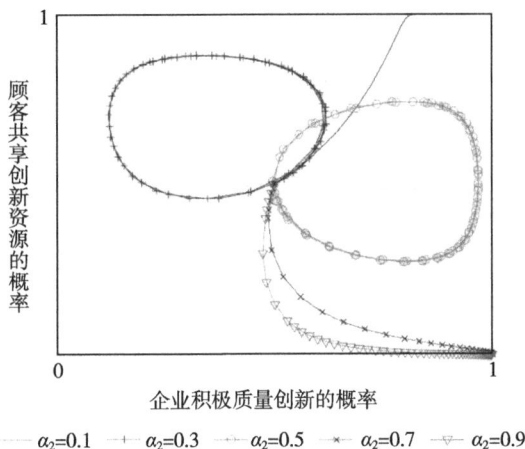

$\alpha_2=0.1$ $\alpha_2=0.3$ $\alpha_2=0.5$ $\alpha_2=0.7$ $\alpha_2=0.9$

图 5-30 情形 I-1 中顾客社交及影响能力变化的演化仿真结果

3. 企业资源吸收能力变化的影响

如图 5-31 所示，对于情形 F-1 而言，企业资源吸收能力的变化仅影响二维动态系统的演化速度，演化稳定状态不发生变化，均为（0，0）。这表明，当演化稳定状态为（0，0），即企业选择消极质量创新，顾客选择不共享质量创新资源时，企业提升自身资源吸收能力并不会使演化稳定结果发生明显改善。

如图 5-32 所示，对于情形 G-1 而言，企业资源吸收能力的变化仅影响二维动态系统的演化速度，演化稳定状态不发生变化，均为（1，0）。这表明，当演化稳定状态为（1，0），即企业选择积极质量创新，顾客选择不共享质量创新资源时，企业提升自身资源吸收能力并不会使顾客转而共享质量创新资源。

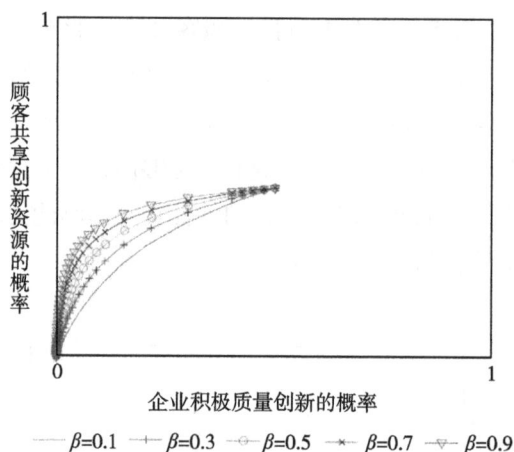

图 5-31　情形 F-1 中企业资源吸收能力变化的演化仿真结果

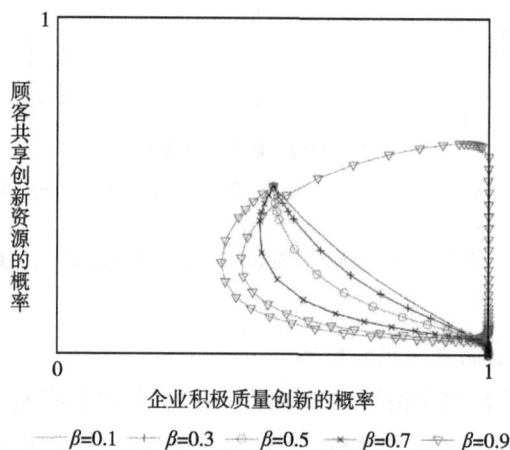

图 5-32　情形 G-1 中企业资源吸收能力变化的演化仿真结果

如图 5-33 所示，对于情形 I-1 而言，企业资源吸收能力的升高不会使二维动态系统的演化稳定状态发生变化，仍为无演化稳定状态；企业资源吸收能力的降低使二维动态系统具有明确的演化稳定状态，但不唯一，稳定于（1，0）或（1，1）。具体而言，当 $\beta=0.1$ 时，二维动态系统存在演化稳定点（1，0）；当 $\beta=0.3$ 时，二维动态系统存在演化稳定点（1，1）。这表明，当企业和顾客无明确最优策略时，企业资源吸收能力处于适中水平可使企业转而积极质量创新，顾客转而共享质量创新资源，二维动态系统向良性方向演化。

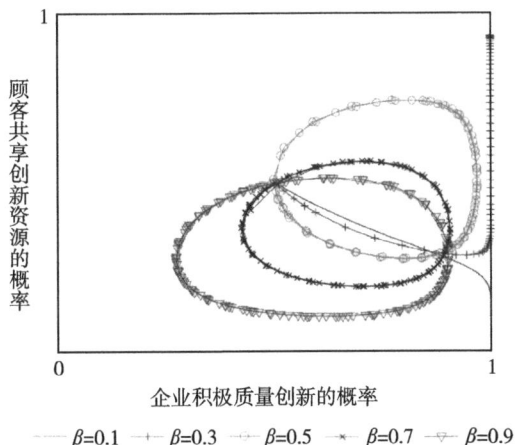

$$\beta=0.1 \quad \beta=0.3 \quad \beta=0.5 \quad \beta=0.7 \quad \beta=0.9$$

图 5-33　情形 I-1 中企业资源吸收能力变化的演化仿真结果

4. 企业创新收益分配系数变化的影响

如图 5-34 所示，对于情形 5-6-1 而言，企业创新收益分配系数的变化仅影响二维动态系统的演化速度，演化稳定状态不发生变化，均为（0，0）。这表明，当演化稳定状态为（0，0），即企业选择消极质量创新，顾客选择不共享质量创新资源时，创新收益分配系数的调整并不会使演化稳定结果发生明显改善。

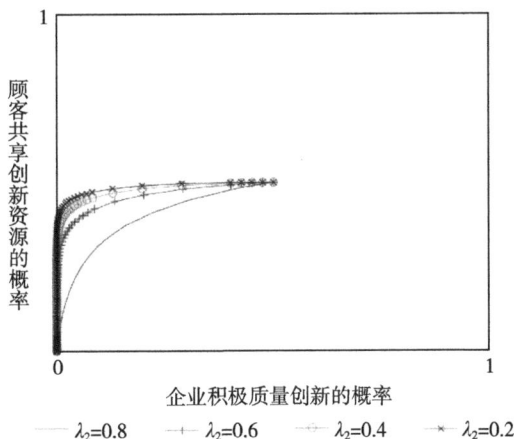

$$\lambda_2=0.8 \quad \lambda_2=0.6 \quad \lambda_2=0.4 \quad \lambda_2=0.2$$

图 5-34　情形 F-1 中企业创新收益分配系数变化的演化仿真结果

如图 5-35 所示，对于情形 G-1 而言，企业创新收益分配系数的降低使二维动态系统的演化稳定状态由（1，0）转为（0，0）。这表明，当演化稳定状态为（1，0），即企业积极质量创新，顾客不共享质量创新资源时，企业将更多的创新收益让与顾客并不会使顾客转为共享质量创新资源，反而使企业的最优选择转为消极质量创新，演化稳定结果发生恶化。

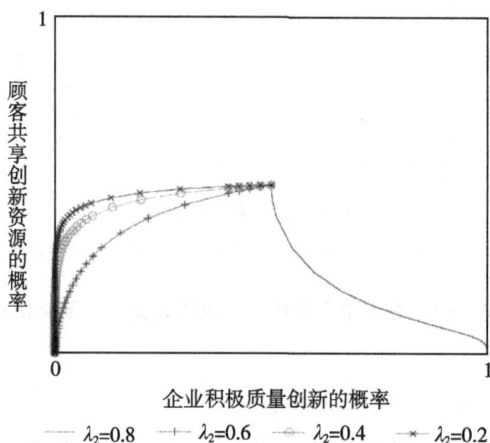

图 5-35 情形 G-1 中企业创新收益分配系数变化的演化仿真结果

如图 5-36 所示，对于情形 I-1 而言，企业创新收益分配系数的降低使二维动态系统由无稳定状态转为稳定于（0，0）。这表明，当企业和顾客无明确最优策略时，企业将更多的创新收益让与顾客会使企业逐渐选择消极质量创新，顾客逐渐选择不共享质量创新资源，演化稳定结果发生恶化。

5. 企业积极质量创新对顾客共享创新资源的奖励变化的影响

如图 5-37 所示，对于情形 F-1 而言，企业奖励的变化仅影响二维动态系统的演化速度，演化稳定状态不发生变化，均为（0，0）。这表明，当演化稳定状态为（0，0），即企业选择消极质量创新，顾客选择不共享质量创新资源时，企业加大或减小对顾客共享质量创新资源的奖励并不会使演化稳定结果发生明显改善。

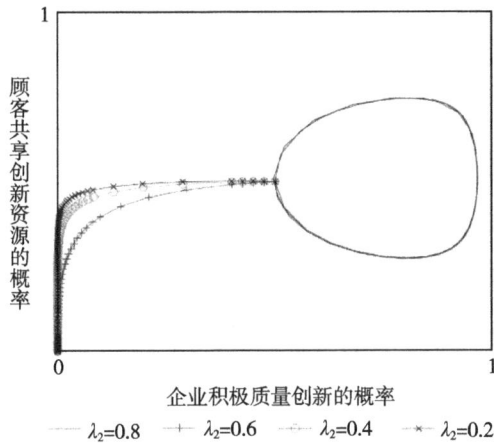

图 5-36 情形 I-1 中企业创新收益分配系数变化的演化仿真结果

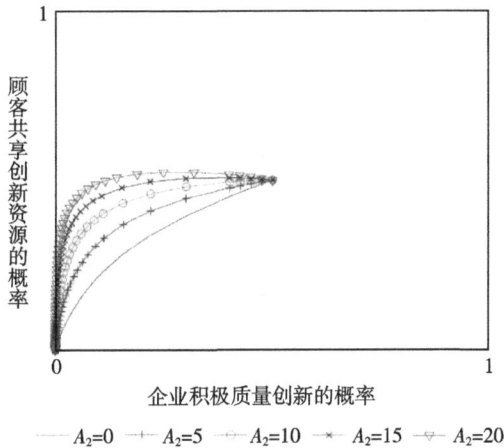

图 5-37 情形 F-1 中企业对顾客共享创新资源的奖励变化的演化仿真结果

如图 5-38 所示，对于情形 G-1 而言，企业奖励的提高会使二维动态系统由稳定于（1，0）转为无演化稳定状态。这表明，当演化稳定状态为（1，0），即企业积极质量创新，顾客不共享质量创新资源时，企业提高对顾客共享质量创新资源的奖励并不会使顾客转而共享质量创新资源，而使双方均失去最优策略。

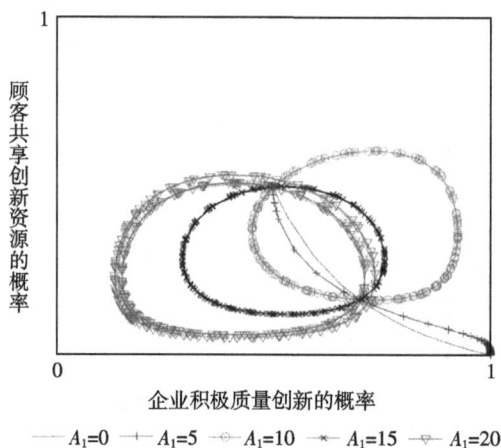

图 5-38　情形 G-1 中企业对顾客共享创新资源的奖励变化的演化仿真结果

如图 5-39 所示，对于情形 I-1 而言，企业奖励的提高不会使演化稳定状态发生变化；企业奖励的降低使二维动态系统由无演化稳定状态转为稳定于（1，0）。这表明，当企业和顾客均无明确最优策略时，企业加大对顾客共享质量创新资源的奖励并不会使演化稳定结果发生明显改善，企业降低奖励会使企业转而选择积极质量创新。

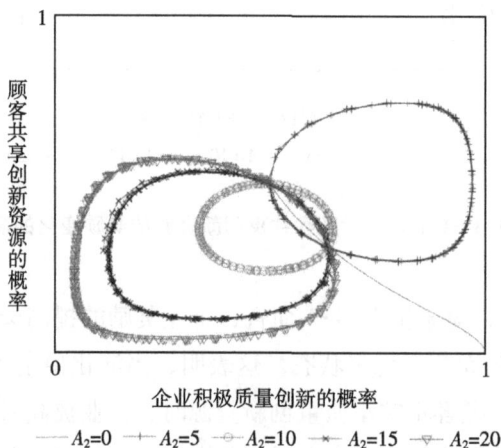

图 5-39　情形 I-1 中企业对顾客共享创新资源的奖励变化的演化仿真结果

6. 企业创新成本系数变化的影响

如图 5-40 所示，对于情形 F-1 而言，企业创新成本系数的降低使二维动态系统由稳定于（0，0）转为无稳定状态再转为稳定于（1，1）。这表明，当演化稳定状态为（0，0），即企业消极质量创新，顾客不共享质量创新资源时，企业降低创新成本系数使企业转而积极质量创新，顾客转而共享质量创新资源，二维动态系统向良性方向演化。

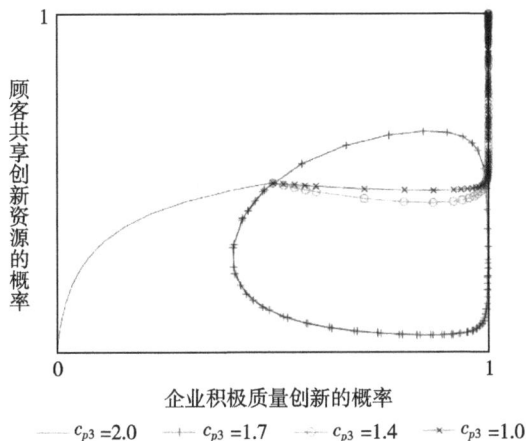

图 5-40　情形 F-1 中企业创新成本系数变化的演化仿真结果

如图 5-41 所示，对于情形 G-1 而言，企业创新成本系数的变化仅影响二维动态系统的演化速度，演化稳定状态不发生变化，均为（1，0）。这表明，当演化稳定状态为（1，0），即企业选择积极质量创新，顾客选择不共享质量创新资源时，企业创新成本系数的提高或降低并不会使顾客转而共享质量创新资源。

如图 5-42 所示，对于情形 I-1 而言，企业创新成本系数的降低使二维动态系统由无稳定状态转为稳定于（1，1）。这表明，当企业和顾客无明确最优策略时，企业降低创新成本系数使企业逐渐选择积极质量创新，顾客逐渐选择共享质量创新资源，二维动态系统向良性方向演化。

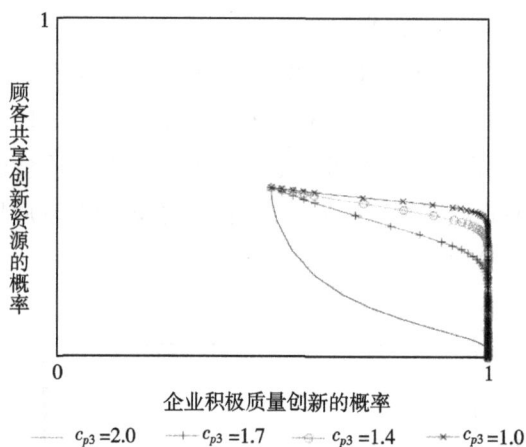

图 5-41　情形 G-1 中企业创新成本系数变化的演化仿真结果

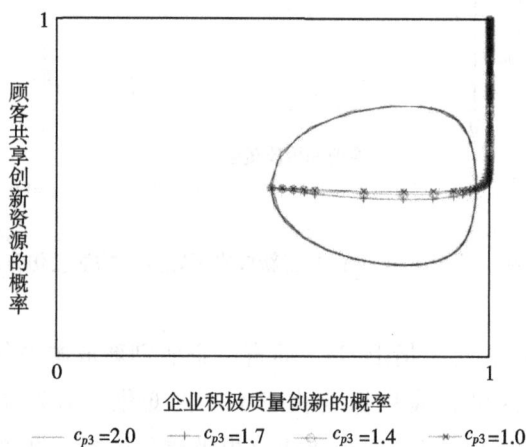

图 5-42　情形 I-1 中企业创新成本系数变化的演化仿真结果

七、关键因素的影响

根据演化仿真分析，质量创新实施阶段各关键因素对演化结果的影响归纳如下：

顾客契合度和顾客社交及影响能力两个顾客因素的变化在某些情形下可使顾客或企业的演化稳定策略发生改善。当企业选择消极质量创新，顾客选择不共享质量创新资源时,顾客契合度的强弱和顾客社交及影响能力的高低均不会使演化稳定结果发生明显改善;当企业积极质量创新,顾客不共享质量创新资源时,顾客群体中契合度和社交及影响能力较低的顾客将逐渐选择共享质量创新资源,而契合度和社交及影响能力较高的顾客仍不共享质量创新资源;当企业和顾客无法明确最优策略时,若顾客群体的契合程度和社交及影响能力足够高,则企业逐渐选择积极质量创新,若顾客群体的契合程度和社交及影响能力足够低,则低契合度和低社交及影响能力的顾客逐渐选择共享质量创新资源,企业逐渐选择积极质量创新。

企业降低创新成本可使顾客或企业的演化稳定策略发生改善。当企业消极质量创新,顾客不共享质量创新资源时,企业降低创新成本使企业转而积极质量创新,顾客转而共享质量创新资源,二维动态系统向良性方向演化;当企业选择积极质量创新,顾客选择不共享质量创新资源时,企业创新成本系数的提高或降低并不会使顾客转而共享质量创新资源;当企业和顾客无明确最优策略时,企业降低创新成本使企业逐渐选择积极质量创新,顾客逐渐选择共享质量创新资源,二维动态系统向良性方向演化。

此外,企业资源吸纳能力的提升、企业创新收益分配系数的变化、企业增加对顾客共享创新资源的奖励均无法使顾客和企业的稳定策略向良性方向演化。

第四节 质量创新市场推出阶段顾客契合与质量创新演化博弈分析

一、基本假设

假设 5-11:质量创新市场推广阶段顾客契合与质量创新博弈共有两个参与群体:顾客和企业。博弈双方具备有限理性。

假设 5-12:顾客的基础收益为 B_{C3}($B_{C3}>0$)。在质量创新市场推广阶段,顾客可以选择推荐企业的质量创新成果(以下简称为新产品)和不推荐企业的质量创新成果,即顾客的策略集合为 $S_{C3}=$(推荐,不推荐)。顾客推荐企业的质量创新成果指顾客向企业的现有顾客和潜在顾客推荐较老产品更高质量的新产品,这一顾客契合行为将为企业创造更大的创新市场收益。顾客推荐企业新产品需为此付出一定成本，即时间和精力等顾客资源的投入，为 C_{C4}（$C_{C4}>0$）。

假设 5-13：在质量创新市场推广阶段，企业可以选择全面市场推广和部分市场推广，即企业的策略集合为 S_{P3} =（全面推广，部分推广）。全面推广是指企业以质量创新后的新产品完全替代市场上的老产品进行销售。部分推广是指企业将质量创新后的新产品与老产品按一定份额共同在市场上销售。企业新产品的单位市场收益为 p_1（$p_1>0$），老产品的单位市场收益为 p_0（$p_0>0$）。由于市场收益是企业进行质量创新的主要目的，因此新产品的单位市场收益高于老产品的单位市场收益，即 $p_1>p_0$。企业全面推广新产品的市场需求量为 q_1（$q_1>0$），企业部分推广新产品的市场需求量为 q_2（$q_2>0$），老产品的市场需求量为 q_0（$q_0>0$）。

假设 5-14：顾客推荐企业的新产品会为企业创造更大的市场需求，顾客的推荐效应系数为 t（t>1），表示顾客推荐对新产品市场需求的放大效应。企业选择全面推广，顾客选择推荐新产品时，新产品的市场需求为 tq_1。企业选择部分推广，顾客选择推荐新产品时，除吸引潜在顾客选择新产品外，还吸引部分本选择老产品的顾客转而选择新产品，转变的市场需求量为 tq_3（$0<q_3<q_0$）。

假设 5-15：企业为推荐的顾客提供一定奖励，奖励额度与有效推荐的数量有关。企业选择全面推广新产品时为选择推荐的顾客的奖励记为 A_3（$A_3>0$），对应的市场需求增量为（$t-1$）q_1；企业选择部分推广新产品时为选择推荐的顾客的奖励为 q_2A_3/q_1（$A_3>0$），对应的市场需求增量为（$t-1$）q_2。

二、参数设定

质量创新市场推出阶段顾客契合与质量创新演化博弈模型记为模型Ⅲ，其参数设定如表 5-40 所示。

表 5-40　模型Ⅲ参数设定

参数	描述
B_{C3}	顾客的基础收益，$B_{C3}>0$
C_{C4}	顾客的推荐成本，$C_{C4}>0$
A_3	企业全面推广新产品时对顾客推荐新产品的奖励，$A_3>0$
q_1	企业全面推广新产品时的市场需求量，$q_1>0$
q_2	企业部分推广新产品时新产品的市场需求量，$q_2>0$

参数	描述
q_0	企业部分推广新产品时老产品的市场需求量，$q_0>0$
q_3	顾客推荐新产品时老产品转为新产品的市场需求量，$q_3>0$
t	顾客的推荐效应系数，$t>1$
p_1	新产品的单位市场收益，$p_1>0$
p_0	老产品的单位市场收益，$p_0>0$

三、演化博弈模型构建

质量创新实施阶段顾客与企业的博弈收益矩阵如表 5-41 所示。

表 5-41　模型Ⅲ收益矩阵

顾客	企业	
	全面推广	部分推广
推荐	$\left(B_{C3}+A_3-C_{C4},\ p_1tq_1-A_3\right)$	$\left(B_{C3}-C_{C4}+\dfrac{q_2}{q_1}A_3,\ p_1t(q_2+q_3)+p_0(q_0-tq_3)-\dfrac{q_2}{q_1}A_3\right)$
不推荐	$\left(B_{C3},\ p_1q_1\right)$	$\left(B_{C3},\ p_1q_2+p_0q_0\right)$

根据表 5-41 中的收益矩阵，可以得出企业选择全面推广新产品的期望收益为：

$$E''_{P1}=y_3(t-1)p_1q_1-y_3A_3+p_1q_1 \tag{5-23}$$

企业选择部分推广新产品的期望收益为：

$$E''_{P2}=y_3(t-1)p_1q_2+y_3p_1tq_3+p_0q_0-y_3p_0tq_3-y_3q_2A_3/q_1+p_1q_2 \tag{5-24}$$

则企业的期望收益为：

$$\overline{E_P''}=x_3E''_{P1}+(1-x_3)E''_{P2} \tag{5-25}$$

据此，计算企业的复制者动态方程为：

$$\frac{\mathrm{d}x_3}{\mathrm{d}t}=x_3(E''_{P1}-\overline{E_P''})=x_3(1-x_3)\big[y_3(t-1)p_1(q_1-q_2)-y_3(p_1-p_0)tq_3-y_3(q_1-q_2)A_3/q_1+$$

$$p_1(q_1-q_2)-p_0q_0\big] \tag{5-26}$$

同样，可以得出顾客选择推荐新产品的期望收益为：

$$E''_{C1}=B_{C3}-C_{C4}+q_2A_3/q_1+x_3\ (q_1-q_2)\ A_3/q_1 \tag{5-27}$$

顾客选择不推荐新产品的期望收益为：

$$E''_{C2}=B_{C3} \tag{5-28}$$

则顾客的期望收益为：

$$\overline{E_c}''=B_{C3}-y_3C_{C4}+y_3q_{A3}/q_1+y_3a_3(q_1-q_2)A_3/q_1 \tag{5-29}$$

据此，计算顾客的复制者动态方程为：

$$\frac{\mathrm{d}y_3}{\mathrm{d}t}=y_3(E''_{C1}-\overline{E_c}'')=y_3(1-y_3)\left[-C_{C4}+q_2A_3/q_1+x_3(q_1-q_2)A_3/q_1\right] \tag{5-30}$$

四、演化博弈稳定策略分析

为求演化博弈系统的演化稳定策略（ESS），令$\dfrac{\mathrm{d}x_3}{\mathrm{d}t}=0$和$\dfrac{\mathrm{d}y_3}{\mathrm{d}t}=0$，得到五个平衡点，分别为（0，0）、（0，1）、（1，0）、（1，1）、$(x_3^*,\ y_3^*)$，其中$x_3^*=\dfrac{q_1C_{C4}-q_2A_3}{(q_1-q_2)A_3}$，$y_3^*=\dfrac{p_1q_2+p_0q_0-p_1q_1}{(t-1)p_1(q_1-q_2)-(p_1-p_0)tq_3-(q_1-q_2)A_3/q_1}$。

借鉴 Friedman（1991）提供的方法，可由博弈双方的复制者动态方程得到二维演化动力系统的雅克比矩阵为：

$$J_3=\begin{bmatrix}\dfrac{\partial(\mathrm{d}x_3/\mathrm{d}t)}{\partial x_3} & \dfrac{\partial(\mathrm{d}x_3/\mathrm{d}t)}{\partial y_3}\\[3mm] \dfrac{\partial(\mathrm{d}y_3/\mathrm{d}t)}{\partial x_3} & \dfrac{\partial(\mathrm{d}y_3/\mathrm{d}t)}{\partial y_3}\end{bmatrix}=\begin{bmatrix}H_3 & I_3\\ M_3 & N_3\end{bmatrix} \tag{5-31}$$

$H_3=(1-2x_3)\left[(y_3t-y_3+1)p_1(q_1-q_2)-y_3(p_1-p_0)tq_3-y_3(q_1-q_2)A_3/q_1-p_0q_0\right]$

$I_3=x_3(1-x_3)\left[(t-1)p_1(q_1-q_2)-(p_1-p_0)tq_3-(q_1-q_2)A_3/q_1\right]$

$M_3=y_3(1-y_3)(q_1-q_2)A_3/q_1$

$N_3=(1-2y_3)\left[-C_{C4}+q_2A_3/q_1+x_3(q_1-q_2)A_3/q_1\right]$。

雅克比矩阵的行列式为：

$$\det J_3=H_3N_3-M_3I_3 \tag{5-32}$$

雅克比矩阵的迹为：

$$\mathrm{tr}J_3=H_3+N_3 \tag{5-33}$$

只有当$\det J_3>0$且$\mathrm{tr}J_3<0$同时满足时，演化动力系统才会在复制者动态方程的均衡点处得到演化稳定策略。由于当$x_3=x_3^*$，$y_3=y_3^*$时$\mathrm{tr}J_3=0$，因此局部均衡

点 (x_3^*, y_3^*) 不可能为演化动力系统的稳定点。接下来只需讨论（0，0）、（0，1）、（1，0）、（1，1）四点的稳定性。模型Ⅲ局部均衡点处的关键参数值如表 5-42 所示。

表 5-42　模型Ⅲ局部均衡点处的关键参数值

均衡点	H_3	I_3	M_3	N_3
（0，0）	$p_1(q_1-q_2)-p_0q_0$	0	0	$-C_{C4}+q_2A_3/q_1$
（0，1）	$tp_1(q_1-q_2)-(p_1-p_0)tq_3-(q_1-q_2)A_3/q_1-p_0q_0$	0	0	$C_{C4}+q_2A_3/q_1$
（1，0）	$-p_1(q_1-q_2)+p_0q_0$	0	0	$-C_{C4}+A_3$
（1，1）	$-tp_1(q_1-q_2)+(p_1-p_0)tq_3+(q_1-q_2)A_3/q_1+p_0q_0$	0	0	$C_{C4}-A_3$

情形 J： 当 $p_1q_1-p_1q_2-p_0q_0<0$ 和 $q_2A_3/q_1<C_{C4}$ 同时满足时，演化动态系统存在演化稳定点（0，0）。当顾客不推荐新产品时企业部分推广新产品的市场收益 $p_0q_0+p_1q_2$ 大于全面推广新产品的市场收益 p_1q_1 且顾客推荐成本 C_{C4} 大于企业部分推广新产品时对顾客推荐的奖励 q_2A_3/q_1 时，经演化后企业将部分推广新产品，顾客将不向其他顾客推荐新产品。

情形 K： 当 $tp_1(q_1-q_2)-(p_1-p_0)tq_3-(q_1-q_2)A_3/q_1-p_0q_0<0$ 和 $q_2A_3/q_1>C_{C4}$ 同时满足时，演化动态系统存在演化稳定点（0，1）。当顾客推荐新产品时企业全面推广与部分推广的市场收益之差 $tp_1(q_1-q_2)-(p_1-p_0)tq_3-p_0q_0$ 小于全面推广与部分推广的顾客奖励之差 $(q_1-q_2)A_3/q_1$ 且顾客推荐成本 C_{C4} 小于企业部分推广新产品时对顾客推荐的奖励 q_2A_3/q_1 时，经演化后企业将部分推广新产品，顾客将向其他顾客推荐新产品。

情形 L： 当 $p_1q_1-p_1q_2-p_0q_0>0$ 和 $A_3<C_{C4}$ 同时满足时，演化动态系统存在演化稳定点（1，0）。当顾客不推荐新产品时企业部分推广新产品的市场收益 $p_0q_0+p_1q_2$ 小于全面推广新产品的市场收益 p_1q_1 且顾客推荐成本 C_{C4} 大于企业全面推广新产品时对顾客推荐的奖励 A_3 时，经演化后企业将全面推广新产品，顾客将不向其他顾客推荐新产品。

情形 M： 当 $tp_1(q_1-q_2)-(p_1-p_0)tq_3-(q_1-q_2)A_3/q_1-p_0q_0>0$ 和 $A_3>C_{C4}$ 同时满足时，演化动态系统存在演化稳定点（1，1）。当顾客推荐新产品时企业全面推广与部分推广的市场收益之差 $tp_1(q_1-q_2)-(p_1-p_0)tq_3-p_0q_0$ 大于全面推广与部分

推广的顾客奖励之差 $(q_1-q_2)A_3/q_1$ 且顾客推荐成本 C_{C4} 小于企业全面推广新产品时对顾客推荐的奖励 A_3 时，经演化后企业将全面推广新产品，顾客将向其他顾客推荐新产品。

情形 N： 除满足以上四种情形的条件外，演化动态系统不存在演化稳定点。

由 $q_1>q_2$ 得 $q_2A_3/q_1<A_3$。由于 $tp_1(q_1-q_2)-(p_1-p_0)tq_3-(q_1-q_2)A_3/q_1$ 和 $p_1q_1-p_1q_2$ 的大小关系不确定，因此上述情形 5-N 可能不存在，情形 5-J 和情形 5-M 成立条件可能存在交集。因此，进一步分情况讨论演化稳定点的存在条件。

（1）假设 $tp_1(q_1-q_2)-(p_1-p_0)tq_3-(q_1-q_2)A_3/q_1<p_1q_1-p_1q_2$。

情形 J-1： 如表 5-43 所示，当 $p_0q_0>p_1q_1-p_1q_2$ 和 $C_{C4}>q_2A_3/q_1$ 同时满足时，即当顾客不推荐新产品时企业部分推广新产品的市场收益 $p_0q_0+p_1q_2$ 大于全面推广新产品的市场收益 p_1q_1 且顾客推荐成本 C_{C4} 大于企业部分推广新产品时对顾客推荐的奖励 q_2A_3/q_1 时，演化动态系统存在演化稳定点 $(0,0)$。此时，$(0,1)$ 为演化动态系统的鞍点，$(1,0)$ 和 $(1,1)$ 为演化动态系统的不稳定点。

表 5-43　情形 J-1 下各均衡点稳定性

均衡点	H_3	I_3	M_3	N_3	$\mathrm{tr}J_3$	$\det J_3$	稳定性
$(0,0)$	−	0	0	−	−	+	ESS
$(0,1)$	−	0	0	+	不确定	−	鞍点
$(1,0)$	+	0	0	不确定	不确定	不确定	不稳定点
$(1,1)$	+	0	0	不确定	不确定	不确定	不稳定点

情形 K-1： 如表 5-44 所示，当 $p_0q_0>tp_1(q_1-q_2)-(p_1-p_0)tq_3-(q_1-q_2)A_3/q_1$ 和 $C_{C4}<q_2A_3/q_1$ 同时满足时，即当顾客推荐新产品时企业全面推广与部分推广的市场收益之差 $tp_1(q_1-q_2)-(p_1-p_0)tq_3-p_0q_0$ 小于全面推广与部分推广的顾客奖励之差 $(q_1-q_2)A_3/q_1$ 且顾客推荐成本 C_{C4} 小于企业部分推广新产品时对顾客推荐的奖励 q_2A_3/q_1 时，演化动态系统存在演化稳定点 $(0,1)$。此时，$(1,1)$ 为演化动态系统的鞍点，$(0,0)$ 和 $(1,0)$ 为演化动态系统的不稳定点。

表 5-44　情形 K-1 下各均衡点稳定性

均衡点	H_3	I_3	M_3	N_3	$\mathrm{tr}J_3$	$\det J_3$	稳定性
(0, 0)	不确定	0	0	+	不确定	不确定	不稳定点
(0, 1)	−	0	0	−	−	+	ESS
(1, 0)	不确定	0	0	+	不确定	不确定	不稳定点
(1, 1)	+	0	0	−	不确定	−	鞍点

情形 L-1：如表 5-45 所示，当 $p_0q_0 < p_1q_1 - p_1q_2$ 和 $C_{C4} > A_3$ 同时满足时，即当顾客不推荐新产品时企业部分推广新产品的市场收益 $p_0q_0 + p_1q_2$ 小于全面推广新产品的市场收益 p_1q_1 且顾客推荐成本 C_{C4} 大于企业全面推广新产品时对顾客推荐的奖励 A_3 时，演化动态系统存在演化稳定点 (1, 0)。此时，(0, 0) 为演化动态系统的鞍点，(0, 1) 和 (1, 1) 为演化动态系统的不稳定点。

表 5-45　情形 L-1 下各均衡点稳定性

均衡点	H_3	I_3	M_3	N_3	$\mathrm{tr}J_3$	$\det J_3$	稳定性
(0, 0)	+	0	0	−	不确定	−	鞍点
(0, 1)	不确定	0	0	+	不确定	不确定	不稳定点
(1, 0)	−	0	0	−	−	+	ESS
(1, 1)	不确定	0	0	+	不确定	不确定	不稳定点

情形 M-1：如表 5-46 所示，当 $p_0q_0 < tp_1(q_1-q_2) - (p_1-p_0)tq_3 - (q_1-q_2)A_3/q_1$ 和 $C_{C4} < A_3$ 同时满足时，即当顾客推荐新产品时企业全面推广与部分推广的市场收益之差 $tp_1(q_1-q_2) - (p_1-p_0)tq_3 - p_0q_0$ 大于全面推广与部分推广的顾客奖励之差 $(q_1-q_2)A_3/q_1$ 且顾客推荐成本 C_{C4} 小于企业全面推广新产品时对顾客推荐的奖励 A_3 时，演化动态系统存在演化稳定点 (1, 1)。此时，(1, 0) 为演化动态系统的鞍点，(0, 0) 和 (0, 1) 为演化动态系统的不稳定点。

表 5-46　情形 M-1 下各均衡点稳定性

均衡点	H_3	I_3	M_3	N_3	$\mathrm{tr}J_3$	$\det J_3$	稳定性
(0, 0)	+	0	0	不确定	不确定	不确定	不稳定点
(0, 1)	+	0	0	不确定	不确定	不确定	不稳定点

均衡点	H_3	I_3	M_3	N_3	$\text{tr}J_3$	$\det J_3$	稳定性
(1, 0)	−	0	0	+	不确定	−	鞍点
(1, 1)	−	0	0	−	−	+	ESS

情形 N-1：如表 5-47 所示，当 $tp_1(q_1-q_2)-(p_1-p_0)tq_3-(q_1-q_2)A_3/q_1<p_0q_0<p_1q_1-p_1q_2$ 和 $q_2A_3/q_1<C_{C4}<A_3$ 同时满足时，即当顾客推荐新产品时企业全面推广与部分推广的市场收益之差 $tp_1(q_1-q_2)-(p_1-p_0)tq_3-p_0q_0$ 小于全面推广与部分推广的顾客奖励之差 $(q_1-q_2)A_3/q_1$ 且顾客不推荐新产品时企业部分推广新产品的市场收益 $p_0q_0+p_1q_2$ 小于全面推广新产品的市场收益 p_1q_1 且顾客推荐成本 C_{C4} 介于部分推广的顾客奖励 q_2A_3/q_1 和全面推广的顾客奖励 A_3 之间时，演化动态系统存在演化稳定点（0，0）和（1，1）。此时，（0，1）和（1，0）为演化动态系统的不稳定点。

表 5-47 情形 N-1 下各均衡点稳定性

均衡点	H_3	I_3	M_3	N_3	$\text{tr}J_3$	$\det J_3$	稳定性
(0, 0)	+	0	0	−	不确定	−	ESS
(0, 1)	−	0	0	+	不确定	−	不稳定点
(1, 0)	−	0	0	+	不确定	−	不稳定点
(1, 1)	+	0	0	−	不确定	−	ESS

（2）假设 $tp_1(q_1-q_2)-(p_1-p_0)tq_3-(q_1-q_2)A_3/q_1>p_1q_1-p_1q_2$。

情形 J-2-1：如表 5-48 所示，当 $p_0q_0>p_1q_1-p_1q_2$ 和 $C_{C4}>A_3$ 同时满足时，即当顾客不推荐新产品时企业部分推广新产品的市场收益 $p_0q_0+p_1q_2$ 大于全面推广新产品的市场收益 p_1q_1 且顾客推荐成本 C_{C4} 大于全面推广的顾客奖励 A_3 时，演化动态系统存在演化稳定点（0，0）。此时，（1，0）为演化动态系统的鞍点，（0，1）和（1，1）为演化动态系统的不稳定点。

表 5-48 情形 J-2-1 下各均衡点稳定性

均衡点	H_3	I_3	M_3	N_3	$\text{tr}J_3$	$\det J_3$	稳定性
(0, 0)	−	0	0	−	−	+	ESS

续表

均衡点	H_3	I_3	M_3	N_3	$\mathrm{tr}J_3$	$\det J_3$	稳定性
(0, 1)	不确定	0	0	+	不确定	不确定	不稳定点
(1, 0)	+	0	0	−	不确定	−	鞍点
(1, 1)	不确定	0	0	+	不确定	不确定	不稳定点

　　情形 J-2-2：如表 5-49 所示，当 $p_0q_0>tp_1(q_1-q_2)-(p_1-p_0)tq_3-(q_1-q_2)A_3/q_1$ 和 $C_{C4}>q_2A_3/q_1$ 同时满足时，即当顾客推荐新产品时企业全面推广与部分推广的市场收益之差 $tp_1(q_1-q_2)-(p_1-p_0)tq_3-p_0q_0$ 小于全面推广与部分推广的顾客奖励之差 $(q_1-q_2)A_3/q_1$ 且顾客推荐成本 C_{C4} 大于企业部分推广新产品时对顾客推荐的奖励 q_2A_3/q_1 时，演化动态系统存在演化稳定点 (0，0)。此时，(0，1) 为演化动态系统的鞍点，(1，0) 和 (1，1) 为演化动态系统的不稳定点。

表 5-49　情形 J-2-2 下各均衡点稳定性

均衡点	H_3	I_3	M_3	N_3	$\mathrm{tr}J_3$	$\det J_3$	稳定性
(0, 0)	−	0	0	−	−	+	ESS
(0, 1)	−	0	0	+	不确定	−	鞍点
(1, 0)	+	0	0	不确定	不确定	不确定	不稳定点
(1, 1)	+	0	0	不确定	不确定	不确定	不稳定点

　　情形 K-2：如表 5-50 所示，当 $p_0q_0>tp_1(q_1-q_2)-(p_1-p_0)tq_3-(q_1-q_2)A_3/q_1$ 和 $C_{C4}<q_2A_3/q_1$ 同时满足时，即当顾客推荐新产品时企业全面推广与部分推广的市场收益之差 $tp_1(q_1-q_2)-(p_1-p_0)tq_3-p_0q_0$ 小于全面推广与部分推广的顾客奖励之差 $(q_1-q_2)A_3/q_1$ 且顾客推荐成本 C_{C4} 小于企业部分推广新产品时对顾客推荐的奖励 q_2A_3/q_1 时，演化动态系统存在演化稳定点 (0，1)。此时，(0，0) 和 (1，1) 为演化动态系统的鞍点，(1，0) 为演化动态系统的不稳定点。

表 5-50　情形 K-2 下各均衡点稳定性

均衡点	H_3	I_3	M_3	N_3	$\mathrm{tr}J_3$	$\det J_3$	稳定性
(0, 0)	−	0	0	+	不确定	−	鞍点
(0, 1)	−	0	0	−	−	+	ESS

续表

均衡点	H_3	I_3	M_3	N_3	trJ_3	$detJ_3$	稳定性
(1, 0)	+	0	0	+	+	+	不稳定点
(1, 1)	+	0	0	−	不确定	−	鞍点

情形 L-2：如表 5-51 所示，当 $p_0q_0<p_1q_1-p_1q_2$ 和 $C_{C4}>A_3$ 同时满足时，即当顾客不推荐新产品时企业部分推广新产品的市场收益 $p_0q_0+p_1q_2$ 小于全面推广新产品的市场收益 p_1q_1 且顾客推荐成本 C_{C4} 大于企业全面推广新产品时对顾客推荐的奖励 A_3 时，演化动态系统存在演化稳定点（1, 0）。此时，（0, 0）和（1, 1）为演化动态系统的鞍点，（0, 1）为演化动态系统的不稳定点。

表 5-51　情形 L-2 下各均衡点稳定性

均衡点	H_3	I_3	M_3	N_3	trJ_3	$detJ_3$	稳定性
(0, 0)	+	0	0	−	不确定	−	鞍点
(0, 1)	+	0	0	+	+	+	不稳定点
(1, 0)	−	0	0	−	−	+	ESS
(1, 1)	−	0	0	+	不确定	−	鞍点

情形 M-2-1：如表 5-52 所示，当 $p_0q_0<p_1q_1-p_1q_2$ 和 $C_{C4}<A_3$ 同时满足时，即当顾客不推荐新产品时企业部分推广新产品的市场收益 $p_0q_0+p_1q_2$ 小于全面推广新产品的市场收益 p_1q_1 且顾客推荐成本 C_{C4} 小于企业全面推广新产品时对顾客推荐的奖励 A_3 时，演化动态系统存在演化稳定点（1, 1）。此时，（1, 0）为演化动态系统的鞍点，（0, 0）和（0, 1）为演化动态系统的不稳定点。

表 5-52　情形 M-2-1 下各均衡点稳定性

均衡点	H_3	I_3	M_3	N_3	trJ_3	$detJ_3$	稳定性
(0, 0)	+	0	0	不确定	不确定	不确定	不稳定点
(0, 1)	+	0	0	不确定	不确定	不确定	不稳定点
(1, 0)	−	0	0	+	不确定	−	鞍点
(1, 1)	−	0	0	−	−	+	ESS

情形 M-2-2：如表 5-53 所示，当 $p_1q_1-p_1q_2<p_0q_0<tp_1(q_1-q_2)-(p_1-p_0)tq_3-$
$(q_1-q_2)A_3/q_1$ 和 $C_{C4}<q_2A_3/q_1$ 同时满足时，即当顾客推荐新产品时企业全面推广
与部分推广的市场收益之差 $tp_1(q_1-q_2)-(p_1-p_0)tq_3-p_0q_0$ 大于全面推广与部分推
广的顾客奖励之差 $(q_1-q_2)A_3/q_1$ 且顾客不推荐新产品时企业部分推广新产品的市
场收益 $p_0q_0+p_1q_2$ 大于全面推广新产品的市场收益 p_1q_1 且顾客推荐成本 C_{C4} 小于
企业部分推广新产品时对顾客推荐的奖励 q_2A_3/q_1 时，演化动态系统存在演化稳
定点 （1，1）。此时，（0，0）和（0，1）为演化动态系统的鞍点，（1，0）为
演化动态系统的不稳定点。

表 5-53　情形 M-2-2 下各均衡点稳定性

均衡点	H_3	I_3	M_3	N_3	$\mathrm{tr}J_3$	$\det J_3$	稳定性
（0，0）	－	0	0	＋	不确定	－	鞍点
（0，1）	＋	0	0	－	不确定	－	鞍点
（1，0）	＋	0	0	＋	＋	＋	不稳定点
（1，1）	－	0	0	－	－	＋	ESS

情形 N-2：如表 5-54 所示，当 $p_1q_1-p_1q_2<p_0q_0<tp_1(q_1-q_2)-(p_1-p_0)tq_3-(q_1-$
$q_2)A_3/q_1$ 和 $q_2A_3/q_1<C_{C4}<A_3$ 同时满足时，即当顾客推荐新产品时企业全面推广与
部分推广的市场收益之差 $tp_1(q_1-q_2)-(p_1-p_0)tq_3-p_0q_0$ 大于全面推广与部分推广
的顾客奖励之差 $(q_1-q_2)A_3/q_1$ 且顾客不推荐新产品时企业部分推广新产品的市场
收益 $p_0q_0+p_1q_2$ 大于全面推广新产品的市场收益 p_1q_1 且顾客推荐成本 C_{C4} 介于部
分推广的顾客奖励 q_2A_3/q_1 和全面推广的顾客奖励 A_3 之间时，演化动态系统存在
演化稳定点 （0，0）和（1，1）。此时，（0，1）和（1，0）为演化动态系统的
不稳定点。

表 5-54　情形 N-2 下各均衡点稳定性

均衡点	H_3	I_3	M_3	N_3	$\mathrm{tr}J_3$	$\det J_3$	稳定性
（0，0）	－	0	0	－	－	＋	ESS
（0，1）	＋	0	0	＋	＋	＋	不稳定点
（1，0）	＋	0	0	＋	＋	＋	不稳定点
（1，1）	－	0	0	－	－	＋	ESS

五、演化博弈仿真验证

本节利用 MATLAB 对以上五种情形的演化稳定状态进行验证。首先，设定博弈模型参数的初始值。为充分反映各类情形下二维动态系统的演化规律，探讨关键影响因素对演化结果的影响，将新产品的单位市场收益 p_1 设置为 5，老产品的单位市场收益 p_0 设置为 4，企业全面推广时的市场需求量 q_1 设置为 10，企业部分推广时新产品的市场需求量 q_2 设置为 5，企业部分推广时老产品的市场需求量 q_0 的取值范围设置为 5~7，顾客推荐新产品时老产品转为新产品的市场需求量 q_3 设置为 2，顾客推荐效应 t 设置为 1.1，企业为顾客有效推荐新产品提供的奖励 A_3 设置为 5，顾客推荐新产品的成本 C_{C4} 的取值范围设置为 2~6。模型Ⅲ演化仿真初始参数值如表 5-55 所示。

表 5-55　模型Ⅲ演化仿真初始参数值

情形	p_1	p_0	q_1	q_2	q_3	q_0	t	A_3	C_{C4}
J-1	5	4	10	5	2	7	1.1	5	4
K-1	5	4	10	5	2	6	1.1	5	2
L-1	5	4	10	5	2	6	1.1	5	6
M-1	5	4	10	5	2	5	1.1	5	4
N-1	5	4	10	5	2	6	1.1	5	4

情形 J-1 的演化仿真结果如图 5-43 所示。在此情形下，行为选择的演化动态系统有一个演化稳定点（0，0）。若顾客不推荐新产品时企业部分推广新产品的市场收益 $p_0 q_0 + p_1 q_2$ 大于全面推广新产品的市场收益 $p_1 q_1$ 且顾客推荐成本 C_{C4} 大于企业部分推广新产品时对顾客推荐的奖励 $q_2 A_3 / q_1$，经演化后企业将部分推广新产品，顾客将不向其他顾客推荐新产品，且企业全面推广新产品的概率先于顾客推荐新产品的概率演化至 0。

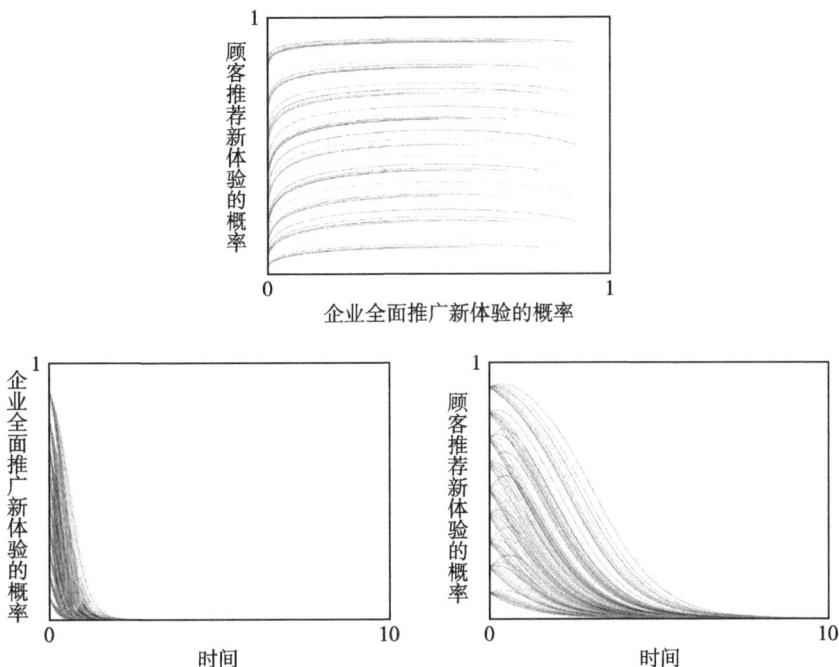

图 5-43　情形 J-1 演化仿真结果

　　情形 K-1 的演化仿真结果如图 5-44 所示。在此情形下，行为选择的演化动态系统有一个演化稳定点（0，1）。若顾客推荐新产品时企业全面推广与部分推广的市场收益之差 $tp_1(q_1-q_2)-(p_1-p_0)tq_3-p_0q_0$ 小于全面推广与部分推广的顾客奖励之差 $(q_1-q_2)A_3/q_1$ 且顾客推荐成本 C_{C4} 小于企业部分推广新产品时对顾客推荐的奖励 q_2A_3/q_1，经演化后企业将部分推广新产品，顾客将向其他顾客推荐新产品。

　　情形 L-1 的演化仿真结果如图 5-45 所示。在此情形下，行为选择的演化动态系统有一个演化稳定点（1，0）。若顾客不推荐新产品时企业部分推广新产品的市场收益 $p_0q_0+p_1q_2$ 小于全面推广新产品的市场收益 p_1q_1 且顾客推荐成本 C_{C4} 大于企业全面推广新产品时对顾客推荐的奖励 A_3，经演化后企业将全面推广新产品，顾客将不向其他顾客推荐新产品。

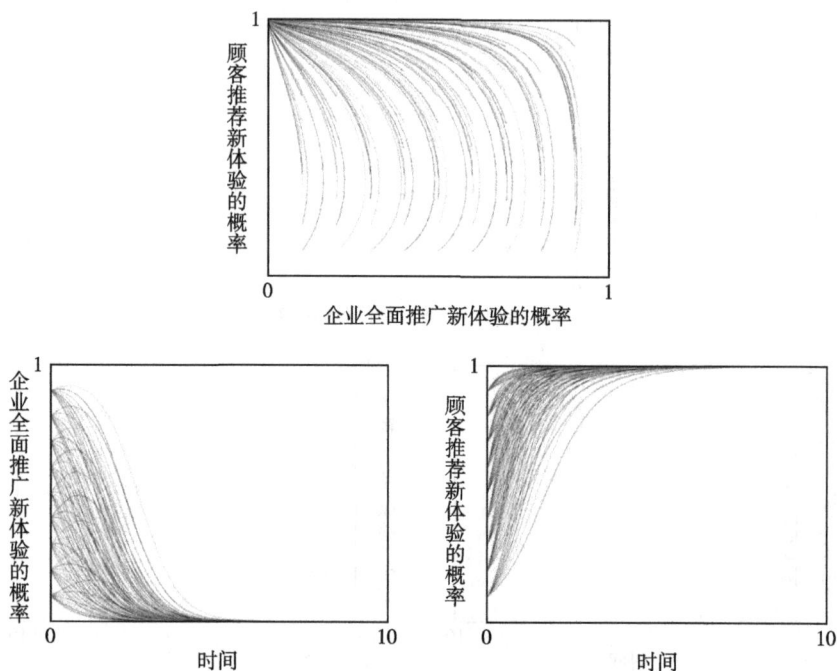

图 5-44　情形 K-1 演化仿真结果

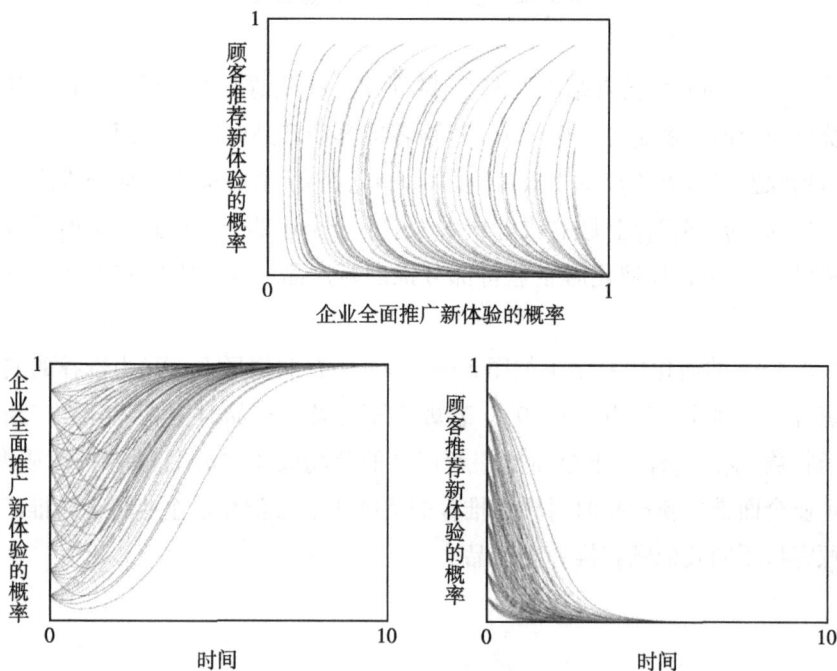

图 5-45　情形 L-1 演化仿真结果

情形 M-1 的演化仿真结果如图 5-46 所示。在此情形下，行为选择的演化动态系统有一个演化稳定点（1，1）。若顾客推荐新产品时企业全面推广与部分推广的市场收益之差 $tp_1(q_1-q_2)-(p_1-p_0)tq_3-p_0q_0$ 大于全面推广与部分推广的顾客奖励之差 $(q_1-q_2)A_3/q_1$ 且顾客推荐成本 C_{C4} 小于企业全面推广新产品时对顾客推荐的奖励 A_3，经演化后企业将全面推广新产品，顾客将向其他顾客推荐新产品，且企业全面推广新产品的概率先于顾客推荐新产品的概率演化至 1。

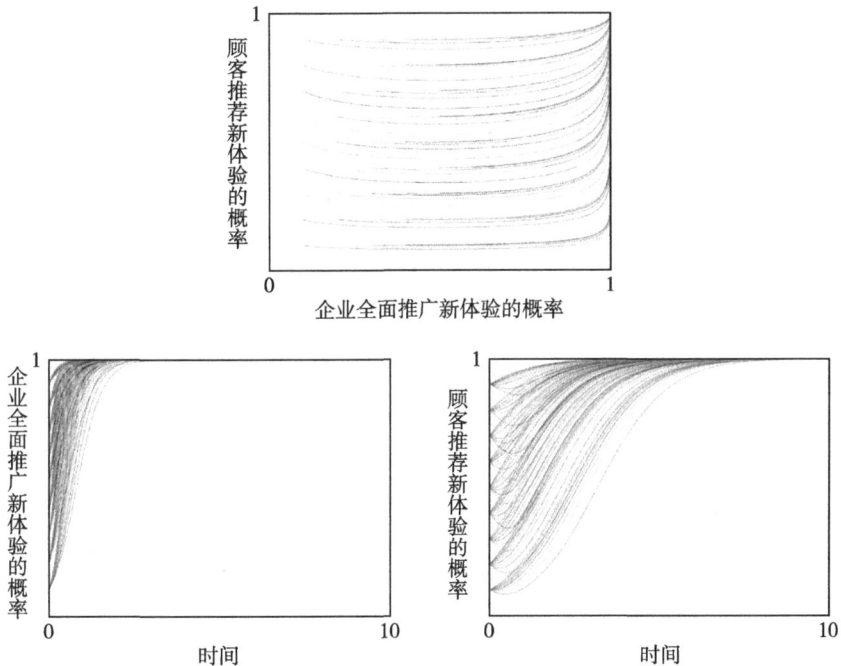

图 5-46　情形 M-1 演化仿真结果

情形 N-1 的演化仿真结果如图 5-47 所示。在此情形下，行为选择的演化动态系统不存在演化稳定点。若顾客推荐新产品时企业全面推广与部分推广的市场收益之差 $tp_1(q_1-q_2)-(p_1-p_0)tq_3-p_0q_0$ 小于全面推广与部分推广的顾客奖励之差 $(q_1-q_2)A_3/q_1$ 且顾客不推荐新产品时企业部分推广新产品的市场收益 $p_0q_0+p_1q_2$ 小于全面推广新产品的市场收益 p_1q_1 且顾客推荐成本 C_{C4} 介于全面推广、部分推广的顾客奖励之差 $(q_1-q_2)A_3/q_1$ 和全面推广的顾客奖励 A_3 之间，经演化后企业和顾客的行为选择将不断变化。

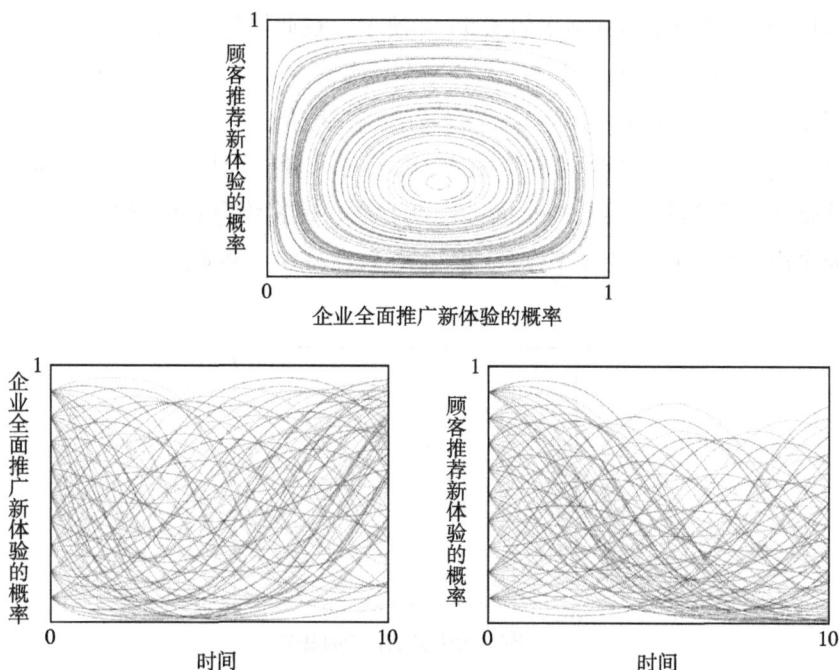

图 5-47　情形 N-1 演化仿真结果

六、影响因素变化的仿真分析

本部分通过仿真分析讨论顾客推荐效应 t、企业对顾客有效推荐新产品的奖励 A_3 的变化对二维动态系统演化结果的影响。鉴于情形 M-1 中企业和顾客的最优行为选择已演化为理想状态，即企业积极质量创新，顾客共享质量创新资源，因此本部分对其余四类情形下两个关键因素的作用进行讨论。首先，将企业全面推广新产品和顾客推荐新产品的初始概率设置为 $x_3=0.5$、$y_3=0.5$。其次，将顾客推荐效应 t 的取值范围设置为 1.1~2，分别为 1.1、1.4、1.7、2；将企业对顾客有效推荐新产品的奖励 A_3 的取值范围设置为 5~20，分别为 5、10、15、20。最后，分别在以上四类情形下，对两个关键参数的不同取值进行仿真，呈现演化轨迹。

1. 顾客推荐效应变化的影响

如图 5-48 所示，对于情形 J-1 而言，随着顾客推荐效应逐渐提高，二维动态系统的稳定点逐渐由（0，0）向（1，1）演化。这表明，当演化稳定状态为（0，0），即企业选择部分推广新产品，顾客选择不推荐新产品时，如果顾客推荐转化为需求的转化程度更强，随着时间的推移，企业将逐渐选择全面推广新产品，顾客将选择向其他顾客推荐新产品，二维动态系统向着良性方向演化。

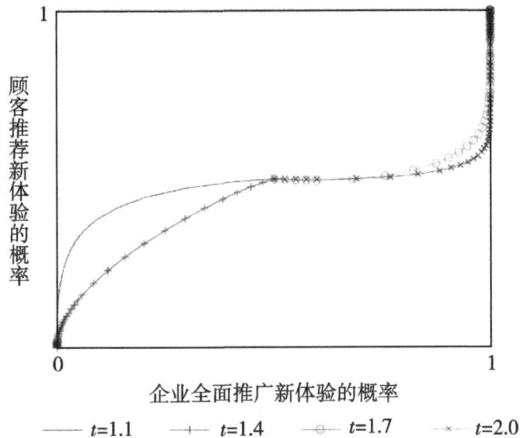

图 5-48 情形 J-1 中顾客推荐效应变化的演化仿真结果

如图 5-49 所示，对于情形 K-1 而言，随着顾客推荐效应逐渐提高，二维动态系统的稳定点逐渐由（0，1）向（1，1）演化。这表明，当演化稳定状态为（0，1），即企业选择部分推广新产品，顾客选择推荐新产品时，如果顾客推荐转化为需求的转化程度更强，随着时间的推移，企业将逐渐转而全面推广新产品，二维动态系统向着良性方向演化。

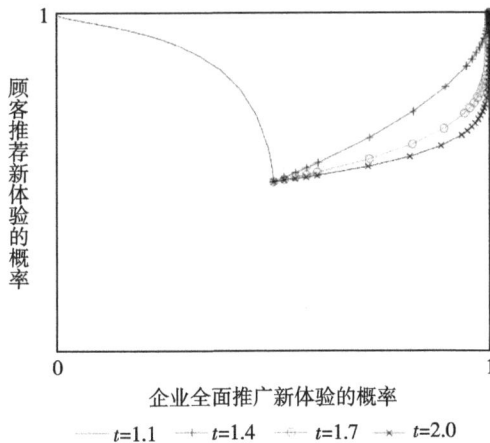

图 5-49 情形 K-1 中顾客推荐效应变化的演化仿真结果

如图 5-50 所示，对于情形 L-1 而言，顾客推荐效应的提高仅影响二维动态系统的演化速度，演化稳定状态不发生变化，均为（1，0）。这表明，当演化稳定状态为（1，0），即企业选择全面推广新产品，顾客选择不向其他顾客推荐新产品时，顾客推荐转化为需求的转化程度提升并不会使演化稳定结果发生明显改善。

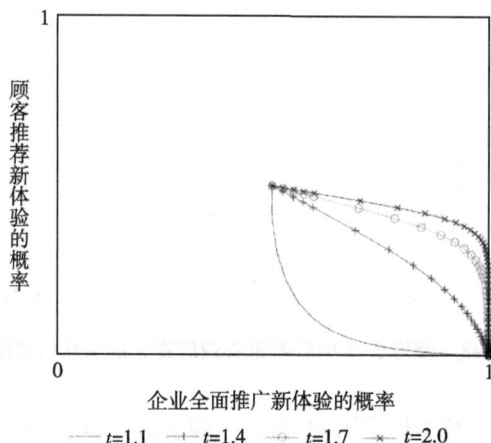

图 5-50　情形 L-1 中顾客推荐效应变化的演化仿真结果

如图 5-51 所示，对于情形 N-1 而言，随着顾客推荐效应逐渐提高，二维动态系统逐渐由无演化稳定状态向稳定于（1，1）演化。这表明，当企业和顾客无法明确最优策略时，如果顾客推荐转化为需求的转化程度提升，随着时间的推移，企业将逐渐选择全面推广新产品，顾客将选择向其他顾客推荐新产品，二维动态系统由无序向着良性方向演化。

2. 企业对顾客有效推荐的奖励变化的影响

如图 5-52 所示，对于情形 J-1 而言，企业奖励的升高使二维动态系统的演化稳定状态由（0，0）变为（0，1）。这表明，当演化稳定状态为（0，0）时，即企业部分推广新产品，顾客不推荐新产品，此时企业适当提高对顾客有效推荐的奖励将使得顾客转而向其他顾客推荐新产品，二维动态系统向着良性方向演化。

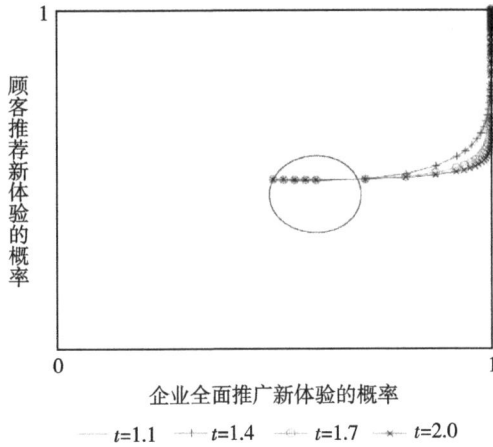

图 5-51　情形 N-1 中顾客推荐效应变化的演化仿真结果

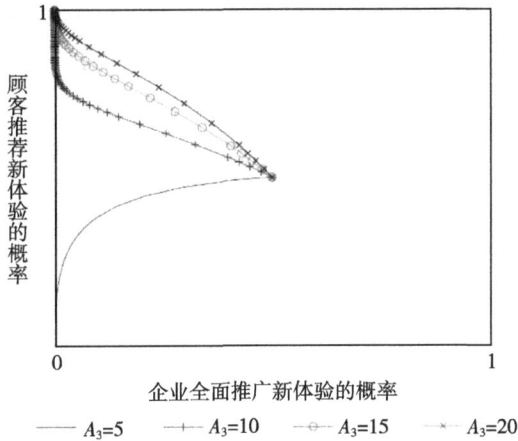

图 5-52　情形 J-1 中企业对顾客推荐奖励变化的演化仿真结果

如图 5-53 所示，对于情形 K-1 而言，企业奖励的升高仅影响二维动态系统的演化速度，演化稳定状态不发生变化，均为（0，1）。这表明，当演化稳定状态为（0，1）时，即顾客向其他顾客推荐新产品而企业部分推广新产品，企业加大顾客奖励并不会使演化稳定结果发生明显改善。

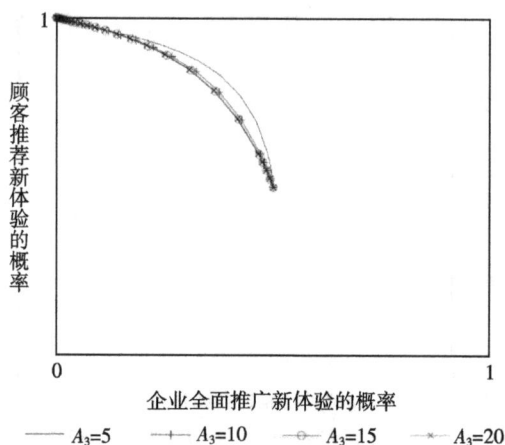

图 5-53 情形 K-1 中企业对顾客推荐奖励变化的演化仿真结果

如图 5-54 所示，对于情形 L-1 而言，企业奖励的升高使二维动态系统由稳定于（1，0）转为无演化稳定状态再转为稳定于（0，1）。这表明，当演化稳定状态为（1，0）时，即企业全面推广新产品，顾客不推荐新产品，此时企业提高对顾客有效推荐的奖励将使顾客转而向其他顾客推荐新产品，企业转而部分推广新产品。

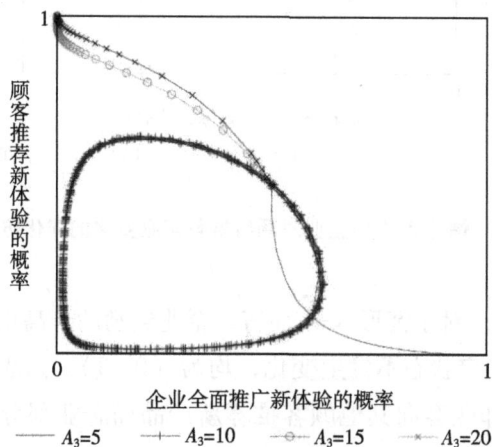

图 5-54 情形 L-1 中企业对顾客推荐奖励变化的演化仿真结果

如图 5-55 所示，对于情形 N-1 而言，企业奖励的升高使二维动态系统由无演化稳定状态转为稳定于（0，1）。这表明，当企业和顾客无法明确最优策略时，企业提高对顾客有效推荐的奖励将使顾客转而向其他顾客推荐新产品，企业转而部分推广新产品，演化稳定结果发生改善。

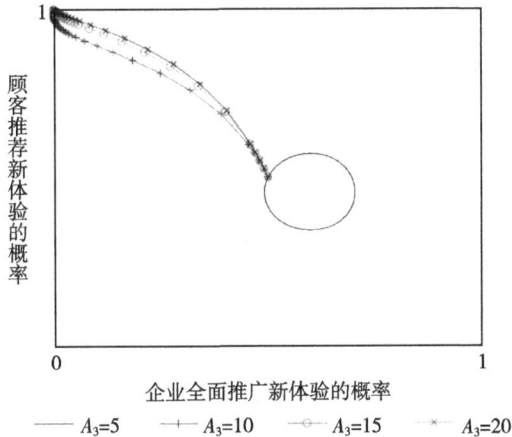

图 5-55　情形 N-1 中企业对顾客推荐奖励变化的演化仿真结果

七、关键因素的影响

根据演化仿真分析，质量创新实施阶段各关键因素对演化结果的影响归纳如下：

顾客推荐效应提升可促进企业选择全面推广新产品。当企业选择部分推广新产品，顾客选择不推荐新产品时，顾客推荐转化为需求的转化程度足够强，企业将逐渐选择全面推广新产品，顾客将选择向其他顾客推荐新产品，二维动态系统向着良性方向演化；当企业选择部分推广新产品，顾客选择推荐新产品时，若顾客推荐转化为需求的转化程度足够强，企业将逐渐转而全面推广新产品，二维动态系统向着良性方向演化；当企业选择全面推广新产品，顾客选择不向其他顾客推荐新产品时，顾客推荐转化为需求的转化程度提升并不会使演化稳定结果发生明显改善；当企业和顾客无法明确最优策略时，若顾客推荐转化为需求的转化程度提升，企业将逐渐选择全面推广新产品，顾客将选择向其他顾客推荐新产品，二维动态系统由无序向着良性方向演化。

企业提高对顾客有效推荐的奖励可促进顾客向其他顾客推荐新产品。当企业部分推广新产品，顾客不推荐新产品时，此时企业适当提高对顾客有效推荐的奖励将使顾客转而向其他顾客推荐新产品；当顾客向其他顾客推荐新产品而企业部分推广新产品时，企业加大奖励并不会使企业转而全面推广新产品；当企业全面推广新产品，顾客不推荐新产品时，企业提高对顾客有效推荐的奖励将使顾客转而向其他顾客推荐新产品，企业转而部分推广新产品；当企业和顾客无法明确最优策略时，企业提高对顾客有效推荐的奖励将使得顾客转而向其他顾客推荐新产品，企业转而部分推广新产品，演化稳定结果发生改善。

第五节　本章小结

本章基于顾企互动的视角探讨了顾客的契合行为与企业的质量创新行为的互动情况及关键影响因素。本章基于演化博弈论构建了质量创新三阶段的三个演化博弈模型，分析了三阶段中不同顾客契合行为和质量创新行为的影响因素，讨论了关键影响因素对顾企双群体策略演化过程和稳定策略的影响。本章首先按照顾客契合作用特征将质量创新过程划分为质量创新立项阶段、质量创新实施阶段、质量创新市场推出阶段，分析三阶段中顾客契合的三类行为（表达质量期望与否、共享质量创新资源与否、向其他顾客推荐新产品与否）和企业质量创新的三类行为（主动质量创新或被动质量创新、积极质量创新或消极质量创新、全面推广新产品或部分推广新产品），对三阶段下顾客契合与质量创新博弈情境进行分析，列举了顾客和企业行为策略选择的影响因素，基于情境分析分别在质量创新的三阶段建立三个演化博弈模型，设置参数值利用 MATLAB 软件进行演化博弈仿真分析，讨论关键因素的影响。

研究发现，顾客契合行为和企业质量创新行为的稳定策略分别受不同因素不同程度的影响。具体而言，在质量创新立项阶段，企业奖励变化在某些情形下可使顾客或企业的演化稳定策略发生改善，企业收益分配系数的降低在不同情形下均可促进顾客或企业的演化稳定策略向良性方向转化，顾客社交及影响能力的提升仅可使企业转而进行主动质量创新；在质量创新的实施阶段，顾客契合度和顾客社交及影响能力两个顾客因素的变化在某些情形下可使顾客或企业的演化稳定策略发生改善，企业降低创新成本可使顾客或企业的演化稳定策略发生改善，企业资源吸纳能力的提升、企业创新收益分配系数的变化、企业增加对顾客共享创新资源的奖励均无法使顾客和企业的稳定策略向良性方向演化；在质量创新的市场推出阶段，顾客推荐效应提升可促进企业选择全面推广新产品，企业提高对顾客有效推荐的奖励可促进顾客向其他顾客推荐新产品。

第六章　结论与展望

第一节　研究结论

结合第三章、第四章、第五章的研究结果，本书归纳出两项主要研究结论，分别为顾客契合与质量创新的双路径循环模型与顾客契合与质量创新的三阶段演化模型，共同揭示了体验质量、顾客契合、质量创新的循环机理。

一、顾客契合与质量创新的双路径循环模型

本书第三章和第四章研究了体验质量、顾客契合、质量创新的关系。第三章研究了顾客体验质量对顾客契合的影响机理，回答了"体验质量如何影响正向和负向顾客契合"的研究问题，考虑了顾客契合效价和顾客契合内在需求动机，强调顾客契合的体验性这一本质特征，构建顾客契合（形成的）双路径循环模型，验证了体验质量影响顾客契合形成和增强的两条路径，一是强调顾客心理反应的"体验质量→顾客满意和顾客不满→正向和负向顾客契合"路径，二是强调顾客内在需求动机的"体验质量→新期望→正向和负向顾客契合"路径，分析体验质量的四个维度（内心平静、产品体验、结果焦点和关键时刻）在正向和负向顾客契合形成和增强中的差异化作用，检验顾客满意、顾客不满、新期望在体验质量与正向和负向顾客契合之间关系的中介作用以及顾客专业度的调节作用。第四章研究了基于员工感知的顾客契合对质量创新的影响机理，回答了"正向和负向顾客契合如何影响质量创新"的研究问题，考虑正向顾客契合和负向顾客契合

两类外在刺激，从创新效能和顾客压力角度考虑创新人员的主动和被动质量创新行为的内在动机，构建质量创新（形成的）双路径循环模型，验证了顾客契合影响质量创新的两条路径，一是"正向和负向顾客契合→创新效能感→主动和被动质量创新"路径，二是"正向和负向顾客契合→感知顾客期望提升→创新压力感→主动和被动质量创新"路径，分析了正向和负向顾客契合对主动质量创新和被动质量创新的影响，检验创新效能、感知顾客期望提升、顾客压力在正向和负向顾客契合与主动和被动质量创新之间关系的中介作用以及探索性创新战略和开发性创新战略的调节作用。

综合第三章和第四章的研究结果，本书提出顾客契合与质量创新的双路径循环模型，如图 6-1 所示。顾客契合与质量创新的双路径循环模型包含两条主要路径（图中隐去了非主要影响路径），一是体验质量→顾客满意和新期望→正向顾客契合→创新效能→主动质量创新→新产品质量，二是体验质量→顾客不满→负向顾客契合→感知顾客期望提升→顾客压力→被动质量创新→新产品质量。

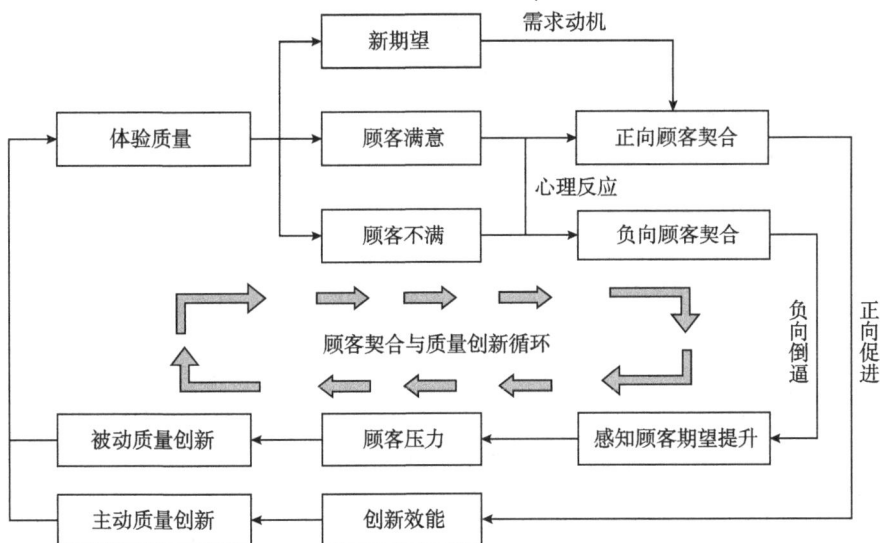

图 6-1　顾客契合与质量创新双路径循环模型

顾客感知体验质量后，一方面产生积极或消极的心理反应，产生顾客满意或顾客不满，并分别促进正向和负向顾客契合，另一方面产生内在的需求动机，对体验质量产生更高期望，希望通过更深入的契合获得更好的体验，新期望强化了正向顾客契合。企业创新人员一方面感知正向顾客契合，强化了创新人员的创新效能，正向促进了创新人员主动质量创新；另一方面感知负向顾客契合，感知到顾客对体验质量的期望提升，增强了创新人员的创新压力，负向倒逼了创新人员的被动质量创新。

除以上主要影响路径外，本书还得出以下结论：

（1）体验质量的四个维度对正向顾客契合和负向顾客契合存在非对称影响。结果焦点对顾客契合（正向的和负向的）均不存在显著的直接影响。关键时刻对正向和负向顾客契合均有显著的直接影响。内心平静和产品体验仅对正向顾客契合有显著的直接影响，而对负向顾客契合没有显著的直接影响。

（2）新期望仅对正向顾客契合存在显著正向影响，而对负向顾客契合无显著影响。这一结果说明，顾客在体验后形成的更高期望会形成加深互动的内在动力，从而促进正向顾客契合的形成和增强。然而，更高的期望并不能有效缓解负向顾客契合。

（3）顾客满意、顾客不满、新期望在"体验质量各维度→正向和负向顾客契合"中发挥不同的中介作用。新期望在"体验质量→顾客契合"中发挥的中介作用比顾客满意和顾客不满的更大。

（4）顾客专业度仅调节正向概念间的关系，分别正向地和负向地调节了顾客满意和新期望对正向顾客契合的影响。一方面，专家型顾客的顾客满意对正向顾客契合的影响显著强于新手型顾客；另一方面，顾客专业度越低，新期望对正向顾客契合的促进作用越明显。专业度高的顾客在对体验抱有较高期望时不只聚焦于当前焦点对象，还会找寻替代品以获得更多刺激，而专业度较低的顾客由于知识和能力所限，只会通过不断加深与当前焦点对象的互动来满足更高追求。

（5）顾客契合对质量创新存在显著的直接影响。正向顾客契合和负向顾客契合对主动质量创新和被动质量创新的直接影响不存在交叉效应。具体而言，正向顾客契合仅对主动质量创新存在显著的正向影响，而对被动质量创新不存在显著影响。与之对应，负向顾客契合仅对被动质量创新存在显著的正向影响，而对主动质量创新不存在显著影响。

（6）正向顾客契合除直接正向影响主动质量创新外，还通过创新效能这个唯一的中介变量间接影响主动质量创新。负向顾客契合对主动质量创新不存在显著的直接影响，仅能通过创新效能影响主动质量创新。负向顾客契合除直接影响被动质量创新外，还通过顾客期望提升、创新效能、顾客压力等间接影响被动质量创新。

（7）创新战略类型在正向顾客契合对创新效能和主动质量创新的影响以及负向顾客契合对顾客压力和被动质量创新的影响中发挥调节作用。相较于探索性创新战略，奉行开发性创新战略的企业正向顾客契合对创新效能和主动质量创新的正向影响作用更强，负向顾客契合对顾客压力和被动质量创新的正向影响作用也更强。

二、顾客契合与质量创新的三阶段演化模型

本书第五章研究了顾客的契合行为与企业的质量创新行为的演化动态，研究内容为顾客契合与质量创新的三阶段演化博弈研究，回答了"顾客的契合行为策略与企业的质量创新行为策略如何相互影响"的研究问题，将质量创新阶段划分为质量创新立项阶段、质量创新实施阶段、质量创新市场推出阶段，进而对质量创新三阶段进行情境分析，明确了顾客和企业在三阶段的不同行为策略，分析了顾客与企业在质量创新三阶段行为选择的影响因素，建立了质量创新三阶段顾客契合和质量创新的演化博弈模型，分析了演化博弈模型的演化稳定点及其条件，确定初始参数值，进行演化仿真计算，探讨了关键影响因素变化对演化稳定结果变动的影响。

结合第五章的研究结果，本书提出顾客契合与质量创新的三阶段演化模型，如图6-2所示。顾客契合与质量创新的最优演化路径为：顾客表达质量期望且企业主动质量创新→顾客共享质量创新资源且企业积极质量创新→顾客向其他顾客推荐新产品且企业全面推广新产品。

在质量创新立项阶段，顾客选择表达质量期望，即通过在线社区、购物网站在线评论、品牌官方网站反馈渠道、客服热线、线下品牌店等多种渠道直接或间接地将自己对质量创新的期望及对体验的评价等信息传递给企业；企业选择主动质量创新，即主动地从顾客处识别、获取质量创新的机会，综合利用来自正向契合顾客和负向契合顾客的质量期望信息。进入质量创新实施阶段，顾客选择共享质量创新资源，包括提出创意，贡献创新建议，提供行业技术信息，进行创新设计等顾客契合行为；企业选择积极质量创新，即以打造卓越的顾客体验为目标，广泛吸纳顾客质量创新资源，协调整合内外部创新资源，实现协同质量创新。进入质量创新市场推出阶段，顾客选择向其他顾客推荐新产品，即顾客向企业的现

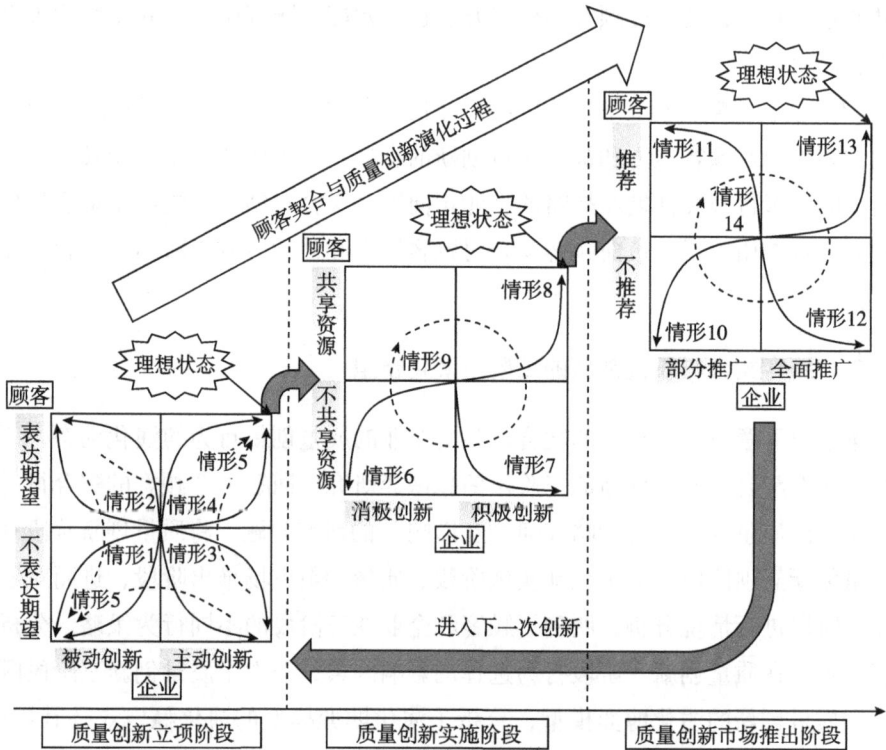

图6-2 顾客契合与质量创新的三阶段演化模型

注：图中"情形1~情形14"分别对应正文中"情形A~情形N"。

有顾客和潜在顾客推荐较老产品更高质量的新产品，为企业创造更大的创新市场收益；企业选择全面推广新产品，即以质量创新后的新产品完全替代市场上的老产品进行销售。

除上述演化路径外，本书还得出以下结论：

顾客契合行为和企业质量创新行为的稳定策略分别受不同因素不同程度的影响。

（1）在质量创新立项阶段，企业奖励变化在某些情形下可使顾客或企业的演化稳定策略发生改善，企业收益分配系数的降低在不同情形下均可促进顾客或企业的演化稳定策略向良性方向转化，顾客社交及影响能力的提升仅可使企业转而进行主动质量创新。

（2）在质量创新的实施阶段，顾客契合度和顾客社交及影响能力两个顾客因素的变化在某些情形下可使顾客或企业的演化稳定策略发生改善，企业降低创新成本可使顾客或企业的演化稳定策略发生改善，企业资源吸纳能力的提升、企业创新收益分配系数的变化、企业增加对顾客共享创新资源的奖励均无法使顾客和企业的稳定策略向良性方向演化。

（3）在质量创新的市场推出阶段，顾客推荐效应提升可促进企业选择全面推广新产品，企业提高对顾客有效推荐的奖励可促进顾客向其他顾客推荐新产品。

第二节　管理启示

一、顾客关系营销方面的启示

首先，体验质量四个维度对顾客满意和顾客不满存在差异化影响。内心平静、关键时刻、结果焦点三个维度均会影响顾客满意和顾客不满，其中内心平静对顾客满意的影响作用最大。与此不同的是，产品体验仅会正向影响顾客满意，而对顾客不满没有影响。根据 Kano（1984）的观点，产品体验属于富有魅力的质量特性。这些结论为组织提供了优化体验质量的优先级。组织应优先增强服务人员的专业素质和服务能力，给顾客带来的情感收益，令顾客产生安心、放心的感受。然后，组织应通过识别顾客与顾客接触的关键环节，在意外发生时能及时、灵活地进行服务补救，最大限度弥补顾客损失，提升顾客感知价值。此外，组织还应采取措施协助顾客达到体验目标。再者，在为顾客提供产品款型及相关对比信息时，组织应充分权衡付出与回报，避免因一味迎合顾客自由选择多样化产品的需求而造成资源的过度浪费和成本的迅速攀升。

其次，体验质量任一维度的提升均会促进顾客对体验产生更高期望，进而促进积极的顾客契合行为。这表明组织一旦奉行领先者战略，为顾客打造超出行业平均水平的体验，就需要不断提升体验质量以持续满足顾客日益增长的期望与需求。更高的需求会驱动顾客更深入地与组织交互，共同创造更优质的体验，形成良性的循环。在此过程中，组织能更牢固地抓住顾客，顾客也能通过与组织深度契合获得绝佳体验，实现合作共赢，共创更丰富的价值。

最后，本书验证了顾客专业度在正向顾客关键构念间关系中的调节作用。结果表明，对于专家型顾客与新手型顾客，新期望、顾客满意、顾客契合之间关系的强度不同。这为组织管理人员针对细分顾客群体制定差异化的管理策略提供了指导。对于专业度较高的顾客，组织应尽力为其打造卓越的体验以使其满意，通过广告宣传等手段引领顾客的更高追求和向往，从而促进正向顾客契合行为的形成和增强。对于新手型顾客，组织一方面应通过顾客教育提高其专业化程度，另一方面应通过激励策略增强其理性的顾客契合程度。

二、质量创新方面的启示

首先，正向和负向顾客契合分别促进了创新人员的主动和被动质量创新，这从积极和消极两方面强调了顾客契合对质量创新的重要价值。负向顾客契合是一颗同时蕴含"威胁"和"礼物"的种子（Lee et al.，2014），尽管其形成的负面口碑等可能在一定程度上损害品牌声誉，造成顾客流失，削弱市场收益，但其对企业创新发展仍有潜在价值。负向顾客契合通常由顾客对体验的不满所引起，其外化表现往往能反映关于体验的不足和建议。因此，企业要将负向顾客契合作为重要内容纳入顾客契合管理的实践中，杜绝对负向顾客契合的忽略、敷衍和错误应对，在通过营销公关手段消除负向顾客契合带来的负面影响的同时，对负面的顾客生成内容进行多渠道收集、有效分析和及时反馈，一方面通过顾客契合过程缓解顾客的负面情绪和行为，另一方面从负面顾客生成内容中识别新的创新机会。开展质量创新的企业在搜寻、获取、挖掘、采纳、利用顾客创新资源的过程中，不应仅局限于正向顾客契合，整合正面的顾客创新资源，还应关注负向顾客契合，发现现有体验缺陷以快速明确质量创新的重点方向，联合正向促进和负向倒逼两种机制推动创新人员的质量创新，以最大化质量创新的程度和价值，持续打造超越顾客期望的卓越顾客体验。

其次，创新效能和顾客压力在正向和负向顾客契合推动创新人员主动和被动质量创新的过程中发挥中介作用。一方面，企业应建立高效畅通的顾客-员工、顾客-顾客交流渠道，通过有效的沟通机制使顾客契合对员工创新效能、工作压力、主动质量创新和被动质量创新的影响处于合理区间，如在管理在线社区时建立正向激励机制鼓励顾客契合行为，严格执行规范以遏制顾客不当行为等。另一方面，企业应对创新人员的创新效能和创新压力进行合理的管理和引导，以最大限度促进员工的主动和被动质量创新行为和绩效。

再次，相较于探索性创新战略，企业奉行开发性创新战略能够强化顾客契合对员工创新效能、创新压力和质量创新行为的作用。探索性创新战略能激发企业的颠覆式创新行为和绩效。企业在确定创新战略导向时往往奉行双元创新战略，即探索性创新战略和开发性创新战略两种战略共同追求以获得稳健的业绩（Kahn and Candi，2021）。因此，开展质量创新企业不应过度依赖任何一种形式的创新战略，而应权衡灵活的双元创新战略的综合效益，依据内外部环境的变化适时调整创新战略中探索性创新和开发性创新的侧重，平衡两者以获得最佳的创新实践和绩效。

最后，在质量创新立项阶段，企业适当提升分享给顾客的创新收益可促进顾客主动表达质量期望，顾客提升社交及影响能力可促进企业关注正向和负向顾客契合行为，进行主动质量创新；在质量创新实施阶段，顾客契合度越高，顾客社交及影响能力越强，企业质量创新成本越低，则企业越倾向于整合内外部质量创新资源，进行积极质量创新，顾客越倾向于向企业共享自身的质量创新资源；在质量创新市场推出阶段，顾客推荐效应提升可促进企业选择全面推广新产品，企业提高对顾客有效推荐的奖励可促进顾客向其他顾客推荐新产品，顾客双方将获得更高的创新收益。

第三节　局限与展望

由于能力所限，本书存在几点不足之处，如下：

首先，本书在第三章和第四章的实证研究中分别调查了数码科技品牌的顾客和企业的创新人员，用两组不同来源的数据分别验证了体验质量对顾客契合的影响和顾客契合对质量创新的影响，数据缺乏统一性。未来的研究可以将创新人员的数据与顾客的数据相对应，联合两组数据验证整个顾客契合与质量创新的循环模型。

其次，本书将质量创新界定为体验质量创新，即将质量创新的对象确定为包括产品和服务的综合体验。实际上，产品体验创新和服务体验创新存有区别，但本书未将两者进行区分，而是综合考虑。未来研究可以在不同的产品体验和服务体验情境下探究顾客契合与质量创新的关系。

　　最后，本书的第五章演化博弈研究中利用 MATLAB 进行演化博弈仿真，囿于数据获取困难，所用数据来自专家估计，虽能体现不同参数取值的不同演化稳定情形，但仍难以完全反映现实情况。未来的研究可通过大数据等先进的数据获取手段收集现实数据，进行演化仿真，以确保仿真结果直接反映现实情况。此外，未来研究可通过参数设计将三个创新阶段串联，研究三阶段整体演化情况。

参考文献

［1］ Ahlert D. An Examination of Switching Barriers as moderators in the four-stage loyalty model ［J］. Journal of Service Research, 2006, 8 (4): 330-345.

［2］ Ahn J, Back K-J. Antecedents and consequences of customer brand engagement in integrated resorts ［J］. International Journal of Hospitality Management, 2018, 75: 144-152.

［3］ Alves H, Ferreira J J, Fernandes C I. Customer's operant resources effects on co-creation activities ［J］. Journal of Innovation & Knowledge, 2016, 1 (2): 69-80.

［4］ Alzoubi M O, Alrowwad A A, Masa'deh R E. Exploring the relationships among tacit knowledge sharing, communities of practice and employees' abilities: The case of KADDB in Jordan ［J］. International Journal of Organizational Analysis, 2022, 30 (5): 1132-1155.

［5］ Andreassen T, Lindestad B. Customer loyalty and complex services: The impact of corporate image on quality, customer satisfaction and loyalty for customers with varying degrees of service expertise ［J］. International Journal of Service Industry Management, 1998, 9 (1): 7-23.

［6］ Arnold T J, Fang E, Palmatier R W. The effects of customer acquisition and retention orientations on a firm's radical and incremental innovation performance ［J］. Journal of the Academy of Marketing Science, 2011, 39 (2): 234-251.

［7］ Auh S, Bell S J, Mcleod C S, et al. Co-production and customer loyalty in financial services ［J］. Journal of Retailing, 2007, 83 (3): 359-370.

［8］ Azer J, Alexander M. Direct and indirect negatively valenced engagement behavior [J]. Journal of Services Marketing, 2020a, 34 (7): 967-981.

[9] Azer J, Alexander M. Negative customer engagement behaviour: The interplay of intensity and valence in online networks [J]. Journal of Marketing Management, 2020b, 36 (3-4): 361-383.

[10] Azer J, Alexander M J. Conceptualizing negatively valenced influencing behavior: forms and triggers [J]. Journal of Service Management, 2018, 29 (3): 468-490.

[11] Bagheri A, Akbari M, Artang A. How does entrepreneurial leadership affect innovation work behavior? The mediating role of individual and team creativity self-efficacy [J]. European Journal of Innovation Management, 2022, 25 (1): 1-18.

[12] Bandura A. Editorial [J]. American Journal of Health Promotion, 1997, 12 (1): 8-10.

[13] Bandura A. Exercise of human agency through collective efficacy [J]. Current Directions in Psychological Science, 2000, 9 (3): 75-78.

[14] Barari M, Ross M, Surachartkumtonkun J. Negative and positive customer shopping experience in an online context [J]. Journal of Retailing and Consumer Services, 2020, 53: 101985.

[15] Becker L, Jaakkola E. Customer experience: Fundamental premises and implications for research [J]. Journal of the Academy of Marketing Science, 2020, 48 (4): 630-648.

[16] Bell D R, Gallino S, Moreno A. Customer supercharging in experience-centric channels [J]. Management Science, 2020, 66 (9): 4096-4107.

[17] Bell S J, Auh S, Smalley K. Customer relationship dynamics: Service quality and customer loyalty in the context of varying levels of customer expertise and switching costs [J]. Journal of the Academy of Marketing Science, 2005, 33 (2): 169.

[18] Berchicci L. Towards an open R&D system: Internal R&D investment, external knowledge acquisition and innovative performance [J]. Research Policy, 2013, 42 (1): 117-127.

[19] Bilgihan A, Kandampully J, Zhang T. Towards a unified customer experience in online shopping environments [J]. International Journal of Quality and Service Sciences, 2016, 8 (1): 102-119.

［20］Bingham C B, Eisenhardt K M. Position, leverage and opportunity: A typology of strategic logics linking resources with competitive advantage [J]. Managerial and Decision Economics, 2008, 29 (2-3): 241-256.

［21］Bitter S, Grabner-Kräuter S. Consequences of customer engagement behavior: When negative Facebook posts have positive effects [J]. Electronic Markets, 2016, 26 (3): 219-231.

［22］Bonner J M. Customer interactivity and new product performance: Moderating effects of product newness and product embeddedness [J]. Industrial Marketing Management, 2010, 39 (3): 485-492.

［23］Boon E, Pitt L, Salehi-Sangari E. Managing information sharing in online communities and marketplaces [J]. Business Horizons, 2015, 58 (3): 347-353.

［24］Bowden J L-H, Conduit J, Hollebeek L D, et al. Engagement valence duality and spillover effects in online brand communities [J]. Journal of Service Theory and Practice, 2017, 27 (4): 877-897.

［25］Brakus J J, Schmitt B H, Zarantonello L. Brand experience: What is it? How is it measured? Does it affect loyalty? [J]. Journal of Marketing, 2009, 73 (3): 52-62.

［26］Brockman B K, Morgan R M. The role of existing knowledge in new product innovativeness and performance [J]. Decision Sciences, 2003, 34 (2): 385-419.

［27］Brodie R J, Hollebeek L D, Jurić B, et al. Customer Engagement: Conceptual Domain, Fundamental Propositions, and Implications for Research [J]. Journal of Service Research, 2011, 14 (3): 252-271.

［28］Brodie R J, Ilic A, Juric B, et al. Consumer engagement in a virtual brand community: An exploratory analysis [J]. Journal of Business Research, 2013, 66 (1): 105-114.

［29］Bstieler L, Hemmert M. Increasing learning and time efficiency in interorganizational new product development teams [J]. Journal of Product Innovation Management, 2010, 27 (4): 485-499.

［30］Calvo-Mora A, Navarro-García A, Rey-Moreno M, et al. Excellence management practices, knowledge management and key business results in large organisations and SMEs: A multi-group analysis [J]. European Management Journal, 2016,

34 (6): 661-673.

[31] Capaldo A. Network structure and innovation: The leveraging of a dual network as a distinctive relational capability [J]. Strategic Management Journal, 2007, 28 (6): 585-608.

[32] Carbone L P, Haeckel S H. Engineering customer experiences [J]. Marketing Management, 1994, 3 (3): 8.

[33] Carbonell P, Rodriguez-Escudero A-I. Antecedents and consequences of using information from customers involved in new service development [J]. Journal of Business & Industrial Marketing, 2014, 29 (2): 112-122.

[34] Carmeli A, Schaubroeck J. The influence of leaders' and other referents' normative expectations on individual involvement in creative work [J]. The Leadership Quarterly, 2007, 18 (1): 35-48.

[35] Chahal H, Dutta K. Measurement and impact of customer experience in banking sector [J]. Decision, 2015, 42 (1): 57-70.

[36] Chan H, Wan L C. Dual influences of moderating variables in the dissatisfaction process: Theory and evidence [J]. Journal of International Consumer Marketing, 2009, 21 (2): 125-135.

[37] Chen C-J, Hsiao Y-C, Chu M-A. Transfer mechanisms and knowledge transfer: The cooperative competency perspective [J]. Journal of Business Research, 2014, 67 (12): 2531-2541.

[38] Chen J-S, Weng H-H, Huang C-L. A multilevel analysis of customer engagement, its antecedents, and the effects on service innovation [J]. Total Quality Management & Business Excellence, 2018, 29 (3-4): 410-428.

[39] Chen J, Liu L. Customer participation, and green product innovation in SMEs: The mediating role of opportunity recognition and exploitation [J]. Journal of Business Research, 2020, 119: 151-162.

[40] Chen X, Dahlgaard-Park S M, Wen D. Emotional and rational customer engagement: Exploring the development route and the motivation [J]. Total Quality Management & Business Excellence, 2019, 30 (sup1): S141-S157.

[41] Chen X, Sun X, Yan D, et al. Perceived sustainability and customer engagement in the online shopping environment: The rational and emotional perspectives

[J]. Sustainability, 2020, 12 (7): 2674.

[42] Chen X, Yu H, Gentry J W, et al. Complaint or recommendation? The impact of customers' state and trait goal orientations on customer engagement behaviors [J]. Journal of Consumer Behaviour, 2017, 16 (2): 187-194.

[43] Chen Y, Zhang L. Be creative as proactive? The impact of creative self-efficacy on employee creativity: A proactive perspective [J]. Current Psychology, 2019, 38 (2): 589-598.

[44] Chin W, Marcoulides G. The partial least squares approach to structural equation modeling [J]. Modern Methods for Business Research, 1998, 8: 295-336.

[45] Chin W W, Thatcher J B, Wright R T, et al. Controlling for common method variance in PLS analysis: The measured latent marker variable approach [M]. New York: Springer New York, 2013: 231-239.

[46] Cho M, Yoo J J-E. Customer pressure and restaurant employee green creative behavior: Serial mediation effects of restaurant ethical standards and employee green passion [J]. International Journal of Contemporary Hospitality Management, 2021, 33 (12): 4505-4525.

[47] Choi C H, Kim T, Lee G, et al. Testing the stressor-strain-outcome model of customer-related social stressors in predicting emotional exhaustion, customer orientation and service recovery performance [J]. International Journal of Hospitality Management, 2014, 36: 272-285.

[48] Chu Z, Wang L, Lai F. Customer pressure and green innovations at third party logistics providers in China [J]. The International Journal of Logistics Management, 2019, 30 (1): 57-75.

[49] Cui A S, Wu F. Utilizing customer knowledge in innovation: Antecedents and impact of customer involvement on new product performance [J]. Journal of the Academy of Marketing Science, 2016, 44 (4): 516-538.

[50] De Oliveira R T, Indulska M, Steen J, et al. Towards a framework for innovation in retailing through social media [J]. Journal of Retailing and Consumer Services, 2020, 54: 101772.

[51] De Villiers R. Consumer brand enmeshment: Typography and complexity modeling of consumer brand engagement and brand loyalty enactments [J]. Journal of

Business Research, 2015, 68 (9): 1953–1963.

[52] Dedeoǧlu B B, Demirer H. Differences in service quality perceptions of stakeholders in the hotel industry [J]. International Journal of Contemporary Hospitality Management, 2015, 27 (1): 130–146.

[53] Deshwal P. Customer experience quality and demographic variables (age, gender, education level, and family income) in retail stores [J]. International Journal of Retail & Distribution Management, 2016 (9): 440–955.

[54] Do D K X, Rahman K, Robinson L J. Determinants of negative customer engagement behaviours [J]. Journal of Services Marketing, 2020, 34 (2): 117–135.

[55] Dormann C, Zapf D. Customer–related social stressors and burnout [J]. Journal of Occupational Health Psychology, 2004, 9 (1): 61–82.

[56] Edward M, George B P, Sarkar S K. The impact of switching costs upon the service quality–perceived value–customer satisfaction–service loyalty chain: A study in the context of cellular services in India [J]. Services Marketing Quarterly, 2010, 31 (2): 151–173.

[57] Fan C, Hu M, Shangguan Z, et al. The drivers of employees' active innovative behaviour in Chinese high–tech enterprises [J]. Sustainability, 2021, 13 (11): 6032.

[58] Ford C M. A theory of individual creative action in multiple social domains [J]. Academy of Management Review, 1996, 21 (4): 1112–1142.

[59] Fornell C, Larcker D F. Evaluating structural equation models with unobservable and measuremenr error [J]. Journal of Marketing Research, 1981, 18: 39–50.

[60] Fornell C, Wernerfelt B. Defensive marketing strategy by customer complaint management: A theoretical analysis [J]. Journal of Marketing Research, 1987, 24 (4): 337–346.

[61] Fournier S, Alvarez C. Brands as relationship partners: Warmth, competence, and in–between [J]. Journal of Consumer Psychology, 2012, 22 (2): 177–185.

[62] Friedman D. Evolutionary games in economics [J]. Econometrica, 1991,

59 (3): 637-666.

[63] Geisser S. The predictive sample reuse method with applications [J]. Journal of the American Statistical Association, 1975, 70 (350): 320-328.

[64] Gentile C, Spiller N, Noci G. How to sustain the customer experience: An overview of experience components that co-create value with the customer [J]. European Management Journal, 2007, 25 (5): 395-410.

[65] Gilson L L, Shalley C E. A little creativity goes a long way: An examination of teams' engagement in creative processes [J]. Journal of Management, 2004, 30 (4): 453-470.

[66] Gligor D, Bozkurt S, Russo I. Achieving customer engagement with social media: A qualitative comparative analysis approach [J]. Journal of Business Research, 2019, 101: 59-69.

[67] Gualandris J, Kalchschmidt M. Customer pressure and innovativeness: Their role in sustainable supply chain management [J]. Journal of Purchasing and Supply Management, 2014, 20 (2): 92-103.

[68] Guest D E, Conway N. Communicating the psychological contract: An employer perspective [J]. Human Resource Management Journal, 2002, 12 (2): 22-38.

[69] Ha H-Y, Janda S. The evolution of expectations of and attitudes toward online travel agencies over time [J]. Journal of Travel & Tourism Marketing, 2016, 33 (7): 966-980.

[70] Haase J, Hoff E V, Hanel P H P, et al. A meta-analysis of the relation between creative self-efficacy and different creativity measurements [J]. Creativity Research Journal, 2018, 30 (1): 1-16.

[71] Haner U-E. Innovation quality—A conceptual framework [J]. International Journal of Production Economics, 2002, 80 (1): 31-37.

[72] Hapsari R, Clemes M D, Dean D. The impact of service quality, customer engagement and selected marketing constructs on airline passenger loyalty [J]. International Journal of Quality and Service Sciences, 2017, 9 (1): 21-40.

[73] Harmeling C M, Moffett J W, Arnold M J, et al. Toward a theory of customer engagement marketing [J]. Journal of the Academy of Marketing Science, 2017,

45 (3): 312-335.

[74] He P-X, Wu T-J, Zhao H-D, et al. How to motivate employees for sustained innovation behavior in job stressors? A cross-level analysis of organizational innovation climate [J]. International Journal of Environmental Research and Public Health, 2019, 16 (23): 4608.

[75] Heinonen K. Positive and negative valence influencing consumer engagement [J]. Journal of Service Theory and Practice, 2018, 28 (2): 147-169.

[76] Hollebeek L D, Chen T. Exploring positively-versus negatively-valenced brand engagement: A conceptual model [J]. Journal of Product & Brand Management, 2014, 23 (1): 62-74.

[77] Hollebeek L D, Macky K. Digital content marketing's role in fostering consumer engagement, trust, and value: Framework, fundamental propositions, and implications [J]. Journal of Interactive Marketing, 2019, 45: 27-41.

[78] Hollebeek L D, Andreassen T W, Smith D L G, et al. Epilogue - service innovation actor engagement: An integrative model [J]. Journal of Services Marketing, 2018, 32 (1): 95-100.

[79] Hu L-T, Bentler P. Fit indices in covariance structure modeling: Sensitivity to underparameterized model misspecification [J]. Psychological Methods, 1998, 3 (4): 424-453.

[80] Jain R, Aagja J, Bagdare S. Customer experience—A review and research agenda [J]. Journal of Service Theory and Practice, 2017, 27 (3): 642-662.

[81] Jamal A, Anastasiadou K. Investigating the effects of service quality dimensions and expertise on loyalty [J]. European Journal of Marketing, 2009, 43: 398-420.

[82] Jin N P, Lee S, Lee H. The effect of experience quality on perceived value, satisfaction, image and behavioral intention of water park patrons: New versus repeat visitors [J]. International Journal of Tourism Research, 2015, 17: 82-95.

[83] Johnston R. The determinants of service quality: Satisfiers and dissatisfiers [J]. International Journal of Service Industry Management, 1995, 6 (5): 53-71.

[84] Kahn K B, Candi M. Investigating the relationship between innovation strategy and performance [J]. Journal of Business Research, 2021, 132: 56-66.

[85] Kalwani M U, Yim C K, Rinne H J, et al. A price expectations model of

customer brand choice [J]. Journal of Marketing Research, 1990, 27 (3): 251-262.

[86] Kano N. Attractive quality and must be quality [J]. The Journal of the Japanese Society for Quality Control, 1984, 14 (2): 147-156.

[87] Kao Y-F, Huang L-S, Wu C-H. Effects of theatrical elements on experiential quality and loyalty intentions for theme parks [J]. Asia Pacific Journal of Tourism Research, 2008, 13 (2): 163-174.

[88] Karatepe O M, Haktanir M, Yorganci I. The impacts of core self-evaluations on customer-related social stressors and emotional exhaustion [J]. The Service Industries Journal, 2010, 30 (9): 1565-1579.

[89] Kärkkäinen H, Elfvengren K. Role of careful customer need assessment in product innovation management—Empirical analysis [J]. International Journal of Production Economics, 2002, 80 (1): 85-103.

[90] Katona Z. Democracy in product design: Consumer participation and differentiation strategies [J]. Quantitative Marketing and Economics, 2015, 13 (4): 359-394.

[91] Khac D, Do D, Rahman K, et al. Determinants of negative customer engagement behaviours [J]. Journal of Services Marketing, 2020, 34: 117-135.

[92] Kim M, Shin Y. Collective efficacy as a mediator between cooperative group norms and group positive affect and team creativity [J]. Asia Pacific Journal of Management, 2015, 32 (3): 693-716.

[93] Kim T T, Paek S, Choi C H, et al. Frontline service employees' customer-related social stressors, emotional exhaustion, and service recovery performance: Customer orientation as a moderator [J]. Service Business, 2012, 6 (4): 503-526.

[94] Klaus P, Maklan S. EXQ: A multiple-item scale for assessing service experience [J]. Journal of Service Management, 2012, 23 (1): 5-33.

[95] Klaus P, Maklan S. Towards a better measure of customer experience [J]. International Journal of Market Research, 2013, 55: 227-246.

[96] Kleinaltenkamp M, Karpen I O, Plewa C, et al. Collective engagement in organizational settings [J]. Industrial Marketing Management, 2019, 80: 11-23.

[97] Kumar V, Aksoy L, Donkers B, et al. Undervalued or overvalued customers: Capturing total customer engagement value [J]. Journal of Service Research,

2010, 13（3）：297-310.

［98］Lashkova M, Antón C, Camarero C. Dual effect of sensory experience：Engagement vs diversive exploration［J］. International Journal of Retail & Distribution Management, 2019, 48（2）：128-151.

［99］Lee H, Han J, Suh Y. Gift or threat? An examination of voice of the customer：The case of MyStarbucksIdea. com［J］. Electronic Commerce Research and Applications, 2014, 13（3）：205-219.

［100］Lee K, Rho S, Kim S, et al. Creativity-innovation cycle for organisational exploration and exploitation：Lessons from Neowiz—A Korean internet company［J］. Long Range Planning, 2007, 40（4）：505-523.

［101］Lemke F, Clark M, Wilson H. Customer experience quality：An exploration in business and consumer contexts using repertory grid technique［J］. Journal of the Academy of Marketing Science, 2011, 39（6）：846-869.

［102］Lemon K N, Verhoef P C. Understanding customer experience throughout the customer journey［J］. Journal of Marketing, 2016, 80（6）：69-96.

［103］Li C-Y. Self-efficacy and innovation effectiveness in the online game industry［J］. Total Quality Management & Business Excellence, 2018, 29（11-12）：1482-1502.

［104］Li L P, Juric B, Brodie R J. Dynamic multi-actor engagement in networks：The case of United Breaks Guitars［J］. Journal of Service Theory and Practice, 2017, 27（4）：738-760.

［105］Li L P, Juric B, Brodie R J. Actor engagement valence：Conceptual foundations, propositions and research directions［J］. Journal of Service Management, 2018, 29（3）：491-516.

［106］Li Y, Li G, Feng T, et al. Customer involvement and NPD cost performance：The moderating role of product innovation novelty［J］. Journal of Business & Industrial Marketing, 2019, 34（4）：711-722.

［107］Liang C, Çakanylldlrlm M, Sethi S P. Analysis of product rollover strategies in the presence of strategic customers［J］. Management Science, 2014, 60（4）：1033-1056.

［108］Lin Y H. Innovative brand experience's influence on brand equity and brand satisfaction [J]. Journal of Business Research, 2015, 68 (11): 2254-2259.

[109] Lindell M, Whitney D. Accounting for common method variance in cross-sectional research designs [J]. Journal of Applied Psychology, 2001, 86 (1): 114-121.

[110] Lipkin M. Customer experience formation in today's service landscape [J]. Journal of Service Management, 2016, 27 (5): 678-703.

[111] Liu J, Chen J, Tao Y. Innovation performance in new product development teams in China's technology ventures: The role of behavioral integration dimensions and collective efficacy [J]. Journal of Product Innovation Management, 2015, 32 (1): 29-44.

[112] Loureiro S M C, Kaufmann H R. The role of online brand community engagement on positive or negative self-expression word-of-mouth [J]. Cogent Business & Management, 2018, 5 (1): 1508543.

[113] Maduku D K, Mpinganjira M, Duh H. Understanding mobile marketing adoption intention by South African SMEs: A multi-perspective framework [J]. International Journal of Information Management, 2016, 36 (5): 711-723.

[114] Mainardes E W, Gomes V C A, Marchiori D, et al. Consequences of customer experience quality on franchises and non-franchises models [J]. International Journal of Retail & Distribution Management, 2019, 47 (3): 311-330.

[115] Makri M, Lane P J, Gomez-Mejia L R. CEO incentives, innovation, and performance in technology-intensive firms: A reconciliation of outcome and behavior-based incentive schemes [J]. Strategic Management Journal, 2006, 27 (11): 1057-1080.

[116] Malerba F. Sectoral systems of innovation and production [J]. Research Policy, 2002, 31 (2): 247-264.

[117] March J G. Exploration and exploitation in organizational learning [J]. Organization Science, 1991, 2 (1): 71-87.

[118] Medhi P K, Allamraju A. Role of managerial perception of competitive pressures in firms' product innovation success [J]. European Journal of Innovation Management, 2022, 25 (1): 113-129.

[119] Mehrabian A, Russell J A. An approach to environmental psychology [M].

Boston: MIT, 1974.

[120] Merrilees B. Interactive brand experience pathways to customer-brand engagement and value co-creation [J]. Journal of Product & Brand Management, 2016, 25 (5): 402-408.

[121] Meyer C, Schwager A. Understanding customer experience [J]. Harvard Business Review, 2007, 85 (2): 116.

[122] Mitręga M. Dynamic marketing capability—Refining the concept and applying it to company innovations [J]. Journal of Business & Industrial Marketing, 2020, 35 (2): 193-203.

[123] Morgan R E, Berthon P. Market orientation, generative learning, innovation strategy and business performance inter-relationships in bioscience firms [J]. Journal of Management Studies, 2008, 45 (8): 1329-1353.

[124] Nagy D, Schuessler J, Dubinsky A. Defining and identifying disruptive innovations [J]. Industrial Marketing Management, 2016, 57: 119-126.

[125] Naidoo V. Firm survival through a crisis: The influence of market orientation, marketing innovation and business strategy [J]. Industrial Marketing Management, 2010, 39 (8): 1311-1320.

[126] Naumann K, Bowden J, Gabbott M. A multi-valenced perspective on consumer engagement within a social service [J]. Journal of Marketing Theory and Practice, 2017a, 25 (2): 171-188.

[127] Naumann K, Bowden J, Gabbott M. Expanding customer engagement: The role of negative engagement, dual valences and contexts [J]. European Journal of Marketing, 2020, 54 (7): 1469-1499.

[128] Naumann K, Lay-Hwa Bowden J, Gabbott M. Exploring customer engagement valences in the social services [J]. Asia Pacific Journal of Marketing and Logistics, 2017b, 29 (4): 890-912.

[129] Nicolajsen H W, Scupola A. Investigating issues and challenges for customer involvement in business services innovation [J]. Journal of Business & Industrial Marketing, 2011, 26 (5): 368-376.

[130] Nysveen H, Pedersen P E. Influences of cocreation on brand experience [J]. International Journal of Market Research, 2014, 56 (6): 807-832.

[131] Oliver R L. A cognitive model of the antecedents and consequences of satisfaction decisions [J]. Journal of Marketing Research, 1980, 17 (4): 460-469.

[132] Ozkan-Canbolat E, Beraha A. Evolutionary knowledge games in social networks [J]. Journal of Business Research, 2016, 69 (5): 1807-1811.

[133] Pai P, Tsai H-T, Zhong J-Y. Enhancing IT industry employees' service innovation performance: Antecedents and outcomes of service innovation engagement [J]. European Journal of Marketing, 2022, 56 (8): 2455-2483.

[134] Pansari A, Kumar V. Customer engagement: The construct, antecedents, and consequences [J]. Journal of the Academy of Marketing Science, 2017, 45 (3): 294-311.

[135] Pareigis J, Echeverri P, Edvardsson B. Exploring internal mechanisms forming customer servicescape experiences [J]. Journal of Service Management, 2012, 23 (5): 677-695.

[136] Petzer D J, van Tonder E. Loyalty intentions and selected relationship quality constructs [J]. International Journal of Quality & Reliability Management, 2019, 36 (4): 601-619.

[137] Pine B J, Gilmore J H. Welcome to the experience economy [J]. Harvard Business Review, 1998, 76 (4): 97-105.

[138] Pine II B J, Gilmore J. The Experience Economy [M] . Harvard: Harvard University Press, 1999.

[139] Puente-Díaz R, Cavazos-Arroyo J. Creative self-efficacy: The influence of affective states and social persuasion as antecedents and imagination and divergent thinking as consequences [J]. Creativity Research Journal, 2017, 29 (3): 304-312.

[140] Rautela S, Sharma S, Virani S. Influence of customer participation in new product development: The moderating role of social media [J]. International Journal of Productivity and Performance Management, 2021, 70 (8): 2092-2112.

[141] Reinhardt R, Gurtner S. The overlooked role of embeddedness in disruptive innovation theory [J]. Technological Forecasting and Social Change, 2018, 132: 268-283.

[142] Ringle C M, Sarstedt M, Straub D. A critical look at the use of PLS-SEM in MIS quarterly [J]. MIS Quarterly, 2012, 36: 3-14.

［143］Romani S, Grappi S, Zarantonello L, et al. The revenge of the consumer! How brand moral violations lead to consumer anti-brand activism ［J］. Journal of Brand Management, 2015, 22 (8): 658-672.

［144］Rust R T, Oliver R L. Should we delight the customer? ［J］. Journal of the Academy of Marketing Science, 2000, 28 (1): 86.

［145］Sacramento C A, Fay D, West M A. Workplace duties or opportunities? Challenge stressors, regulatory focus, and creativity ［J］. Organizational Behavior and Human Decision Processes, 2013, 121 (2): 141-157.

［146］Sahi G K, Devi R, Dash S B. Examining the role of customer engagement in augmenting referral value: The moderated-mediation of relational and expertise value ［J］. Journal of Service Theory and Practice, 2019, 29 (5/6): 539-564.

［147］Sashi C M. Customer engagement, buyer-seller relationships, and social media ［J］. Management Decision, 2012, 50 (2): 253-272.

［148］Shaw C. The DNA of customer experience: How emotions drive value ［M］. New York: Palgrave Macmillan, 2007.

［149］Shin H, Perdue R R, Pandelaere M. Managing customer reviews for value co-creation: An empowerment theory perspective ［J］. Journal of Travel Research, 2020, 59 (5): 792-810.

［150］Shin S J, Zhou J. When is educational specialization heterogeneity related to creativity in research and development teams? Transformational leadership as a moderator ［J］. Journal of Applied Psychology, 2007, 92 (6): 1709-1721.

［151］Silva G M, Gomes P J, Lages L F, et al. The role of TQM in strategic product innovation: An empirical assessment ［J］. International Journal of Operations & Production Management, 2014, 34 (10): 1307-1337.

［152］Sinclair R R, Sliter M, Mohr C D, et al. Bad versus good, what matters more on the treatment floor? Relationships of positive and negative events with nurses' burnout and engagement ［J］. Research in Nursing & Health, 2015, 38 (6): 475-491.

［153］Sthapit E, Björk P. Sources of value co-destruction: Uber customer perspectives ［J］. Tourism Review, 2019, 74 (4): 780-794.

［154］Stock M R, de Jong A, Zacharias N A. Frontline employees' innovative service behavior as key to customer loyalty: Insights into FLEs' resource gain spiral

[J]. Journal of Product Innovation Management, 2017, 34 (2): 223-245.

[155] Storbacka K. Actor engagement, value creation and market innovation [J]. Industrial Marketing Management, 2019, 80: 4-10.

[156] Subramanian N, Gunasekaran A, Abdulrahman M D, et al. Out-in, in-out buyer quality innovation pathways for new product outcome: Empirical evidence from the Chinese consumer goods industry [J]. International Journal of Production Economics, 2019, 207: 183-194.

[157] Sun X, Foscht T, Eisingerich A B. Does educating customers create positive word of mouth? [J]. Journal of Retailing and Consumer Services, 2021, 62: 102638.

[158] Swan J E, Combs L J. Product performance and consumer satisfaction: A new concept [J]. Journal of Marketing, 1976, 40 (2): 25-33.

[159] Teixeira J, Patrício L, Nunes N J, et al. Customer experience modeling: From customer experience to service design [J]. Journal of Service Management, 2012, 23 (3): 362-376.

[160] Tenenhaus M, Vinzi V E, Chatelin Y-M, et al. PLS path modeling [J]. Computational Statistics & Data Analysis, 2005, 48 (1): 159-205.

[161] Tierney P, Farmer S M. Creative self-efficacy: Its potential antecedents and relationship to creative performance [J]. Academy of Management Journal, 2002, 45 (6): 1137-1148.

[162] Tierney P, Farmer S M. Creative self-efficacy development and creative performance over time [J]. Journal of Applied Psychology, 2011, 96 (2): 277-293.

[163] Trabucchi D, Bellis P, Di Marco D, et al. Attitude vs involvement: A systematic literature review at the intersection between engagement and innovation [J]. European Journal of Innovation Management, 2021, 24 (5): 1730-1762.

[164] Triantafillidou A, Siomkos G. The impact of Facebook experience on consumers' behavioral Brand engagement [J]. Journal of Research in Interactive Marketing, 2018, 12 (2): 164-192.

[165] Tripathi N, Ghosh V. Deep-level diversity and workgroup creativity: The role of creativity climate [J]. Journal of Indian Business Research, 2020, 12

（4）：605-624.

［166］Van Doorn J, Lemon K N, Mittal V, et al. Customer engagement behavior: Theoretical foundations and research directions ［J］. Journal of Service Research, 2010, 13 (3): 253-266.

［167］Vendrell-Herrero F, Bustinza O F, Opazo-Basaez M. Information technologies and product-service innovation: The moderating role of service R&D team structure ［J］. Journal of Business Research, 2021, 128: 673-687.

［168］Verhoef P C, Lemon K N, Parasuraman A, et al. Customer experience creation: Determinants, dynamics and management strategies ［J］. Journal of Retailing, 2009, 85 (1): 31-41.

［169］Villamediana J, Küster I, Vila N. Destination engagement on Facebook: Time and seasonality ［J］. Annals of Tourism Research, 2019, 79: 102747.

［170］Viswanathan V, Hollebeek L D, Malthouse E C, et al. The dynamics of consumer engagement with mobile technologies ［J］. Service Science, 2017, 9 (1): 36-49.

［171］Vivek S D, Beatty S E, Dalela V, et al. A generalized multidimensional scale for measuring customer engagement ［J］. Journal of Marketing Theory and Practice, 2014, 22 (4): 401-420.

［172］Wei W, Miao L, Huang Z. Customer engagement behaviors and hotel responses ［J］. International Journal of Hospitality Management, 2013, 33: 316-330.

［173］Wetzels M, Odekerken G, Oppen C. Using PLS path modeling for assessing hierarchial construct models: Guidelines and impirical illustration ［J］. MIS Quarterly, 2009, 33: 177-195.

［174］Wu H-C, Cheng C-C, Ai C-H. A study of experiential quality, experiential value, trust, corporate reputation, experiential satisfaction and behavioral intentions for cruise tourists: The case of Hong Kong ［J］. Tourism Management, 2018, 66: 200-220.

［175］Xie L, Li D, Keh H T. Customer participation and well-being: The roles of service experience, customer empowerment and social support ［J］. Journal of Service Theory and Practice, 2020, 30 (6): 557-584.

［176］Xu F Z, Wang Y. Enhancing employee innovation through customer engagement: The role of customer interactivity, employee affect, and motivations ［J］.

Journal of Hospitality & Tourism Research, 2020, 44 (2): 351-376.

[177] Xu H, Liu Y, Lyu X. Customer value co-creation and new service evaluation: The moderating role of outcome quality [J]. International Journal of Contemporary Hospitality Management, 2018, 30 (4): 2020-2036.

[178] Yang M, Ren Y, Adomavicius G. Understanding user-generated content and customer engagement on facebook business pages [J]. Information Systems Research, 2019, 30 (3): 839-855.

[179] Yi Y, La S. What influences the relationship between customer satisfaction and repurchase intention? Investigating the effects of adjusted expectations and customer loyalty [J]. Psychology & Marketing, 2004, 21 (5): 351-373.

[180] Yoon G, Li C, Ji Y, et al. Attracting comments: Digital engagement metrics on Facebook and financial performance [J]. Journal of Advertising, 2018, 47 (1): 24-37.

[181] Youssef Y M A, Johnston W J, Abdelhamid T A, et al. A customer engagement framework for a B2B context [J]. Journal of Business & Industrial Marketing, 2018, 33 (1): 145-152.

[182] Zhang F, Zhang D, Lin M. The impact of the innovative knowledge of customers on their recommendation intentions [J]. Frontiers in Psychology, 2020, 11: 12.

[183] Zhang J, Zhang J, Zhang M. From free to paid: Customer expertise and customer satisfaction on knowledge payment platforms [J]. Decision Support Systems, 2019, 127: 113140.

[184] Zhang L, Wei W, Line N D, et al. When positive reviews backfire: The effect of review dispersion and expectation disconfirmation on Airbnb guests' experiences [J]. International Journal of Hospitality Management, 2021, 96: 102979.

[185] Zhang Y, Xi W, Xu F Z. Determinants of employee innovation: An open innovation perspective [J]. Journal of Hospitality Marketing & Management, 2022, 31 (1): 97-124.

[186] Zhou K Z, Wu F. Technological capability, strategic flexibility, and product innovation [J]. Strategic Management Journal, 2010, 31 (5): 547-561.

[187] Zhou K Z, Yim C K, Tse D K. The effects of strategic orientations on

technology‐and market‐based breakthrough innovations [J]. Journal of Marketing, 2005, 69 (2): 42‐60.

［188］白小明, 李纲. 顾客参与、吸收能力与新服务开发成效的关系研究——动态环境的调节作用 [J]. 商业经济与管理, 2020 (9): 58‐69.

［189］曹勇, 周红枝, 谷佳. 工作压力对员工创新行为的影响研究: 心理距离的中介作用与雇佣关系氛围的调节效应 [J]. 科学学与科学技术管理, 2021, 42 (12): 163‐176.

［190］程虹. 质量创新与中国经济发展 [M]. 北京: 北京大学出版社, 2017.

［191］程虹, 许伟. 质量创新战略: 质量管理的新范式与框架体系研究 [J]. 宏观质量研究, 2016, 4 (3): 1‐22.

［192］仇立. 体验营销理念下互联网顾客忠诚的形成机理——满意度与信任度的双中介效应 [J]. 中国流通经济, 2017, 31 (3): 96‐104.

［193］董媛媛, 魏泽鹏. 跨界双元搜索对双元创新绩效的影响——知识合作链与战略柔性整合视角 [J]. 科技进步与对策, 2021, 38 (22): 124‐131.

［194］范公广, 吴梦. 虚拟品牌社区支持感对顾客契合行为的影响研究 [J]. 软科学, 2019, 33 (10): 119‐125.

［195］冯进展, 蔡淑琴. 虚拟品牌社区中契合顾客识别模型及实例研究 [J]. 管理学报, 2020, 17 (9): 1364‐1372.

［196］高海霞, 沈婷, 应洋深. 社交商务平台服务质量对品牌黏性的影响——基于顾客契合的视角 [J]. 杭州电子科技大学学报 (社会科学版), 2022, 18 (3): 24‐31.

［197］高照军, 武常岐. 制度理论视角下的企业创新行为研究——基于国家高新区企业的实证分析 [J]. 科学学研究, 2014, 32 (10): 1580‐1592.

［198］苟仲文. 我国电子信息产业创新体系的形成机理研究 [J]. 中国软科学, 2006 (6): 1‐12.

［199］蒿坡, 龙立荣. 化被动为主动: 共享型领导对员工主动变革行为的影响及作用机制研究 [J]. 管理工程学报, 2020, 34 (2): 11‐20.

［200］何炳华, 宋国防. 考虑学习成本的供应链知识共享博弈分析 [J]. 情报杂志, 2010, 29 (10): 126‐129.

［201］侯进锋, 张蕾. 2021‐2022 版波多里奇卓越框架介绍 (三) [J]. 中

国质量，2021（5）：68-72.

[202] 胡畔，于渤．跨界搜索、能力重构与企业创新绩效——战略柔性的调节作用 [J]．研究与发展管理，2017，29（4）：138-147.

[203] 黄国青，路变玲，闫博华．新产品研发团队绩效测评研究 [J]．科学学与科学技术管理，2008（9）：176-180.

[204] 贾薇，赵哲．服务补救一定会导致顾客满意吗？——基于顾客情绪视角 [J]．东北大学学报（社会科学版），2018，20（1）：44-51.

[205] 简兆权，令狐克睿．虚拟品牌社区顾客契合对价值共创的影响机制 [J]．管理学报，2018，15（3）：326-334+344.

[206] 姜参，赵宏霞．B2C 网络商店形象、消费者感知与购买行为 [J]．财经问题研究，2013（10）：116-122.

[207] 黎冬梅，朱沆．引起饭店商务旅客不满的服务接触研究——对携程网上北京酒店顾客评论的 CIT 分析 [J]．旅游科学，2007（2）：46-51.

[208] 李从东，黄浩，张帆顺．基于网络演化博弈的互动创新社区用户知识共享行为影响因素研究 [J]．现代情报，2021，41（4）：36-45.

[209] 李海娥，熊元斌．越专业越挑剔？顾客专业度、MOA 和顾客忠诚研究 [J]．营销科学学报，2017，13（2）：95-106.

[210] 李剑力．探索性创新、开发性创新及其平衡研究前沿探析 [J]．外国经济与管理，2009，31（3）：23-29.

[211] 李培楠，赵兰香，万劲波．创新要素对产业创新绩效的影响——基于中国制造业和高技术产业数据的实证分析 [J]．科学学研究，2014，32（4）：604-612.

[212] 李强，翁智刚，高丁卉．顾客参与能力识别：内涵、方法与策略 [J]．外国经济与管理，2021，43（6）：27-42.

[213] 李卫红．质量创新中制造型企业与顾客的进化博弈分析 [J]．科技管理研究，2015，35（16）：119-122+135.

[214] 李艺，马钦海，张跃先．顾客个人价值嵌入的顾客满意度指数扩展模型 [J]．管理评论，2011，23（3）：82-89.

[215] 李正权．从全面质量管理到全面质量创新——论 21 世纪质量管理的主要特征 [J]．世界标准化与质量管理，1999（12）：4-6.

[216] 刘德文，高维和，闵凉宇．挑战还是阻断？顾客参与对员工双元创新

行为的影响 [J]. 外国经济与管理, 2020, 42 (7): 3-20.

[217] 刘凤军, 孟陆, 杨强, 等. 责任归因视角下事前补救类型与顾客参与程度相匹配对服务补救绩效的影响 [J]. 南开管理评论, 2019, 22 (2): 197-210.

[218] 刘洪深, 汪涛, 李红亮. 服务中顾客参与对员工工作压力影响的实证检验 [J]. 统计与决策, 2011 (15): 99-102.

[219] 刘琳, 王玖河. 基于演化博弈的顾客知识共享决策行为研究 [J]. 科研管理, 2022, 43 (2): 149-159.

[220] 刘智强, 葛靓, 潘欣, 等. 可变薪酬支付力度、地位竞争动机与员工创新行为研究 [J]. 管理学报, 2014, 11 (10): 1460-1468.

[221] 吕青. 2009～2010 版美国波多里奇卓越绩效准则说明 (四) [J]. 中国质量, 2009 (6): 42-45.

[222] 马璐, 王丹阳. 共享型领导对员工主动创新行为的影响 [J]. 科技进步与对策, 2016, 33 (22): 131-136.

[223] 孟庆春, 张正, 王莺潼. 消费者参与创新对供应链价值创造的影响研究 [J]. 科研管理, 2021, 42 (10): 113-121.

[224] 宁连举, 刘茜. 移动互联网环境下的顾客契合及其过程与驱动机制研究 [J]. 东北大学学报 (社会科学版), 2017, 19 (3): 239-246.

[225] 宁连举, 刘茜, 张普宁. 基于社会偏好的网络社群中顾客契合演化研究 [J]. 科研管理, 2017, 38 (9): 150-160.

[226] 潘海利, 黄敏学. 用户三元情感关系的形成与差异化影响: 满意、依恋、认同对用户行为的交互补充作用 [J]. 南开管理评论, 2017, 20 (4): 16-26+72.

[227] 瞿艳平, 李坚飞. 工作压力能促进知识型员工的创新行为吗? ——基于自我认知系统的调节作用 [J]. 江汉论坛, 2019 (3): 32-39.

[228] 苏海涛, 杨世元, 吴德会, 等. 基于信息集成的制造业质量创新研究 [J]. 组合机床与自动化加工技术, 2006 (2): 92-95.

[229] 王海燕, 赵培标. 基于合约化质量管理框架下的质量创新模式研究 [J]. 中国工业经济, 2005 (3): 100-105.

[230] 王新新, 李震. 客观标准还是主观评价? 消费者体验质量测量研究述评 [J]. 外国经济与管理, 2019, 41 (1): 127-140.

[231] 王月辉, 王茜, 唐胜男, 等. 共享单车用户出行体验质量测量与实证

研究 [J]. 中国软科学, 2020 (S1)：133-146.

[232] 吴士权. 质量创新综述及探析（上）[J]. 上海质量, 2017 (6)：24-30.

[233] 夏兵, 郭菊娥, 马琪. 新创企业的质量创新及市场竞争均衡 [J]. 华东经济管理, 2019, 33 (1)：169-175.

[234] 薛会娟. 高技术团队创造力的形成机理研究——基于交互记忆系统和共享心智模型视角 [J]. 科技管理研究, 2014, 34 (9)：102-105.

[235] 杨世忠, 胡洋洋, 赵腾. 质量控制 VS 质量创新：论质量成本管理的新模式 [J]. 经济与管理研究, 2019, 40 (2)：123-134.

[236] 杨皖苏, 杨善林. 主动性—被动性员工创新行为：基于挑战性—阻断性压力源双路径分析 [J]. 科学学与科学技术管理, 2018, 39 (8)：130-144.

[237] 杨皖苏, 杨希, 杨善林. 挑战性压力源对新生代员工主动性-被动性创新行为的影响 [J]. 科技进步与对策, 2019, 36 (8)：139-145.

[238] 杨勇, 马钦海, 马媛媛, 等. 顾客非理性行为对情绪劳动的作用机理：基于工作压力中介作用的视角 [J]. 技术经济, 2013, 32 (3)：125-130.

[239] 杨长进, 唐丁平, 梅晶. 辱虐管理与员工主动创新行为研究：基于动机和能力信念视角 [J]. 科技进步与对策, 2021, 38 (3)：143-150.

[240] 杨志勇, 翟少铃. 服务消费中人工智能信息透明与顾客契合的关系研究——基于顾客信任和拟人化的分析 [J]. 价格理论与实践, 2022 (4)：193-196.

[241] 姚艳虹, 谌逸娴, 陈欢欢. 元素—架构双元知识搜寻对企业创新绩效的影响：创新战略的调节作用 [J]. 科技进步与对策, 2022, 39 (4)：112-120.

[242] 张广玲, 潘志华. 基于角色理论的顾客参与对顾客满意的影响机制研究 [J]. 管理学报, 2018, 15 (12)：1830-1837.

[243] 张国印, 倪得兵, 唐小我. 企业创新能力、消费者参与和新产品开发 [J]. 管理学报, 2021, 18 (2)：253-261.

[244] 张洪, 江运君, 鲁耀斌, 等. 社会化媒体赋能的顾客共创体验价值：多维度结构与多层次影响效应 [J]. 管理世界, 2022, 38 (2)：150-168+110-117.

[245] 张鸿萍, 赵惠. 交互记忆系统对团队创造力的影响路径研究 [J]. 山东大学学报（哲学社会科学版）, 2017 (1)：106-114.

［246］张建宇．企业探索性创新与开发性创新的资源基础及其匹配性研究［J］．管理评论，2014，26（11）：88-98.

［247］张洁，廖貅武．虚拟社区中顾客参与、知识共享与新产品开发绩效［J］．管理评论，2020，32（4）：117-131.

［248］张君慧，邵景波．在线品牌社区负面顾客契合演化过程：是愈演愈烈？还是否极泰来？［J］．科学决策，2020（5）：44-61.

［249］张伶，聂婷，黄华．基于工作压力和组织认同中介调节效应检验的家庭亲善政策与创新行为关系研究［J］．管理学报，2014，11（5）：683-690.

［250］张亚军，肖小虹．挑战性-阻碍性压力对员工创造力的影响研究［J］．科研管理，2016，37（6）：10-18.

［251］赵斌，刘开会，李新建，等．员工被动创新行为构念界定与量表开发［J］．科学学研究，2015，33（12）：1909-1919.

［252］赵斌，栾虹，李新建，等．科技人员主动创新行为：概念界定与量表开发［J］．科学学研究，2014，32（1）：148-157+172.

［253］赵志耘，杨朝峰．创新范式的转变：从独立创新到共生创新［J］．中国软科学，2015（11）：155-160.

［254］郑春东，张帅帅，段琦，等．快递服务失误补救对顾客再购买意愿影响研究［J］．工业工程与管理，2012，17（4）：96-100.

［255］支华炜，杜纲，夏一．基于层次架构视角的产品族顾客满意驱动要素研究［J］．工业工程与管理，2013，18（1）：53-61.

［256］周立群，刘根节．由封闭式创新向开放式创新的转变［J］．经济学家，2012（6）：53-57.

［257］宗福季．数字化转型下工业大数据在质量创新中的应用［J］．宏观质量研究，2021，9（3）：1-11.

附　　录

附表 1　顾客契合主要研究梳理

概念名称	效价	概念	焦点对象/情境	维度	表现形式	来源
顾客契合行为	+/-	除购买外，由动机驱动的聚焦于品牌或企业的超越交易的顾客行为表现	以企业、品牌为焦点的行为者网络，包括现有和潜在顾客、供应商、一般公众、监管机构和员工	效价、形式和方式、时空范围、影响的性质和顾客目标	角色内行为、角色外行为和选择性行为。如口碑活动、推荐、向其他顾客的自愿援助、网络发帖和博客、参与品牌社区、参与产品开发以及其他可能影响公司及其品牌的行为表现	Van Doorn 等（2010）
顾客契合	+/-	顾客与其他顾客、公司和品牌建立的联系类型	现有顾客、企业和潜在顾客	行为	顾客（行动者）、企业、潜在顾客（观察者）三位一体的在线环境	Wei 等（2013）
品牌契合	+/-	顾客对特定品牌互动的认知、情感和行为投入的水平	品牌和顾客	沉浸、激情、激活	经常购买某一特定品牌，在特定的虚拟品牌社区或博客中发布与品牌相关的有利反馈，在社交网站上传播负面电子口碑	Hollebeek 和 Chen（2014）
社区契合	-	社区契合包括促进沟通或参与，以及促进社区的经济、社会和文化活力的相关活动	在线社区	互动、创新、意见领袖的契合	电子口碑-在线社区的顾客之声	Lee 等（2014）

概念名称	效价	概念	焦点对象/情境	维度	表现形式	来源
品牌契合	+	顾客在特定品牌互动中的认知、情感和行为的投入水平	品牌	认知、影响、行为和关系	品牌共创与品牌体验的衔接部分	Nysveen 和 Pedersen (2014)
消费者品牌契合	+/-	顾客在特定品牌互动中的认知、情感和行为投入水平	品牌	认知、情感和意念	顾客契合行为体现为不同的方向和强度，组合成正/负向契合-主/被动契合的四象限矩阵	de Villiers (2015)
顾客契合行为	+/-	除购买外，由动机驱动的聚焦于品牌或企业的超越交易的顾客行为表现	社交媒体平台	行为	用户在社交媒体环境中的联系强度以及不同联系强度中的品牌相关评论，以及负面产品信息潜在积极影响	Bitter 和 Grabner-Kräuter (2016)
消费者契合	+/-	顾客在与焦点对象或代理互动时的认知、情感和行为投入	线上品牌社区、品牌	认知、情感和行为	—	Bowden 等 (2017)
顾客契合行为	+/-	顾客对品牌或公司超越购买行为的行为表现	品牌或企业	行为	积极的：推荐等，来自顾客对产品的成功体验 负面的：投诉等，来自顾客对产品的不满意体验	Chen 等 (2017)
正/负向顾客契合行为、顾客不契合	+/-	正向顾客契合：顾客在与焦点顾客/品牌互动过程中发生的关于品牌的具有积极效价的认知、情感和行为活动 负向顾客契合：顾客在服务关系中有预谋的、主动的、特地的消极表达	服务社区和服务提供者	认知、情感和行为	正向顾客契合的特征是信任、互惠、利他、归属感和自主价值共同创造。顾客不契合的特点是沮丧、忽视、不信任和冷嘲热讽。负向顾客契合的特征是仇恨、愤怒、压力和集体抱怨行为	Naumann 等 (2017a)

概念名称	效价	概念	焦点对象/情境	维度	表现形式	来源
消费者/顾客契合行为	+/-	顾客不契合：顾客在与服务关系中物质、认知和情感上的缺失，表现为从服务关系中退出 由动机驱动的超越购买行为的聚焦于品牌或企业的顾客行为表现	移动设备（APP）	行为	顾客与焦点品牌移动媒体的互动体验	Viswanathan 等（2017）
顾客契合行为	+/-	顾客愿意为公司/品牌贡献资源，而不仅为交易和触发	线上服务	认知、情感和行为	认知（服务失败、定价过高、欺骗）、情感（失望和不安全感）、直接负效价影响行为（劝阻、警告和支持竞争对手）、间接负效价影响行为（诋毁、表达遗憾和嘲笑）	Azer 和 Alexander（2018）
消费者契合	+/-	社区成员在感兴趣的特定领域的认知、情感和行为投入	在线兴趣社区，不包括用户可能与特定品牌、组织或其他社区顾客之间的其他潜在关系	认知、情感和行为	—	Heinonen（2018）
行为者契合	+/-	在服务生态系统中，行为者契合在一个资源整合的互动过程中的活动	服务生态系统	心理倾向、行为	—	Li 等（2018）
消费者契合/在线品牌社区契合	+/-	顾客在与焦点顾客/品牌互动过程中发生的与品牌相关的认知、情感和行为活动	品牌社区中的消费活动（产品和品牌）	信息、社会认同、联系和影响、成员互动、情感奖励	消费导向的自我表达口碑	Loureiro 和 Kaufmann（2018）

概念名称	效价	概念	焦点对象/情境	维度	表现形式	来源
品牌契合	+	由动机驱动的超越购买的与品牌或公司焦点互动的行为表现	Facebook	行为	被动（消费）：浏览品牌页面图片、阅读品牌的帖子、发表评论、观看发布在品牌页面上的视频、点赞或加入品牌的 Facebook 页面 主动（贡献）：发表评论和问题、分享帖子、向好友推荐品牌页面、发布与产品相关的内容（如视频、图片）	Triantafillidou 和 Siomkos（2018）
数字契合	+/-	数字契合指现有顾客和潜在顾客在网上对品牌所做出的主动行为的努力。其范围从实际的交易活动（如数字购买）到交易之外的任何行为活动（如评论）	企业 Facebook 帖子	行为	点赞、分享、评论	Yoon 等（2018）
消费者契合	+/-	顾客在数字内容营销互动中的认知和行为投入	数字内容营销	认知、情感和行为	品牌发起的（如提高顾客价值的品牌教育） 顾客发起的（如用户生成内容，包括但不限于电子口碑）	Hollebeek 和 Macky（2019）
集体契合	+/-	多个行为主体者在与焦点对象的互动中的共同的认知、情感和行为倾向	目标行为主体、目标资源和其他行为主体的两两组合	认知、情感和行为倾向	—	Kleinaltenkamp 等（2019）
契合	+	通过与焦点对象进行共同创造和互动体验，建立牢固、强大、互惠、永久和长期的关系	零售业品牌	认知、情感和行为	—	Lashkova 等（2019）

概念名称	效价	概念	焦点对象/情境	维度	表现形式	来源
品牌正/负效价契合	+/-	正/负向契合是揭示正/负效价品牌价值的多维构念，主要表现为游客在品牌社区社交网络上活动的传播、承诺和人气等	旅游品牌线上社区	受欢迎程度、承诺和传播	正向/负向的受欢迎程度表现为每千名粉丝对 Facebook 帖子的平均正面/负面反馈　正向/负向承诺指每千名粉丝对 Facebook 帖子的平均正向/负向评论　正向/负向传播指每千名粉丝分享一份正面或负面帖子的平均次数	Villamediana 等（2019）
消费者契合（在线品牌社区中）	+/-	顾客契合：顾客或组织发起的、个人参与组织提供的服务和（或）组织活动的强度　线上品牌社区的顾客契合：顾客与品牌和/或社区其他成员之间的具体互动体验	来自品牌的营销人员生成的内容（MGC）和来自其他顾客的用户生成内容（UGC）	认知、情感和行为	契合行为可以包括 UGC 创作（如发布内容）和 UGC 消费（如喜欢和评论他人的内容）	Yang 等（2019）
负效价影响行为（NVIB）	+/-	顾客对其他行为者的知识、期望和对焦点服务提供商的看法产生负面影响时所投入的资源，如知识、技能、经验和时间	其他顾客	间接（没有明确提及其他行为者）和直接（明确作用于其他行为者）	间接：诋毁行为；表示遗憾的行为、嘲讽行为　直接：劝阻行为、支持竞争对手的行为、警告行为	Azer 和 Alexander（2020a）
顾客契合	+/-	在焦点服务关系中通过与焦点代理/对象的互动、共创顾客体验而发生的一种心理状态	社会服务和社交网站	认知、情感和行为	—	Naumann 等（2020）

概念名称	效价	概念	焦点对象/情境	维度	表现形式	来源
游客契合	+/-	游客契合是指由组织或游客发起的游客参与其中且与组织的产品或活动相关联的活动	用户生成的在线评论以及公司的回应	认知、情感和行为	①顾客赋能：个人感知到的影响公司行动或结果的不对称能力②共创知识价值：游客在旅行或旅行后阶段参与到与公司分享知识或资源中，用于未来新服务或产品开发顾客契合→顾客赋能→共创知识价值→顾客契合是一个迭代的过程	Shin 等（2020）

附表1　本书第三章调查量表

构念	题号	题目
内心平静（体验质量）	PM1	我对 X 的专业能力有信心
	PM2	与 X 接触的整个过程（如咨询、购买、售后等）都很简单便捷
	PM3	X 会在购买后持续地为我提供相关服务（如适时地提供产品的软件更新、硬件维护、问题解决等）
	PM4	鉴于过去与 X 交易/接触的经历（购买、使用其产品/服务），我今后仍将持续购买、使用 X 的产品/服务
	PM5	我之前与 X 有过接触（如咨询、购买、售后等），所以我能很容易地获取我需要的产品和服务
	PM6	X 的员工在为我推荐产品或服务时，能够保持客观中立的态度，而不会带有明显的主观倾向性（例如，一味地为我推荐利润高或滞销的产品）
关键时刻（体验质量）	MT1	X 能根据我的需求灵活地为我提供产品和服务
	MT2	X 总能让我了解最新的情况（如新品发布、优惠信息、我的订单进展、售后信息等）
	MT3	X 是个安全的、声誉良好的公司/品牌
	MT4	X 的员工具有良好的与人沟通的能力
	MT5	当产品或服务出了问题时，X 能及时为我提供正确可行的解决方案

续表

构念	题号	题目
结果焦点 （体验质量）	OF1	X 的产品和服务使用（体验）起来很舒心
	OF2	在我下订单后，X 可以很快地将我的产品/服务交付给我
	OF3	比起其他同类的品牌/企业，我更喜欢 X
	OF4	X 的员工总能设身处地为我考虑
产品体验 （体验质量）	PE1	在 X，我有选择产品和服务的自由，而不会遇到捆绑销售（如只卖产品套装，不卖单个产品）、限制购买等问题
	PE2	除自身的信息外，X 还能为我提供其他品牌的商业信息（如产品/服务报价、优惠活动等）供我比较
	PE3	我可以轻易地比较 X 旗下不同的产品/服务的各个方面
	PE4	在 X，会有专门的人员为我服务
新期望	NE1	自从我接触 X 后，我对所有同类产品或服务的期望都提高了
	NE2	每当我遇到同类的公司/品牌时，我都将它与 X 作比较
	NE3	自从我接触 X 后，我的要求越来越高
	NE4	在 X 的体验让我学会享受之前未曾期望过的体验
	NE5	我希望今后在 X 获得的体验比现在的还要好
顾客专业度	CEX1	我很了解 X 产品/服务的使用过程中的所有方面
	CEX2	我充分了解 X 的各项流程（如客户服务流程、产品销售流程、售后维修流程、意见反馈流程等）
	CEX3	我了解 X 产品和服务的优点
	CEX4	我了解 X 产品和服务的局限性
	CEX5	我熟练掌握了使用 X 的产品以及享受 X 相关服务的渠道和方法
	CEX6	我很清楚自己对 X 的产品/服务的期望值
顾客满意	CS1	X 给我提供的产品和服务是令人满意的
	CS2	我很高兴我在众多品牌/公司中选择了 X
	CS3	总的来说，我对 X 的体验感到很愉快
顾客不满	CDS1	总的来说，我对 X 很不满意
	CDS2	我对与 X 的总体经历感到不高兴
	CDS3	我对 X 的整体质量感到满意【反向问题】

构念	题号	题目
正向顾客契合	PCE1	我愿意将时间用在与 X 有关的事上（如花时间了解它、拥护它、向别人推荐它、帮助它改进、参与它的活动等）
	PCE2	我享受 X 带给我的一系列体验
	PCE3	我对 X 抱有热情（如积极主动地了解它、拥护它、向别人推荐它、帮助它改进、参与它的活动等）
	PCE4	X 给我带来了变化，如果没有 X，我的生活可能会与现在有所不同
负向顾客契合	NCE1	我参与过抵制 X 的活动
	NCE2	我写过博客、微博、帖子等反对 X
	NCE3	我对 X 挑剔过、批评过
	NCE4	我对 X 进行过破坏（如诋毁 X 的形象、阻止他人购买、给 X 的员工制造麻烦等）
	NCE5	我参与过反对 X 的集体活动或加入反对它的团体
	NCE6	我参与过线上的"反 X 团体""反 X 社区"或类似的组织

附表3 本书第四章调查量表

构念	题号	题项
主动质量创新	AQI1	为了解决创新和改进顾客体验中遇到的难题，我总是积极主动地提出建议
	AQI2	我对创新和改进顾客体验具有浓厚的兴趣和爱好，发自内心想要创新
	AQI3	我总是主动寻找改善顾客体验的新理念、新思路
	AQI4	创新前，我总是主动寻找相关的资源（技术、资金、人员、信息等）支持
	AQI5	创新前，我总是充分分析方案的可行性，预期可能出现的问题，想好解决方案
	AQI6	创新过程中，我总是充分收集、考虑来自顾客的需求和建议
	AQI7	创新过程中，屡次失败我也不轻言放弃，总是想方设法克服困难
创新效能	IE1	我们团队可以创造性地解决创新过程中遇到的问题
	IE2	我对我们团队产生新理念、新创意的能力有信心
	IE3	我对我们团队实现创新目标的效率和效果有信心
	IE4	我们团队的成员们有着优秀的工作素质和创新技能
被动质量创新	PQI1	我从事创新只是为了完成既定任务
	PQI2	创新过程中，我无须全力以赴、超越自我，只是想办法应付、敷衍创新指标
	PQI3	在质量创新过程中，我主要依赖过去经验，而不去开拓进取
	PQI4	为了创新成果的实现和认可，我不得不改变自己的创意，使其遵从社会规范和行业范式

续表

构念	题号	题项
被动质量创新	PQI5	为了尽量迎合创新目标，我像机器一样麻木地执行创新指令
	PQI6	创新过程要服从组织各种规范，基本失去了自我发挥的空间
顾客压力	CP1	在了解顾客期望和顾客评价后，我们深感压力
	CP2	顾客会持续关注、高度重视我们产品、服务质量创新的情况，我因此感到压力
	CP3	顾客对质量改进和创新的要求加大了我们创新活动的难度和压力
	CP4	如果我们满足不了顾客的创新要求，顾客就不再购买和使用我们的产品和服务
正向顾客契合	EPCE1	我们的顾客愿意深度体验我们的产品和服务，并积极向我们反馈
	EPCE2	我们经常会收到来自顾客的鼓励和正面评价
	EPCE3	我们的顾客经常会对体验改进和创新提出好的理念、创意、思路或建议
	EPCE4	我们的顾客经常会较清晰地表达他们对质量的期望
	EPCE5	我们的顾客会为我们创新提供对市场和行业发展（如竞品前沿动态、未来市场趋势等）的深入洞见
负向顾客契合	EMCE1	我们经常会收到来自顾客的关于产品和服务体验方面的投诉和批评
	ENCE2	顾客经常会对我们的品牌进行破坏（如诋毁品牌形象、阻止他人购买、给我们的同事制造麻烦等）
	ENCE3	顾客会在网上发表关于我们品牌的负面言论
	ENCE4	顾客专门成立了反对我们品牌的团体（线上或线下），并抵制我们的品牌
感知顾客期望提升	CEI1	顾客对我们产品和服务的要求越来越高
	CEI2	顾客总是将我们产品和服务与其他公司的相比较
	CEI3	顾客已不满足于现阶段我们所提供的产品和服务